军犬与军鸽、军马

日本侵华战争与军用动物

许金生 著

复旦大学出版社

目 录

前　言 ... 001

第一章　沉默的走卒——军马 ... 001
　　第一节　活兵器：马与近代战争 ... 001
　　第二节　富国强马：近代日本的马政 ... 003
　　第三节　为魔所役：日军的人马编制与军马数量 ... 031
　　第四节　走卒伏尸之地：日军的军马损耗状况及其原因 ... 046
　　第五节　走卒之源：日军的军马补充 ... 082
　　第六节　无马难成军：侵华日军军马的作用 ... 118

第二章　无声的信使——军鸽 ... 172
　　第一节　信使出世：日军军鸽部队的建立 ... 172
　　第二节　"军鸽报国"：日本民间团体的活动 ... 178
　　第三节　为魔所使：侵华日军的军鸽部队 ... 182
　　第四节　信使之源：日军军鸽的补给 ... 195
　　第五节　为魔织网：日军军鸽的作用 ... 206

第三章　异化的"忠犬"——军犬 ... 230
　　第一节　军犬出胎：日军军犬部队的建立与发展 ... 230
　　第二节　"军犬报国"："帝国军用犬协会"的活动 ... 237
　　第三节　为魔所驱：侵华日军的军犬部队 ... 246

第四节 "忠犬"之源：日军军犬的补给 ... 255

第五节 异化的"忠犬"：侵华日军军犬的作用 ... 265

第四章 国民精神总动员——军用动物与"忠君爱国" ... 282

第一节 报刊报道与军用动物 ... 282

第二节 军人待遇的军用动物 ... 298

第三节 "论功行赏"的军用动物 ... 307

第四节 儿童教材与军用动物 ... 312

第五节 纸画剧与军用动物 ... 317

第六节 歌曲与军用动物 ... 325

第七节 纪念活动与军用动物 ... 332

结　　语 ... 346

主要参考书目 ... 350

前　言

您知道

日军在侵华战争中使用了大量军马、军鸽、军犬吗？
侵华日军为什么要使用军马、军鸽、军犬吗？
侵华日军使用的军马、军鸽、军犬数量是多少吗？
战前日本是如何厉兵秣马（鸽、犬）的吗？
日军的军马、军鸽、军犬在侵华战争中发挥了哪些作用吗？
日军的军马、军鸽、军犬的补充来源吗？
日军的军马、军鸽、军犬死伤状况是怎样的吗？
日军是如何对军马、军鸽、军犬"论功行赏"的吗？
战时日本媒体等是如何制造、歌颂动物"英雄"的吗？
……

本书以日本陆军留下的档案为主要依据，倾力提供答案！

本书梳理了近代日本军政当局以"富国强马""军马（鸽、犬）报国"为口号，举国动员，厉兵秣马（鸽、犬），建立相关专业部队的历史，考证了日军军用动物的编制状况，并尽可能估算出了侵华日军军用动物各年度的定额、实际使用数量、损耗额与损耗数量，以及侵华14年间使用与损耗的总数。通过具体事例，本书分析了日军军用动物大量伤病、损耗的原因，进而从"以战养战"等角度说明了日军军用动物的补充来源，以及掠夺使用中国同类动物的情况；最后从实际作用（作战等方面）与精神作用（战争动员）两个方面，列举典型之例说明军用动物在日本侵华战争中发挥的重要作用。通过以上考察，本书力图从军用动物这一视角再度揭露近代日本的侵华真相。

全书配有近300张（组）图片，绝大部分由当年的日本随军记者拍摄，登载于战时日本的各种画报、杂志。这些图片更为直观地反映了日军军用动物的动员、驯养和使用情况，使读者重回历史的现场，有身临其境之感。

本书的史料主要来自日本各收藏机构，为简略起见，注释时以 防 表示日本防卫省防卫研究所，以 外 表示日本外务省外交史料馆，以 国 表示日本国立公文书馆，其后则为档案卷宗号。此外，引用的日文资料前均标有"［日］"。

章末注释中的日文档案，对于带有蔑视性质的名称，在不影响档案题名与卷宗名整体结构的情况下，能够找到正常的对应名称的，均以相应的字体替换，难以找到的，尽管持绝对反对的态度，但为了便于读者查阅原资料，暂且保留。

第一章
沉默的走卒——军马

第一节 活兵器：马与近代战争

马奔跑速度快，耐力持久，挽曳与负重能力强大，并且温顺而听从乘御使役，自古以来被广泛利用于军事、运输、农耕等。

从动物与军事的关系来说，大概马与军事的关系最为密切了。在中国，马匹自春秋时期被广泛用于军事活动后，一直是军队的重要构成部分与军事的象征，以至于自古以来人们常用"千军万马"形容军队雄壮及其声势浩大，用"招兵买马"比喻扩充兵力，用"厉兵秣马"指代备战，用"兵强马壮"表示军队强大，充满战斗力，用"掌管兵马大权"说明统帅军队，诸如此类，不一而足。马匹在此不仅与兵"形影不离"，而且是相提并论，其在军事上的必要性与重要性也就不言而喻了。正因为如此，马被誉为活兵器、无声的战友、无声的武器、无声的忠勇战士、无言的特种兵。

近代以来，随着科技进步，军事变得复杂，武器走向多样化，作战方式也发生了显著变化，但人、马、武器装备仍然是军事组织之三大要素。根据具体战场，马力甚至代表了战斗力。战场离不开马，在近代而言与古代毫无区别。并且，不如说，随着科学技术的迅速发展，武器装备的不断进步，就马匹的运输功能而论，其地位不降反升。因为迅速增加与普及的热兵器，例如轻重机枪、各类火炮，不仅使得武器的重量、体积不断增加，也令各种火器所需弹药随之剧增，这就给配备重武器的军队之机动能力与后勤保障带来很大问题。因此，与近代运输手段大为进步、效率大增相反，冷兵器时代的重要"活兵器"马匹作为搬运工具的需求不减反增，当遇到崇山峻岭、森林灌丛、河湖沟谷、泥泞坑洼之旷野，机械化运输工具失效时，马匹等就成了及时有效运送重武器与军需物资的主要工具，交通越是不便之处越是如此。

表1-1是1866年至1918年世界上发生的几次重大战争中马匹的使用情况，能够充分证明这一点。

表1-1　近代早期战争参战人马表[1]

战争名称	发生时间	参战各方人马总和		每百人配马数量
		人员（人）	马匹（匹）	
普奥战争	1866年	1 602 000	252 000	15.73
普法战争	1870—1871年	3 163 000	550 000	17.38
甲午战争	1894—1895年	590 000	131 000	22.2
日俄战争	1904—1905年	2 299 000	471 000	20.49
第一次世界大战	1914—1918年	17 740 000	5 908 000	33.3

表中人马的数据，因来源不同有所差别，尤其是第一次世界大战有多种说法，但基本上都能反映马匹的重要地位。据上表可知，在各次战争的人马比中，每百人的配马数量越来越多，第一次世界大战是

各种新式机械化装备大量使用于战场之战,每百人所配马数量反而上升到了33.3。马匹需求量大增,原因之一就是在持久的阵地战中双方发射的巨量炮弹,除了需要汽车、轻便火车外,还得依赖大量马匹运输到前线。有历史学家认为,因马匹等用来运输的动物损耗巨大,造成严重短缺,才加速了第一次世界大战的结束。

就近代日本而言,日本政府对于马匹与战争关系的认识及其采取的相关政策,以及军马事业的起步与发展,则经历了一段过程。

第二节 富国强马:近代日本的马政

一、穿草鞋的野兽:传统的日本马

明治维新后建立的日本近代政府确立的三大目标之一便是富国强兵,大力推进军队的近代化建设。要富国强兵,就需要充分确保兵源与军事物资。以1873年颁布《征兵令》为起点,政府建立了征兵制度,确保了兵源。1882年日本政府制定《征发令》,规定全国各府、县(相当于中国的省)每年对军事物资进行调查,向陆军省报告,军方据此制定征发物资计划,在战时或平时演习时征发,马作为重要的活兵器被纳入了法定征发的军事物资。

不过,作为传统农业国家的日本,受自然环境等制约,传统马业极其落后,民众不懂得如何培育优良马种,长期以来马业发展十分缓慢。而日本的本土马匹从系统上而言,属于经过东南亚进入的南方马,体格矮小,腿短头短,四肢瘦弱。19世纪中叶到达日本的欧洲人对其的描述有:马小且体格差,不堪重荷,并且因为未去势,脾气暴躁。幕末明初到日本的一些西方人觉得日本马"好似野兽"。

有关日本本土马的体高(从鬐甲顶点到水平地面的高度),据日本考古学家对镰仓时代（1185—1333年）遗迹出土的100多匹马骨测定，最矮的1.09米，最高的1.4米，平均1.3米弱，时至江户末期明治初期，此高度基本保持不变。江户时代（1603—1867年）日本男子的身高在1.6米左右，马匹的这一高度正好适合骑乘。因此，1656年刊印的《武者物语》认为适合上战场的马以1.3米为佳。借此顺便说一下，现在日本电影、电视剧中出现的中世纪骑兵队骑着的高头大马都是臆想的产物，当时武士的坐骑普遍在1.3米左右。

《伦敦新闻画报》（Illustrated London News）1861年8月17日登载的查尔斯·沃格曼（Charles Wirgman）在日本所绘的马匹（图1-1），提供了江户末期日本马的具体体貌：体格矮小，腿短头短。

值得一提的是，当时的日本人并不知道使用铁蹄保护马掌，而是用稻草或麻等坚韧的植物编制草鞋（日语称"馬沓"或"馬草鞋"）给马掌套上（图1-2）。细看图1-1，可见马掌上也有草鞋。江户时代的浮世绘画家歌川广重以《东海道五十三次》闻名，在其这一系列作品中也能看到"馬沓"（图1-3）。日本军队使用铁蹄钉马掌是在受到西方影响之后的1871年。

1868年明治政府建立后开始关心到马政[2]，由军务官负责包括军马在内的全国马政，1869年民部省设立后马政归其掌管。政府重要领导人、"维新三杰"之一大久保利通鉴于世界畜产之大势，1870年就派人去美国引进种马，希望对矮小的日本马加以改良。此后官方、军方都陆续引进过国外优质种马，用来改良马匹。1875年政府在名为"下总"的地方设立国立牧场，引进国外种马、种牛为民间提供服务。但是，因对马匹改良之必要性普遍认识不足，政府的投入十分有限，改良的规模小，涉及的数量少，到1877年全国仅引进外国种马40多匹，年均不过4匹左右。同年日本在册军马的平均体高仅1.3米多些，变化甚微。此后，马政工作虽然发生了一些变化，例如，1881年日本政府设立农商务省接管全国马政工作，陆军省在1887年设立

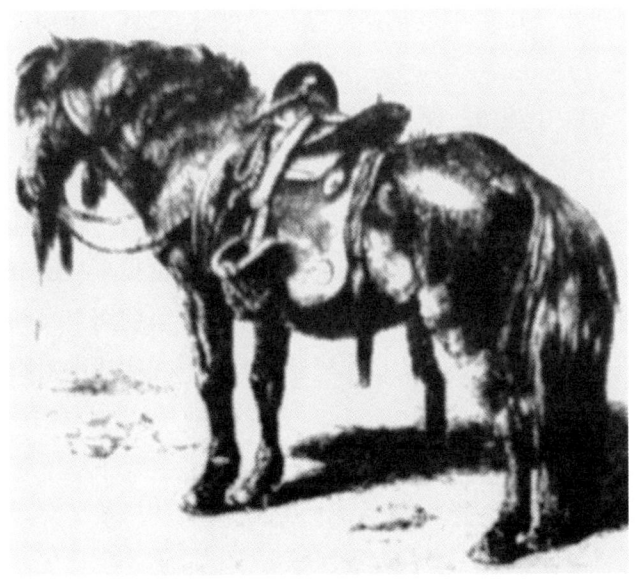

图1-1　江户末期的日本马

*来源：[日]坂内誠一《碧い目の見た日本の馬》，聚海書林，1988年。

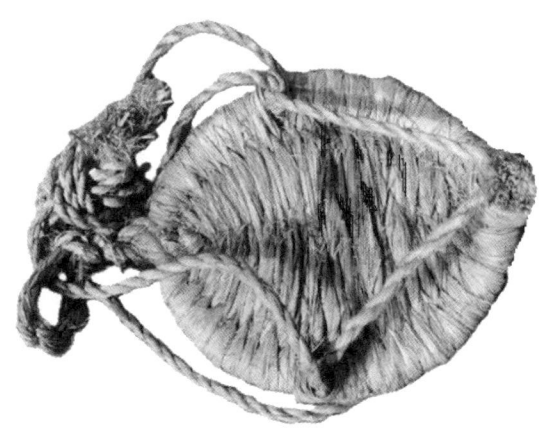

图1-2　日本古代使用的"馬草鞋"复制品

"军马采购委员会"负责补充军马,为新组建的骑兵购马,但马匹的改良工作仍无明显进步,1878年至1895年共引进种马432匹,年均仅22匹,改良力度很小。

1894年日本发动甲午战争,派兵入侵朝鲜与中国,日军在战争中共使用马匹5.8万匹(图1-4),马匹开始在日本的对外侵略中发挥作用。战争期间因军马准备不足,日军还征发了很多民间马匹。此时日本全国的马匹总数已经达到了150万匹左右,不过,无论是军马还是征发的马匹,普遍矮小,显得轻弱。图1-5便是甲午战争期间金州城北门内的日军马匹,明显矮小。这让日军痛感到其战马在实战中素质低下,体格等不如中国马匹。

受甲午战争刺激,日本政府决定加快改良马匹,发展对于战争而言至关重要的马业。1895年6月政府设立"马匹调查会",委员有宫内省、陆军省、农商务省的代表,以及大学学者与民间人士等,负责对国家马匹发展工作进行调查审议,制订今后的马政计划。因为无法期待民间自主承担改良马匹、发展日本马业之大任,1896年农商务省设立牧马室(1898年改为牧马科),设置牧马监督官,以求彻底改良马之血统。

二、脱胎换骨:优质种马的引进

日本政府为了改良马匹血统,根据"马匹调查会"的建议,在以往政策的基础上采取了两大措施。

第一,继续大力引进西方优质种马,建立"种马牧场"。政府长期投资,持续从英国、美国、法国、德国、俄国、澳大利亚、荷兰、比利时等国引进优质种马,1897至1905年引进244匹,年均引进约31匹。

日俄战争后日本政府进一步加大力度,至第一次世界大战前的1913年,8年间引进728匹,年均91匹,其后因世界大战影响而下降,

 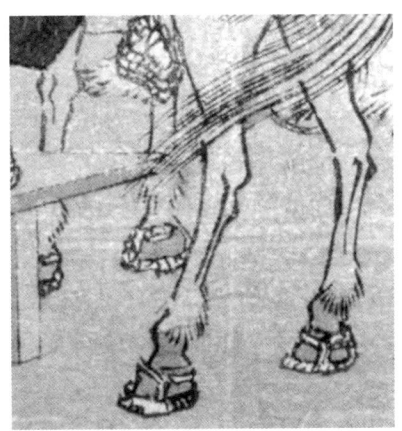

图1-3 歌川广重笔下穿草鞋的马,右图为左图之局部放大

图1-4 甲午战争中日军的骑兵

1920年与1921年又大举引进，每年达120匹。1922年后因受财政紧缩政策影响，加上马匹血统改良已经取得显著效果，进口种马数量下降，但每年大致在40匹。

与此同时，政府1896年在奥羽、九州建立"种马牧场"，在牧场生产、培育国有种马（主要是公马）。后来九州的停办，政府又建立了日高、十胜"种马牧场"。此三大国立牧场长期承担了培育优质种马、改良日本马匹之重任。

第二，建立"种马所"。在建立"种马牧场"的同时，政府在全国设立了10多个"种马所"（图1-6），为民间母马配种。此举直接提高了民间产马质量。

以上措施是日本系统性马政改革的发端。依靠长期大力进口洋种马，日本全国优质种公马的数量在1906年前后每年都在4 500匹以上，1909年突破5 000匹以后，至1933年每年都保持在此水平以上。1911年起至1933年上述种马的配种数量，每年都超过20万匹。大量优质种马的稳定存在为改良马匹血统提供了保证。

三、"断子绝孙"：庚子事变与《马匹去势法》

不过，仅仅有好的种马还不行，在改良血统方面，仍存在着一大漏洞，即日本民间的公马普遍未去势，而民间在给马配种时基于传统观念与习惯仍放任自流，这自然严重影响到了马匹整体改良的进度。引起日本当局重视去势的，则是庚子事变期间发生的以下"插曲"。

庚子事变发生后日本与欧美数国共同派兵侵华，这是日军首次与欧美军队为伍。急于军事近代化的日军将其视为就近观察、学习西方先进军事之良机，出兵期间对欧美军队进行了全面考察，军马的利用、装备等也是其中一部分。日军详细观察、记录了各国马匹的装备状况。例如，图1-7拍摄了意大利军队辎重车辆，车轮下方木盒中摆放的是马匹辎重所需部件，图1-8拍摄了英国军队的炮车与用马牵引

图1-5 甲午战争中日军的马匹

图1-6 20世纪初的国营宫崎"种马所"

图 1-7　意军的辎重车辆

图 1-8　英军的炮车与马具

时所需的马具。

在使用马匹方面，日军最大的收获是切身认识到了军马去势的绝对必要性。事变期间，日军从民间征发的马匹均未去势，其弊端暴露无遗。

日军征发的马匹在中国登陆时就出现过混乱。各国军队到大沽后需要将马从海船过驳至小船，然后登岸。其他国家井然有序，每条小船可载60匹，各马首尾相接排列，同时登船负责监管的士兵不足马匹数量的一半。日军在过驳前就开始给马套马嚼子，弄得喧嚣一片，过驳过程中因马不配合更是困难重重。为防止互相撕咬踢蹬，日军马匹之间都需隔开，结果同样的船只能装30匹，而负责监管的士兵即使1人看管1匹都显不足，并且要抱着被踢咬致死的觉悟。好不容易卸到岸上，到塘沽搭乘火车时，其他国家的马每节车厢可载15匹至18匹，仅派一两人监管。轮到日军时，其马惧怕车厢不肯上车，根本无法在规定的时间内装载完毕。好歹装好车后又担心互相咬踢，需要用隔离物隔开，结果1节车厢只能装5匹，跟车监管的士兵也是同数，所需总车厢是其他国家的3倍以上。各国为此嘲笑日军，停车场司令官（非日本人）最后拒绝用火车运输其马匹，日军的大部分马匹不得不取道陆路向北京进发。另外，各国人马联合行动时，日军的马匹往往性情暴躁，不听指挥，扰乱秩序。各国军人因此戏称日军军马是"猛兽"，弄得首次跻身列强军队之列而处处想好好卖弄一下的日军颜面扫地。

造成混乱的根本原因是日军征发的民间公马均未去势。这种马匹剽悍，难以驾驭，在一起很容易争斗。要根除此弊端只有根据需要对民间公马适时去势。

日本政府于是在1901年发布了《马匹去势法》。依据此法既能由国家直接干预马匹的"传种接代"问题，使得劣马"断子绝孙"，良马"多子多孙"，又能保证战争爆发时能征发到合格马匹。该法规定对民间达到3岁的非后备种马免费去势，拒绝者处以罚款。不过，由于官民方面都缺乏经验，加上民间缺乏紧迫感，至日俄战争前未取得显著成效，以致影响到了马匹的改良进度。1904年日俄战争爆发后又因马匹需求异常，中断了实施此法。

日俄战争是验证"富国强马"政策实施效果的"考场"，战争期间日军共使用军马17.2万匹，主要用于辎重兵（图1-9）、炮兵、骑兵。与甲午战争不同，日军此次对阵的是洋马，差距一览无余。日军马匹普遍矮小，大部分不超过1.4米，达到1.5米的不过1万匹，体型上虽有变化，但仍明显保留着日本马的一些影子（图1-10）。因此，日军不仅骑兵在跟哥萨克人的对阵中十分吃亏，其炮兵用马、辎重用马体格、体能也完全无法与对手相比，并且征发的马匹仍有很多不适合做军马。俄军甚至嘲笑日军矮墩墩的军马是"没有长角的牛"。

还有，因马匹改良进度迟缓，日俄战争期间民间合格的马匹资源也随即面临不足，日本政府在征发10多万匹后，不得不火速从澳大利亚进口1万匹应急，摆脱困境。

四、百年大计：马政局与《马政计划》

因马匹在日俄战争中的"考试"成绩不佳，日本政府更加认识到军马之强弱关系到国运，改良马匹事业是国家之百年大计，必须全力以赴，于是在1904年设立"临时马政调查委员会"，商讨振兴马政政策。结果，政府于1906年设立马政局，脱离农商务省，直属内阁领导。将马政机构直接隶属于内阁，在当时各国属于首例，足见日本政府对于马政重视程度之高。

马政局设立后正式设"马政委员会"作为其咨询机构，负责审议马政事务及其实施方法，为制定马政方针政策提供咨询，其成员包括陆军省高级官员，军方具有重要发言权。1910年马政局转为陆军大臣直接管理，更直接听命于军方。

图1-9 日俄战争中的日军辎重马

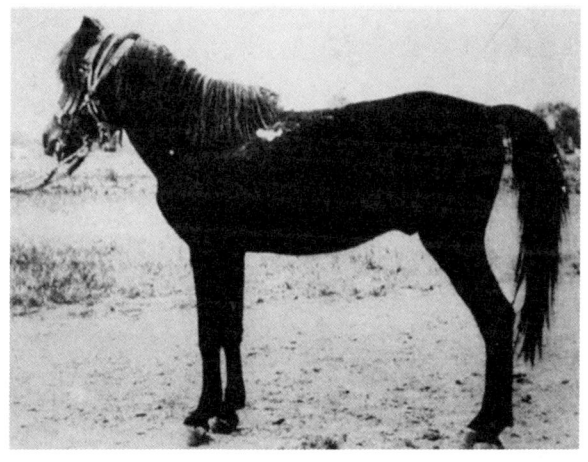

图1-10 日俄战后混血的日本骑兵用马

*来源:[日]萌黄会编《日本骑兵写真集》,原书房,1979年。

作为领导全国马政的机构，马政局负责的工作有：相关法律的贯彻实施，马匹生产与培育的指导，国有种马的补充与淘汰，"种马牧场""种马育成所""种马所"的管理，"马匹共进会"与地方种畜场的监管，军马资源的调查，"军用保护马"、乘挽马的培育与训练，有关马之卫生、去势管理等。

在政府领导下，马政局一设立就制定了《第一次马政计划》。这一旨在对马匹彻底改良的计划十分宏大，为期30年，自1906年至1935年分两期实施。第1期1906年至1923年，共18年。主要内容有：

1. 每年购买纯种赛马（thoroughbred）、阿拉伯血统等的优良马匹，尤其是从澳大利亚购买，充实与补充国有种马。

2. 建成从事马匹改良工作的机构。（1）进一步经营好三大"种马牧场"，负责繁殖、改良种马。（2）设立一个"种马育成所"（后来有增加），负责培育、训练被选为种公马之幼马。幼马来源一是"种马牧场"生产的3岁公马，二是按照标准从其他渠道选购的2岁公马。幼马在此培育至4岁后作为种马分置至"种马所"。（3）主办15个"种马所"（后来有所增加，最多时20多个），负责用种马为民间配种，或出借种马，并且调查马产状况。

3. 使得"种马所"拥有1 500匹国有优质种公马（全国总马数量为150万匹，相当于其千分之一）。

4. 更新全国三分之一马匹的血统。

5. 实施各种奖励，激励上述事业发展。

由于维持马匹总数150万匹这一目标不成问题，因而以上计划的核心是通过建立种马制度，淘汰不符合军马标准的马匹，全盘改良马匹资质，使得日本马匹脱胎换骨。

与此计划相配套，政府决定全面严格实施1901年制定后未能得到有效贯彻的《马匹去势法》，1916年发表《马匹去势法施行规则》，要求全国的公马在3岁时，除了被选为种马的或因疾病等无法去势的，均须在指定时间、地点去势,违者必将依法处罚。自此,全国严格对种马以外的公马去势,例如在1917年至1921年间,每年达到去势马龄的,只有百分之零点四不到的公马留作种马等而免于去势。马匹的"传种接代"问题由此得以彻底解决,资质不良的血统被根绝,有效保证了马匹的改良进度。

马政局还将全国分为6个马政管区,设马政官,负责民间马产业之培育、指导、监督,推动马匹改良事业之发展。1916年马政局根据各地地理环境、马匹体格等将全国马产地细分为乘马、轻型挽马、重型挽马等产地,由国家向民间提供相应的种马,发挥各地的优势,有针对性地改良马匹。

为了全面掌握全国马匹的信息,政府又于1922年颁布、实施《马籍法》,规定马匹的所有者须向政府登记马之名称、性别、所在地、毛色、特征、产地、出产时间、体格、饲养场所,以及所有者的姓名、住址、简历。要求所有者在马匹出产、死亡、去势、变换饲养场地时向政府报告。此举实际上是给马匹建立了严格的"户籍"制度,自此政府对于作为军马资源的全国民间马匹的数量、分布、体格,能够征发用于军事的适龄马数量等都了如指掌。

1923年第1期马政计划制定的各目标如期完成,即如数建立了种马牧场、种马育成所、种马所,国有种马达到1 643匹。有关血统改良,在总马数保持在150万匹的基础上,杂交与洋种马早在1919年就达到了92.3万多匹,占总马数的62.4%,远远超过了预定的三分之一的标准,军马的合格率与1902年前后相比几乎增加了两倍。[3]

因马匹改良工作十分顺利,完全走上了正轨,马政重要性减弱,加上需要紧缩财政,政府在完成第1期计划的同时废除了马政局,将其与农商务省(1925年农林省从中独立出来)的畜产局合并。不过,对于马产业,政府仍不放松,紧接着制定了第2期马政计划,于1924年开始实施,1935年完成。计划的核心内容是在既重视国防,又注重产业的前提下，进一步改良、增殖。所谓"改良"就是全面提高马匹之"质"。例如，与普及杂交马相比，更重要的是让马匹体格上普遍达到使役用途（即乘、挽、驮之用）的理想标准。所谓"增殖"就是长期维持150万之"量"。

作为实施的前提，计划将"产业"与"国防"相提并论，是因为长期维持150万马匹难度很大，政府希望通过拓展马匹在"产业"的用途解决一些问题。但是，对于人口少、国土面积小的传统农业国家来说，"产业"对于马匹的需求很有限，并且随着近代交通工具的普及，相关需求还在不断下降。对此，政府未能制订出针对性措施。

就军需而言，尽管军方收购民间马匹的价格高出市场两倍左右，诱惑力甚大，但相对于150万匹左右的总数而言，和平时期日军所需的马匹毕竟太少。据统计，1910年至1930年日军每年从民间采购的2岁至5岁的马匹，少时仅2 700多匹，最多时也就7 000多匹。[4]而且，雪上加霜的是，1923年政府压缩了陆军的预算，军马被削减19 000匹，购买的规模显著缩小。这无疑会影响受经济利益驱动的农家养马的积极性。

因此，第2期计划启动后马上遇到困难，全国养马户数从1926年的114万多户，减少到1930年的111万多户，全国的马匹总数也随之减少，1926年起每年都跌破了150万匹。为了阻止此趋势，1929年农林省畜产局发布《役马奖励规则》，对于一次性购马10匹以上供农用、挽用、乘用的团体，国家提供补助。此规定表面上是鼓励将马用于劳作，实际上是为了增加民间马在"产业"上的使用量，间接维持乃至增加马匹数量。但此举收效甚微，因为需要购马的团体很少。

九一八事变的爆发给陷入困局的马政带来了转机，一是战争使得马匹需求增加，二是在"军马报国"热浪中马匹又受到全社会重视。马匹总数因此增加，1932年恢复到150万匹。在改良方面，马匹的体格也得到进一步提高，基本达到了使役用途的标准。1935年第2期马政计划基本如期完成。

出于备战的需要，1936年日本政府又开始注重马政，重设马政局，隶属于农林大臣，并且该局的特别事务官由陆军派人担任，军方恢复了马政上的发言权。同年起政府开始实施《第二次马政计划》，时间与第一次相同，为期30年。第1期为15年，主旨是稳定数量，保证全国马匹总数至少为150万匹。在改良方面，继续优化马匹，增加国有种马数量；根据不同使役用途做好国家保有马数量的区分工作；进一步引进国外优良种马，根据制定的体型标准重点改良种马体型，使品种完全稳定。

同年，马政局制定规定，以军马标准从民间评选出军用后备马（图1-11），对于符合军马标准的养殖者进行奖励，鼓励民间驯养军用后备马。陆军省同时也出台《地方马奖励内规》，要求各地师团长根据军事上的需要，对辖区内民间马匹进行检查时，评选出饲养、管理军用后备马的优异者，以及实施《马籍法》的模范市、镇、村，给予表彰，发放奖状、奖杯。军政双双设奖，试图调动民间以军方标准养殖马匹的积极性。这一切都在为即将发生的全面侵华战争紧锣密鼓地做准备。

五、马匹关乎国威：促进马业发展的组织及其活动

马业涉及百万养殖户，要确保计划的顺利实现，就必须全面调动民众参与。日本政府在制定《第一次马政计划》时充分意识到这一点，特地将实施各种奖励、激励改良事业发展写进了计划，具体措施是积极主导、引导、支持民间建立相关组织，举办各种活动，设立奖项。这种组织及其活动主要有：

其一，各县单独或联合举办"马匹共进会"等马匹展评会，养殖户在会上展出自己的良马，官方与地方养殖业代表对参展马匹评奖，由此为养殖户提供交流经验之平台，鼓励其改良马匹。

《第一次马政计划》出台后，各县纷纷举办"马匹共进会"。正如宫崎县"马匹共进会"在言及举办的目的与意义时所说，"马匹是军国一大要件，其是否优良大大关系到国威之消长。为了今后取得改良之实效，保护与引导民间马业者，并且启发其知识才是对策之捷径。而国家建立相应之机关，从各方面加以保护、奖励，与民间先觉者相辅相成，才能获得效果"⁵。就是说，"民间先觉者"是从发展马业关乎"国威消长"之高度，积极配合政府举办这一活动的。

马政局充分利用此平台，资助各地开会，提供奖金，奖励民间养殖良马。以1907年至1922年为例，各地共进会联合开会19次，单独开会312次，送展马近2万匹，获奖马匹9 728匹，发放奖金47万多日元。⁶这说明共进会举行得十分普遍、频繁，政府为了促进此活动投入了大量精力与资金。图1-12便是1912年中部地区6县共同举办的"马匹共进会"评选出的良马。

除此以外，民间还在政府主导下举行其他类似活动，政府则设立奖金奖励优等马，自1906年至1921年，政府共花费近73万日元奖励各地优等马15 984匹（其中公马3 199匹、母马12 785匹），平均每匹奖励4.6万日元。上述各种评选活动，不仅给予荣誉，还给予丰厚的奖励，自然能在一定程度上调动养殖者配合政府养殖良马的积极性。

其二，举办赛马会。1904年"临时马政调查委员会"设置后，朝野各方面向委员会提出希望通过赛马以改良、增殖马匹，振兴国家马政。在此背景下，1906年"东京竞马会"设立，可以发行彩票，接着全国各地陆续成立"竞马会"，其间出现了一些与政府举办初衷相悖的问题，政府对赛马运动加以整顿后允许继续进行，1921年日本全国共有赛马俱乐部11个，在各地建有赛马场11个。

赛马出现后在日本全国十分火热，例如，1907年至1922年各赛马俱乐部每年举行的赛马总场次，少则500场左右，多则1 000多场，10多年共举办约9 000场，登记在册的赛马2万多匹，用于奖励优胜

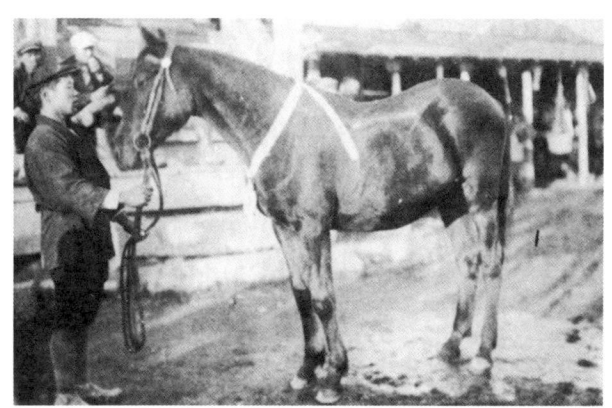

图1-11 1936年参加江刺县(现已撤销)岩谷堂马匹评选会的马匹

*来源:[日]荻田耕造等编《写真集明治大正昭和江刺 故乡の想い出》,国書刊行会,1983年。

图1-12(a) 获一等奖的马匹(一)

图1-12(b) 获一等奖的马匹(二)

马的奖金共达377万日元。

不仅赛马俱乐部,日本各地由马、牛养殖者组成的"产马畜产组合"也举办赛马会,在1910年至1922年的13年内,共有6 700多匹马出场,奖励约217 000日元。每年举办的赛马场数,多则500多场,少则300多场。[7]

国家支持赛马是为了从优胜马中挑选种马,用于改良马匹。以上大规模频繁举行的赛马活动与高额的奖赏,刺激了民间驯养骏马之热情,为政府与军方挑选优质种马提供了充分余地。

1923年政府制定《竞马法》,成立社团法人"帝国竞马协会",将赛马进一步纳入管制之下,自此春秋两季举行比赛(图1-13),马政长官监督俱乐部工作,提供补助金,向赛马优胜者颁发奖金。

为了使赛马活动更加贯彻国家的意志,与新制定的《第二次马政计划》相配合,1936年政府修改了《竞马法》,解散"帝国竞马协会",由国家设立特别法人"日本竞马会"掌管赛马的一切工作。尽管军方与赛马主办方等在优良马育成方向上各有追求,军方的一些要求长期未能得到彻底贯彻[8],但赛马运动被赋予的下列国家性使命则是明确的:对在改良马匹方面所需的种马之能力加以评定,将选中的优秀赛马作为国有种马,尤其是军方种马的首选,用于重点繁殖。

如此,日本的赛马运动不仅能充分锻炼、检测马之能力,激励养殖者培育骏马之积极性,还可以普遍提高人们对马业之关心,更能直接承担起服务于"国家性使命"——为国家、为军方挑选优质种马的重任。

其三,举办"全国马匹博览会"。在陆军省、农林省指导下,"帝国竞马协会""帝国马匹协会"1928年起每五年在东京等地主办一次"全国马匹博览会",据此进一步普及养马知识与技术,宣传军马常识,促进马匹之改良,激励养马者的积极性。

博览会一般持续数日,主要活动是,设"示范马"展区,展出优质乘马、挽马等供示范、参观，设陆军、农林两省等的特设馆，展示优质军马及其相关物品等，还对各地送展的马匹分类进行评选，选出优等马给予奖励。

首届"全国马匹博览会"1928年10月在代代木练兵场举行了8天，有"示范马"44匹，各地送展马161匹参加评选，以国势院总裁小笠原为首，军方等46人担任评审官。共有31万人参观了博览会的特设馆，图1-14至1-17是现场照片，可以看到场面很大。

1933年10月第二次博览会在大阪召开，时值《竞马法》实施10周年，相关纪念活动成为博览会的主题之一。各地送展的马匹共195匹，其中种马90匹、乘马30匹、挽马31匹、农马44匹，参观者达34万人。

上述各种活动虽然组织者不同，活动形式有异，但终极目标一致，就是动员与激励民间参与马匹改良事业，优化军马资源。通过几十年的努力，这些活动在配合实施马政计划、调动养马者培育良马之积极性、促进马匹改良等方面发挥了重要作用。

六、走卒之育成：陆军的马政

陆军方面是军马的实际使用者，自然更加致力于军马的繁殖、驯养、改良及其制度的建立与完善。

明治初年日本陆军创建初期就有骑兵队，陆军省则在兵务局设马政课，负责军马之供给、饲养、管理、检查、卫生事务，还主管对地方马匹的调查、检查、征发等工作。

1886年日军建立师团制，当时仅两个师团有骑兵队。因准备在1892年前给所有师团建立骑兵队，翌年6月陆军省设立"军马采购委员会"，由骑兵局长领导，负责补充军马，为新建的骑兵购买幼马（2岁）。

与此同时，陆军省建立"军马育成所"，由骑兵局长管理，接收

图1-13　约1936年东京某赛马场的秋季赛

图1-14　展览会正门

图1-15 示范的乘马

图1-16 评审会场

图1-17 参观的人群

"军马采购委员会"采购的马匹。育成所分别建于青森县、鹿儿岛县等四地,负责对幼马去势,进行骑乘、挽曳等训练,至5岁或6岁后提供给部队或官衙。当年在育成所等处接受训练的马匹为756匹,而日军各部队使用的马匹总数仅为4 832匹,因此完全能满足部队的需求。不过,当时军方对军马训练的特殊性、必要性缺乏认识。例如,要求育成所尽量把马委托民间饲养,以节省经费;驮马不经过特殊训练,可由"军马采购委员会"采购直接提供给军队,所以,军马的素质普遍低下。

1890年陆军省在东京增设"中央军马育成所"替代"军马采购委员会",负责军马之采购与供给。1893年"中央军马育成所"被"军马补充署"取代。该署由总署与原有的4个育成所构成,掌管军马之供给,以及乘马、挽马之养育、训练。尽管军方在军马培育上采取了很多措施,但力度都很弱,军马的体格、素质方面未取得质的变化。

甲午战争中日交战,日军军马无论在"量"与"质"上都无优势。有鉴于此,陆军省决定强化军马驯养工作,于1896年颁布《军马补充部条例》,设"军马补充部"替代"军马补充署",负责从民间采购良马,加以去势、驯养后再提供给部队,还负责调查国内的军马资源。补充部由总部与支部构成,总部在东京,支部则可在第1、2、6、8、10师团管地设立一至两个(图1-18)。与"军马补充署"相比,新

图1-18 1915年的"三本木"支部

设的补充部直接归陆军大臣管理,在军中地位显著提高,支部数量也多于原先的育成所。1913年支部发展至9个,还有派出部等,此后10多年基本维持此规模。"军马补充部"直至日本战败,一直都是全方位负责陆军军马工作的中央机关。

军方从民间采购的马有两种,一是收购2—3岁的优良公马在"军马补充部"各支部饲养训练。因此,补充部相当于军马育成学校。补充部对3岁的马匹去势,并且训练其野外适应性、变速跑、合群能力等,5岁(相当于20岁之青年人)时编入军队,用作乘马、挽马等;二是依据标准选购民间5岁至7岁的良马,经过短时间训练后配置到军队,大部分分配给炮兵、辎重兵、工兵、步兵,用作挽马、驮马。如前所述,民间马匹一直处于改良之中,并且数量庞大,因此,军方可以从中精挑细选,获得体格上乘的。

补充部的马提供给部队后,才算是正式服役,成为真正的军马,日军称之为"平时保管马"。因为是"新兵",这种马入伍后还需继续接受各种训练,培育持久耐力与实战能力,服役满10年后才能退役。

当然,补充部人手有限,各师团司令部的参谋部与兽医部也是负责其管区内民间马匹的检查、调查、征发等工作的实施机关。一旦进行军事动员,各师团就必须根据补充部的要求对管区内的马匹征发。分散于各地的支部构成了高效、可靠的军马补给网,九一八事变与七七事变发生后,大量民间马匹就是据此网络从各地征发送往战场的。

七、马力即战力:走向军马大国

通过官、军、民数十年的厉兵秣马,日本的军马资源在九一八事变前,"量"自不待言,"质"更是得到了飞跃,政府长期实施的马政基本取得了预期成效。

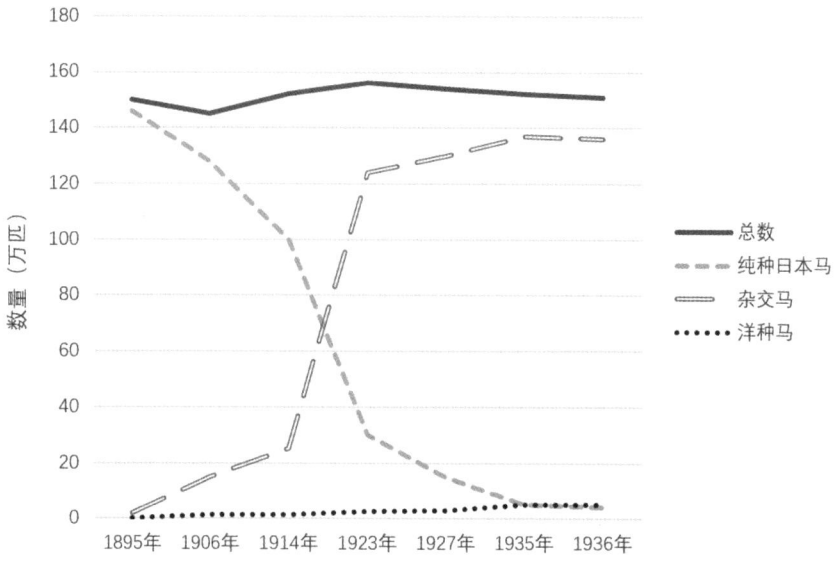

图1-19 近代日本马匹改良历年数据变化示意图[9]

首先是"量"。日本政府一直将日常保有150万匹马作为马政目标,如图1-19所示,日本全国的马匹总数十多年来都保持在150万匹左右。具体而言,自1912年总数达到158.1万匹后,至1925年前基本上都超过150万匹,后来有所下降,但至1937年一直保持在143万匹以上,数十年来军马资源在数量上基本是达标的。

150万匹马中,除去母马、老幼病弱的公马,实际能供军用者约为四分之一,大概是37万匹。九一八事变前日军常备军约20万人,战时可动员百万人以上,基本上每3人可配1马。按照如此人马比,日本平时将马匹总数保持150万匹左右,短期战争还是能保障供给的。

九一八事变后,日军不断扩军,1936年陆军总兵力25万人,七七事变后的1937年底总兵力更是超过百万。随着快速增兵,对于军马的需要也在激增。据研究,日本全面侵华初期至1939年征发的军马就达到了22万匹左右[10],军马资源库此间发挥的作用是显而易见的。

不过，日军全面侵华后，陷入长期战争的泥潭，为此需要不断疯狂招兵买马，并且后来又发动了太平洋战争，150万匹的常备数量就难以维持其战争需要了。其他姑且不论，仅就战场军马的死伤而言，根据日俄战争之经验，凡继续战争两足年，军马因死伤等就必须全部更新。要进行长期战争，没有与此相应的后备资源是无法应对的，这也是日军在全面侵华后不久就面临国内合格马匹供给不足、战争后期几乎无马供给的原因所在。

二是"质"。日本政府始终将改良作为马政的攻坚目标，时至九一八事变前已经完成对马匹的血统改造，马匹体格发生根本改变，体高、体重、胸围、力量都得到显著增加。

军马据其用途可分为乘马、挽马、驮马。乘马又分为将校乘马与骑兵乘马，挽马分为炮兵挽马与辎重挽马，驮马则分为山炮驮马、辎重驮马。其用途是根据体格决定的，就负重而言，一般情况下乘马为自重的四分之一、驮马为自重的三分之一为妥。挽马因车辆构造、路况、挽曳方式、速度而异，一般在四分之三以内。因此，马匹越强壮，自重越重，负载能力越强，尤其是挽马、驮马在这方面表现得更为突出。

如前所述，明治初期的纯种日本马矮小体弱，乘、挽、驮能力均十分低下。为了彻底改变此状况，日本政府不断引进优质洋种马与国内马杂交，并且对种马以外的公马去势，因此近代日本马业的发展过程就是一个以杂交马迅速取代纯种日本马的过程。

如图1-19所示，1895年纯种日本马达到150万匹上下，杂交马仅2万多匹。此后，随着相关政策的实施，时至1906年，杂交马与洋种马已经有近18万匹。第一次马政计划第1期结束的1923年，马匹总数为151万匹，其中杂交马为120多万匹，纯日本马锐减至20多万匹，符合军方征发的马匹因此达到21.6%。1936年日本国内的马96%以上是杂交马，纯种日本马只剩下4万多匹。

马的体格也随之全面提高。表1-2是1913年日本兽医对各地马匹的调查结果，据此可知马政在改良上产生了明显效果，与1897年前相比，当年各地民间饲养的马匹体高都超过了1.5米，胸围也有显著增大。当然，此数据不能代表全国的整体状况，但马匹体格变化之大是一目了然的。

表1-2　日本马匹体高、胸围尺寸表（1897年前、约1913年）[11]

地　区	体　高		胸　围	
	1897年前	约1913年	1897年前	约1913年
北海道马	1.41米	1.52米	1.68米	1.71米
东北六县马	1.42米	1.54米	1.67米	1.77米
九州地区马	1.36米	1.53米	1.56米	1.72米

马匹改良的最终目的是为军用服务，如前文所述，日军是从民间收购2—3岁良马，在"军马补充部"驯养至5岁时正式服役。这类马匹更能直接反映军马的体格变化。表1-3是"军马补充部"1928、1932、1936年驯养的5岁乘马、挽马的状况。

表1-3　"军马补充部"驯养的5岁马体格状况（1928、1932、1936年）

时　间	用途	补充数	体高	体重	胸围	胸围率	管围	管围率
1928年	乘马	1 056匹	1.529米	451.8千克	1.729米	113.08%	19.2厘米	12.56%
	挽马	501匹	1.537米	488.1千克	1.774米	115.42%	20.1厘米	13.8%

（续　表）

时　间	用途	补充数	体高	体重	胸围	胸围率	管围	管围率
1932年	乘马	1 029匹	1.529米	456千克	1.747米	114.24%	19.3厘米	12.62%
	挽马	423匹	1.542米	508千克	1.805米	117.06%	20.4厘米	13.23%
1936年	乘马	1 306匹	1.536米	467千克	1.759米	114.52%	19.4厘米	12.63%
	挽马	477匹	1.539米	518千克	1.804米	117.22%	20.5厘米	13.32%

由表1-3可知，补充部的乘马，1928年起体高均已在1.52米以上，1932年起胸围率超过了114%，低于116%，管围率则超过12%而低于13%，对于身材普遍矮小的日军而言，均已达到了理想标准。

至于补充部的挽马，1928年起体高都超过了1.53米，体重进入20世纪30年代后则超过500千克，并且体高与体重都仍在不断增加。就胸围率而言，挽用马胸围率最大一般在122%以上，日军的挽马30年代后虽然都超过了117%，离122%仍有距离，但仍在继续增大。管围率是鉴定马骨骼发育的指标，在一定程度上亦可显示体质之强壮。一般重型马的管围率最大可达14%以上，日军的挽马都超过13%，并且在不断进步。

当然，"军马补充部"的幼马本来就是精选的，又得到精心驯养，成年后的体格肯定普遍优于民间同龄马匹。就日本全国的马匹总体状况而言，据1933年调查，百万军用适龄马中，体高1.45米以上的为50万匹，其中1.5米以上的超过20万匹。

基于改良结果与实战检验，陆军省次官1938年在给马政局的通牒中，就军马提出如下标准：

表1-4　服役之军马体高、体重标准一览表（1938年）[12]

细目	乘马		炮兵挽马		战列驮马		辎重挽、驮马	
	标准	允许范围	标准	允许范围	标准	允许范围	标准	允许范围
体高（米）	1.53	1.48—1.58	1.58	1.5—1.6	1.5	1.45—1.55	1.48	1.43—1.53
体重（千克）	460	430以上	500	480以上	460	450以上	430	390以上
备考	战列驮马包括山炮、机关枪、步兵炮、架桥材料等的驮马							

以上乘马的标准与欧美是一致的，其他的也比较接近。对身高较矮的日军而言，乘马太高不利于上下，驮马太高不利于装卸物品，因而乘马、驮马已经完全符合了其军用标准。

总之，通过举国实施长达30多年的马匹改良计划，日本马匹彻底改变血统，脱胎换骨，体格得到了质的飞跃。150万匹左右的总数，虽不能与苏联、美国等产马大国相比，但时至1938年也位于世界第14位，并且，与"量"相比，更重要的是"质"的全面飞跃。据此不能不说日本"富国强马"的凤愿得以实现，在20世纪30年代已经走向了世界军马大国。

可悲的是，"富国强马"后的日本却走上了军国主义的不归路，祸害四邻，将马匹用作对外侵略的工具，驱赶其上战场。因为体型比中国马匹高大，跟随日军侵入中国的军马被当时的一些中国人称为"东洋大马"，亦成为侵略者的象征之一。

第三节 为魔所役：日军的人马编制与军马数量

一、滞后的机械化：师团的人马编制

日军第二次世界大战期间的机械化程度与欧美国家相比非常低。从机械化象征之一的汽车来说，日本国产汽车工业起步较晚，20世纪20年代主要靠进口欧美零件组装车辆出售，1930年前后才进入国产汽车工业的摇篮期，正式生产自己的汽车，1935年国产大型卡车产量仅1 000多辆，其后产量增加很快，1937年为7 643辆，1938年猛增至13 981辆。[13]尽管如此，与欧美差距依然很大。在如此基础上推进的军事机械化当然严重受限。据研究，太平洋战争中的人车比，美国军队平均是每12人有1辆卡车，日军则是每49人有1辆卡车。[14]因此，对于日军而言，骑兵、炮兵、辎重兵自不待言，即使是步兵联队，随着重机枪队、各种火炮队的建立，要保证最起码的机动作战能力，也必须配置足够的军马。

表1-5是七七事变爆发一年间日军在中国（未包括伪满）师团的分类与编制，据此可知日军这一时段的人马配置情况。

表1-5 日军师团人马编制表（1937年7月—1938年6月）[15]

部队	甲种挽马师团		甲种驮马师团		乙种挽马师团		乙种驮马师团	
	人数	马数	人数	马数	人数	马数	人数	马数
人马总数	25 375	8 197	28 438	11 507	21 839	5 863	26 848	9 664
师团司令部	330	165	391	239	330	165	391	239

（续　表）

部　队	甲种挽马师团		甲种驮马师团		乙种挽马师团		乙种驮马师团	
	人数	马数	人数	马数	人数	马数	人数	马数
步兵旅团司令部	150	40	75	20	53	16	106	32
步兵联队	14 988	2 104	15 276	2 880	14 100	1 716	14 808	2 464
骑兵联队	452	429	452	429	451	431	451	431
工兵联队	672	99	719	150	672	99	719	150
炮兵联队	2 894	2 269	3 699	2 700	1 922	1 508	3 448	2 056
辎重兵联队	3 461	2 612	4 890	4 260	1 898	1 451	3 989	3 463
师团卫生队	1 101	128	1 328	163	1 095	128	1 328	163
兵器勤务队	121	0	121	0	121	0	121	0
师团通信队	255	47	279	81	246	45	279	81
野战医院	951	304	1 208	585	951	304	1 208	585

　　表中的挽马师团即野炮师团，驮马师团即山炮师团。据此可知，日军各种师团每百人配马数量，甲种挽马师团为32.3，甲种驮马师团为40.5，乙种挽马师团为26.85，乙种驮马师团为39.96。即各师团的人马比大多超过30，有的甚至在40上下。

　　就具体军种而言，骑兵自不待言，炮兵联队与辎重兵联队每百人配马的数量都极高。可以说如果没有军马，日军的炮兵与辎重兵部队几乎无法成军。

上表还显示，步兵联队配置的军马也非常多。日军步兵联队下辖有机关枪中队、步兵炮中队、行李队，重机枪、步兵炮、随队携带的军需物资等都不是靠人力能够长途快速移动的，配置如此多的马匹，说明日军步兵基本上是靠马匹搬运。

有关军马与相关军种的关系，在后文详述。在此需要强调的是，日军各种师团的编制不是一成不变的，随着战局与日本对外侵略政策的变化，人马数量也随之不断改变。1939年4月起日军将师团4单位制改为3单位制，即减少1个步兵联队、1个野炮大队，人马数量显著减少。1943年，关内日军再次进行大规模调整，其编制是甲种师团为人员18 411人，马匹4 999匹，乙种师团（第一类）人员12 895人，马匹1 838匹，师团每百人配马数量，前者为27.15，后者为14.25，与七七事变初期的编制相比，人马总数都大幅减少，每百人的配马数量也下降不少。

不过，日军的人马编制无论怎么变化，从每百人配马数量来看，军马都是其极其重要的组成部分，马力在某种程度上就代表了日军的战力。

二、陷入"泥潭"：侵华日军军马的定额与实际数量

对于日军而言，由于中国特殊的自然环境与交通设施状况，无论是入侵南方还是北方，沿海还是内地，大小战事都特别依赖军马。

中国地形复杂，北方除了华北平原外，主要为崎岖的高原、山地，而南方除了长江中下游平原以外，多为丘陵山地，平原则是水田遍布，河湖纵横。而中国近代道路建设又十分滞后，尤其是内陆地区，交通极为不便，加上中国南方春夏多雨，使得本来就苦于无路可走的很多地方一有大队人马践踏就会变得泥泞不堪，举步维艰。因此，携带重武器或者辎重的日军一旦远离其控制的铁路、公路（包括

日军临时修筑的）、河流沿线，无法使用机械化运输工具时，就会面临行路难的问题。图1-20至1-26是日军随军记者拍摄的照片，反映了日军大部队无论在北方还是南方，只要进入山区或农村，就会陷入步履维艰的窘境。马匹在此时就几乎成了日军唯一的得力帮手。

还有，在一些交通设施比较发达的地方，日军的机械化交通工具原本可以发挥作用，但是，中国军民为了抵御侵略，大量破坏了铁路、道路、桥梁等，使其无法使用，只能依靠军马等运输工具，图1-27至1-31即为日军入侵途中遇到的种种情况。

面对崎岖泥泞之地、河湖山川，以及遭到破坏的交通设施，日军即便有机械化交通工具，在军事行动中也可能成为累赘，需要借助人力等才能移动，图1-32至1-35便是典型之例。

再有，越是战争后期，汽油等燃料对日军来说越宝贵，这也限制了机械化交通工具的使用。出于以上原因，侵华日军不得不严重依赖马匹，始终将其作为最得力的运输工具。

有关侵华日军的军马定额与实际使用的数量，由于深陷战争泥潭的日军长期以来不断获得补充，并且肆意掠夺中国马匹使用，加上日军编制变化快，不同时段的编制差异大，部队的调动又极频繁，史料更是严重欠缺，因此，现已无法完全弄清。以下只能根据一些零散史料尽量去挖掘事实。

关东军是最早发动侵华战争的，其实际使用的军马数量随着编制的变动而异，不同时间差异显著。九一八事变期间日军动员的马匹约5万匹，1938年1月关东军定编人数为111 028人，马数为18 095匹，人马比为16.29。不过，实际数量是18 964匹，完全超过定额，另外还临时使用有1 961匹。[16]同年3月其定编人员为163 124人，军马定额20 908匹，人马比为12.81，实际数量22 098匹[17]，1940年8月则为28 800匹[18]，而1941年7月起实施"特别演习"时，动员的马匹则超过了14万匹。

图1-20　野炮队渡过永定河

图1-21　驮马运输队从河北坨里村渡过大石河

图 1-22 驮马运输队在雪山

图 1-23 炮兵部队在山西山区

图 1-24 驮马运输队在广东山区

图1-25 目标岳城的挽马运输队在田间

图1-26 挽马运输队在南昌泥泞的山间

图1-27　挽马运输队经过铁路已毁的湖南临湘车站

图1-28　因道路被毁受阻的汽车队

图1-29　日军人马沿着广东庵埠、鹳巢附近毁坏的铁路前行

图1-30　行李队在安徽六安越过桥梁毁坏的河谷

图 1-31 沙河桥梁被毁,日军临时建桥(上图),野炮队据此过河(下图)

图1-32 河南尉氏城附近用牛从泥泞中拉出的汽车

图1-33 因桥梁(背景为桥桩)被毁,杭州附近船载渡河的汽车

图1-34 山西山谷间靠人推拉爬坡的卡车

图1-35 山东牟平泥泞中的卡车

七七事变日本全面侵华后，就关内日军[19]使用的马匹数量来说，1937年7月底日军下令派遣至华北的军马就达54 000匹[20]，1938年10月陆军大臣板垣征四郎在东京中央广播局无线电广播中发表演讲时说，七七事变发生后的一年多时间内，有数十万军马送到了中国。[21]

如后文所述，板垣并非虚言。此外，据陆军省1941年2、3月调查，关内日军当月的军马定额与实际数量如下表所示。

表1-6 关内日军1941年初军马定额与缺额数量（单位：匹）[22]

细	目	华中军	华北军	华南军	备 考
定额	乘马	17 084	15 170	5 145	
	挽马	27 510	10 612	10 362	
	驮马	26 016	8 266	6 064	
	合计	70 610	34 048	21 571	
现有数量	乘马	16 361	13 892	4 689	除了表中出现的马匹以外，各军还"保管"有中国马匹，数量如下：华中军约16 000匹、华北军约15 000匹、华南军约4 500匹
	挽马	19 973	10 161	7 613	
	驮马	18 813	8 150	4 877	
	合计	55 147	32 203	17 179	
不足数量	乘马	723	1 278	456	
	挽马	7 537	451	2 749	
	驮马	7 203	116	1 187	
	合计	15 463	1 845	4 392	
因缺额而申请的数量	乘马	779	500	200	
	挽马	1 828	700	300	
	驮马	2 547	1 500	500	
	合计	5 154	2 700	1 000	

据表1-6可知，1941年2、3月关内日军的军马定额一共是126 229匹。关东军同年3月定额为38 572匹[23]，因此1941年初整个侵华日军编制内的军马总数量为164 801匹。侵华日军的师团数量一直在变化，1941年初大致处于中间数，因此，可以将16万匹视为侵华日军一般情况下每年编制内的军马数量。

当然，因编制变化、部队调动等，各军的军马数量一直处于变动中。表1-7是华北军1938年至1940年度，以及1941年6月"保管"的马匹数量。如前所述，在日军中服役的马被称为"平时保管马"，日军以"保管"来统计，说明是正在"服役"的。据表来看，数量历年变化显著，1938年度与1940年度相差4万多匹。还有即便是同一年，差异也很大，如1940年2月为69 479匹[24]，同年底则为51 823匹，1941年初又变为34 048匹[25]，6月则为56 127匹。

表1-7 华北军各年度"保管"的马匹数量表（1938—1941年）[26]

类　　别	1938年	1939年	1940年	1941年6月
日本马	59 702	40 942	34 578	37 197
中国马	34 478	22 735	17 245	18 930
合　　计	94 180	63 677	51 823	56 127

华中军亦如此，以其下属野战主力第11军的军马定额为例，1939年5月为105 000（实有88 400）匹[27]，1940年3月是60 523匹[28]，一年不到相差4万多匹。华南军的军马数量也是不断变化的，例如，1939年8月1日为20 100匹，同年11月底则剧增为37 957匹[29]，但在1941年2月又降为21 571匹。

侵华日军使用军马最多的时段，大概是1941年底，当年夏关东军进行特别大演习，动员了10多万马匹。同年底，关东军有14.1万匹，关内日军14.3万匹，两者相加达到28.4万匹。[30]

据以上情况来估算的话，整个侵华日军一般情况下每年编制定额内的军马在16万匹以上，最多时则超过28万匹。

不过，定额并不等于实际使用的数量，因随处肆意掠夺中国马匹使用，日军在整个侵华战争期间的实际使用数量肯定远大于定额。

例如，表1-6所示的关内日军虽然缺少日本马匹，但"保管"了大量中国马。说是"保管"，只是未将其纳入"定编"之中，但实际上都处于服役状态。如果加上这些，关内日军1941年初使用的马匹就达到了140 029匹，远远多于126 229匹这一定额。关东军这一时间"保管"的中国马数量不详，即便如此，1941年初整个侵华日军实际使用的军马数量也已经接近18万匹。需要强调的是，如下文所述，日军统计中国马匹时一向缩水很大。如果算上这些，数量则更多，至少会超过20万匹。

日军在侵华战争中究竟使用了多少中国马匹，日方未留下，也不可能留下全面翔实的统计资料，中国方面在战时更不可能对沦陷区、交战地区的相关情况调查统计。由于存在大量的未知数，现在已经无法估算整个侵华战争期间日军使用的军马数量，只能粗略梳理来自日本的马匹情况。

据日本学者研究，侵华日军自七七事变起至1945年战败，向中国战场投入马匹240 319匹，8年间损耗116 111匹，战败时残存军马为124 208匹。[31]上述数据的前两项应该都是日本马匹，并且未算入关东军的。

以上说法值得商榷。一是如前所述，仅仅在七七事变至1939年间日本政府就向民间征发了22万匹马。这些马匹的用途无非是用来补充缺额，或装备新建师团等，最终基本上都送到了中国战场。二是如后文所述，至1939年底的两年半内，关内日军直接损耗的日本马就超过11万匹。而来自日本的补充，华北军至1939年底共有17 855匹，华中军1938年2月至1939年9月共有23 387匹，两者共41 242匹。这样的话，仅此时段损耗的与补充的日本马就达到15万匹以上，如果加上七七事变后各师团带入中国而未损耗的日本马，总数也肯定超过了24万匹。

重要的是，1939年后仍有军马从日本国内补充到中国。因此，日军至1945年战败投入关内的日本马肯定远超过24万，保守估计在30万匹左右。如果算入关东军九一八事变以后14年使用的日本马，数量则更多，可能总数在40万匹左右。

这约40万匹来自日本的军马与在华掠夺的数十万或更多的马匹，是侵华日军军事力量的重要构成部分。

第四节　走卒伏尸之地：日军的军马损耗状况及其原因

一、死伤相藉：军马的损耗与缺额状况

对于日军来说至关重要的军马，在侵华战争中损耗极大。1938年日本出版的《将兵背后的无声战士：赞颂吧！军马的功绩》，是根据陆军省兵务局马政课提供的资料编写的宣传军马"功劳"的书籍。该书提到，侵华日军的军马因伤病等死得非常多，某骑兵队进入中国3个月，就有三分之一的马匹死亡，一时改编为步兵队行动，某炮兵中队，按编制有4门炮，因缺少马匹一度由2—3门组成。[32]

这就是说，日军军马在全面侵华之初就因伤亡产生了大量损耗，并且未能得到及时充分补充，产生缺额，直接影响到了机动作战能力。确实，在日军随军记者等拍摄的照片中，常常可以看到人力推拉火炮、运送军需品的画面。例如，图1-36、1-37反映的便是入侵上海

图1-36 入侵上海的日军拉着野炮

图1-37 入侵上海的日军抬着弹药箱

时出现的类似情况。上海的道路状况在当时的中国应该属于最好的，日军如果有充分的机械化运输工具，或者能及时补充军马，也不至于狼狈至此。

入侵上海才是侵略华东的开始，日军就缺乏有效的运输工具，尤其是缺乏运输用马，可想而知，随着战线的延长，这种情况会更加普遍。图1-38至1-41是日军随军记者不同时段拍摄的一些照片，均反映了日军靠人力搬运武器或物资的情景。

（一）关东军军马的损耗与缺额

其实，日军在九一八事变期间就遇到了军马大量损耗、伤病的问题。如前所述，九一八事变期间日军动员了约5万匹马镇压抗日力量，尽管大规模战事少，但损耗仍很严重。

例如，马占山1932年诈降后又通电反正，7月日军派兵"讨伐"，山内保次少将担任吉冈部队的骑兵联队长参战。马占山声东击西，与敌寇周旋。日军将步兵与炮兵的主要兵力布置在呼海线、齐克线沿线地区，撒开大网，出动飞机从空中轰炸，派山内带领骑兵配备轻型火炮从西、北、南三面跟踪追击，围追堵截（图1-42），企图将马占山军向网中驱赶，直至其进入包围圈。日军骑兵进入的地区，大多是地形险恶的山道峡谷，加上时逢雨季，道路泥泞不堪，并且不乏连道路也没有的原始山林。在连续追踪的两个多月间，日军骑兵多次与马军遭遇而鏖战，吃尽苦头。陆军省认为山内率领骑兵在此次围剿中立下了关键功劳，1932年9月事变一周年时，让其在东京日比谷公会堂通过广播对全国听众讲述了"讨伐"的经过，山内特别介绍了骑兵在围追堵截中的重要性。[33]

通过日军画家的战地记录《"满洲"战线钢笔画集》（1933年公开出版）可知当时日军屡屡陷入苦境。图1-43所附的日文说明是，日军尾随马占山军进入湿地后完全断粮，是骑兵及时赶到提供了补给。画面即为骑兵给河流对面日军输送粮食的速写，细看的话，可见湿地上

图1-38 泥泞中推拉火炮的日军

图1-39 进攻庐山背运军需品的日军

图 1-40　肩扛运送炮弹的辎重兵

图 1-41　入侵江西推拉着辎重车的日军

图1-42 追击马占山军侵入海伦的骑兵

图1-43 陷入湿地的日军

的日军几乎是赤身裸体,有的在将物资拉过河,有的在烤火,狼狈不堪。图1-44反映的也是此段时间日军及其马匹遇到的同样情况。

高强度行动使得军马的损耗非常大,图1-45是上述画集描绘的"讨伐"期间因体力不支等被遗弃而自力返回营地的军马。这些马可谓皮包骨头,惨不忍睹。据此可以想象此次"讨伐"战事之激烈,环境之艰苦,军马损耗之大。

伪满建立后,尽管抗日武装在疯狂围剿下已相对削弱,但日军军马损耗仍很显著。例如,1937年进入东北围剿抗日武装的第4师团,1938年1月军马定额为1 893匹,因战死废毙等缺113匹,伤病马仅1月就产生119匹,其中5匹死亡。与上个月相比,伤病马总数减少150匹,废毙马由40匹减少至35匹。[34]据此看来,该军每个月的废毙数量在35匹至40匹,如此一年的损耗率应该达21%左右。该军军马还普遍营养不良,师团方面为此申请了专用款项购买优质饲料"特别加料"。

并且,因损耗马、伤病马不断,即使是东北地区的"治安"状况已经相对稳定的1941年,关东军仍有一些下属部队军马存在着缺额。例如,同年3月其第8师团下属的步兵第5、17、31联队,搜索第8联队,野炮第8联队,工兵第8联队,通信队等共有10 871人,军马定额2 927匹,但实为2 601匹,缺额326匹(主要是步兵联队缺额)[35],约占总数的9%。

(二)华北军军马的损耗与缺额

关内日军的军马在长期战争中的损耗、伤病情况更严重。

在华北等地,据华北军兵站1938年3月底调查,华北军从7月7日开始至1938年3月共战死10 075人,产生伤病马169 327匹、损耗马32 299匹(图1-46至1-48),调查时仍有伤病马6 000匹。[36]据此可知军马损耗严重,数量远超战死的日军。从月均损耗数量看,这一时段是3 589匹,两个月损耗的总数几乎相当于一个师团的军马定额。而

图1-44 进入沼泽地的关东军与军马

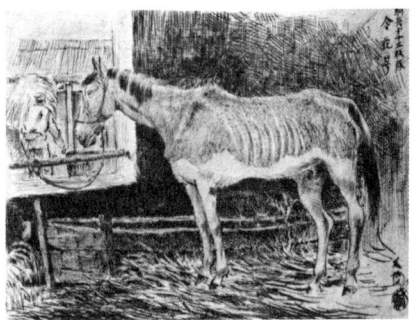

图1-45 自力返回的伤病马

图 1-46　倒毙的军马

图 1-47　入侵山西途中倒毙的军马

图 1-48　浑身是泥的瘦弱马

此时该军兵站可以用于补充的日本马仅1 000匹（另有中国马700匹）。兵站的任务是及时保障补给，应该有充分储备，区区千匹根本无法满足部队的需求，势必造成严重缺额。

华北军不仅在战争初期产生大量伤病马、损耗马，进入相持阶段后仍旧如此。表1-8是1937年7月至1939年的相关统计。[37]

表1-8　华北军伤病马与损耗马数量统计（1937年7月—1939年12月）（单位：匹）

时间	区 分		传染病	外伤等	普通疾病	其他	合 计	
1937	伤病马		4 592	37 737	12 708	13 640	68 677	
	损耗马		621	4 827	10 106	3 762	19 316	
1938	伤病马	日本马	6 649	51 940	6 460	22 496	87 545	94 281
		中国马	791	4 141	546	1 258	6 736	
	损耗马	日本马	1 649	6 869	3 028	3 159	14 705	16 491
		中国马	647	452	409	278	1 786	
1939	伤病马	日本马	2 898	36 417	2 542	20 851	62 708	84 364
		中国马	1 183	15 056	1 743	3 674	21 656	
	损耗马	日本马	415	1 934	836	2 035	5 220	9 684
		中国马	1 030	1 477	1 082	875	4 464	

据表1-8可知，从七七事变至1939年12月的两年半时间内华北军共产生损耗马45 491匹，伤病马247 322匹，两者共292 813匹。值得注意的是，上表1938年8月以后增加了中国马，大概是将其纳入了正式编制才算入的。如果减去中国马，仅计算日本马的话，损耗马为

39 241匹，伤病马218 930匹，两者相加为258 171匹。

当然，上述伤病马数量应该多于实际伤病马总数，因为日军在各地设立了"病马厂"（军用动物的保健、卫生部门）（图1-49、1-50），就地收容、治疗伤病马，伤病马康复后就被送回军中。这样，同一军马在上述时间内就有可能因伤病而多次出入病马厂。不过，即便如此，伤病马数量之巨还是一目了然的。

从上表可知，伤病马、损耗马产生的时段，以事变最初的半年为最多，共约88 000匹，月均14 666匹；1938年有所减少，不过全年亦超过11万匹，月均9 231匹；1939年94 048匹，月均7 837匹。就总的趋势而言，损耗马与伤病马数量是在逐年下降的，但进入1938年后并不显著，每月都在8 000—9 000匹。这意味着1938年后每月需要补充8 000匹左右才能维持原状。

如果说伤病马治疗后还可能重新军用，那损耗马则是非死即废，属于绝对损失。华北军军马的损耗1937年最多，月均3 219匹，1938年月均1 374匹，1939年月均807匹，与1937年相比，1939年的损耗数量下降显著，但每月的损耗量仍接近千匹。

就军马的损耗率而言，据华北军1941年统计，1937年日本马为37.48%。翌年起包括中国马在内，1938年为20.11%。1939年为11.02%，1940年为8.88%。[38]

上述损耗率，1938年后骤然下降，在华北战事依旧激烈的状况下有违常理。这应该与将中国马匹纳入统计有关。七七事变初期日军掠夺中国马使用是不计入定额的，后来随着军马消耗、伤病数量剧增，在得不到及时充分补充的情况下，开始大量任意使用中国马，并且越用越多。为了正确把握部队使用的马匹数量，分析战况，制定相关计划，华北军才从1938年8月开始统计中国马，但十分任意。华中军1938年7月底向陆军省申请补充军马时，提交了一份缺马概数表，其中列入了中国马，对此的说明是："有关中国马，由于部队之'征发'

图1-49 日军的病马厂

图1-50 日军进攻汕头时设的病马厂

及其损耗状况不明,统计极其粗略。"[39]这足以代表整个日军统计中国马的情形。究其原因,中国马本来就是"俘虏",是掠夺到手的"无名"之马,可以随意处置,日军绝对不会在意其死伤数量,只要能找到新的替代就行。遇到统计时,是否如实报告或漏报不可能引起任何问题,因为上级既无法也不会核查。日本马匹则不同,不仅登记在册,甚至每匹马都有名字(往往名"某某号",例如后文要说的"胜山号"),故统计相关情况时无法敷衍。因此,有关中国马的统计自然远低于实情,并且使用的中国马越多,统计出来的损耗数量越低。

华北军某炮兵联队长在1946年回忆说,其指挥的联队战马平均每年的损耗率达25%。因补充的马匹不符合要求,不得不改变原先的编成,影响到了机动与战斗能力,废毙马的不断增加是其最为痛苦之处。综合各方面情况看,25%左右才应该是华北军1938年至1940年军马的实际损耗率。

华北军这一时段军马的具体损耗状况,通过以下几例可知一斑。

日军第109师团1937年9月中旬一组建即侵入中国,参加了石家庄、滏阳河、太原会战,入侵山西后一直四处作战。作为紧急组建的师团,最初使用的马匹基本上都是从日本民间征发的,一投入前线,就大量废毙,接下来在转战各地的过程中损失也很大,靠补充中国马在内的马匹,才维持住了所需的机动力。从侵入中国至1939年11月为止,共产生伤病马2 250余匹,损耗马5 200匹(包括中国马)。[40]该师团组建时的军马定额为9 485匹,损耗马约占定额的55%。

再如七七事变后,从中国东北紧急调入华北的混成第15旅团,1937年10月至11月2日经历过原平镇、南庄头、太原之战。该部队共有马1 086匹,在此期间损耗112匹,有81匹进入病马厂,即一个月就失去一成以上的军马,如此损耗下去,一年会超过百分之百。以上还是由于其自称"卫生状况维持了极其良好的成绩,并且在预防传染病方面采取了各种手段"[41],否则产生的伤病、废毙马更多。

又如步兵第11联队第1大队炮小队1937年8月入侵中国时定额为29人、8匹马，至11月底，两个半月产生损耗马6匹（病死、战死、废弃各2匹），损耗率达75%。在此期间多次补充，因补充不及时，只能用牛运载炮弹。[42]

1940年以后，华北军的损耗马与伤病马数量依旧很多，如表1-9所示，每月在2 200匹至4 000匹，只是废毙的数量与前几年相比有一定减少。

表1-9 华北军军马损耗、伤病统计（单位：匹）[43]

时　　间	新增伤病马数	废毙马数	战死、战伤马数
1940年2月	2 038	150	43
1940年5月	4 078	216	495
1940年8月	3 537	176	59
1941年10月	2 568	197	97
1941年12月	2 318	158	72

华北军出现大量伤病马、损耗马，并未得到及时充分补充。表1-10是1939年4月该军下属四个师团军马缺额的统计。

表1-10 华北军部分师团军马缺额统计（1939年4月）（单位：匹）[44]

部　　队	乘马，机枪与炮兵驮、挽马			行李驮、挽马		
	定额	现数	缺额	定额	现数	缺额
第10师团	3 785	3 305	480	4 417	3 658	759
第14师团	3 420	2 771	649	3 451	2 379	1 072
第27师团	1 523	1 255	268	2 176	1 767	409
第110师团	2 564	2 481	83	2 361	2 170	191

据上表可知,各师团都存在缺额,平均缺额17%,其中最严重的师团缺额占定额的26%,缺得最多的是行李驮、挽马。

不同的兵种缺额大不相同。例如,同一时间华北军第2师团第2架桥材料中队军马的定额为393匹,缺额131匹,占定额的33%,情况更为严重。

华北军各部队军马普遍缺额是常态。表1-11是1942年8月该军部分部队的军马缺额状况。

表1-11 华北军部分军队军马数量与缺额(1942年8月)(单位:匹)[45]

部　　队	定　额	实　有	缺　额	另有中国马
第1军	9 091	7 928	1 163	4 283
第27师团	2 300	2 067	233	200
第41师团	2 407	2 113	294	2 314
第110师团	3 003	2 647	356	328
独立混成第1旅团	507	490	17	12
独立混成第8旅团	619	525	94	33
独立混成第9旅团	497	447	50	29
独立混成第15旅团	493	487	6	216
华北野战补充马厂	1 856	1 190	666	547

如表所示,1942年华北军各部队普遍缺马,第1军缺额最多,占定额的13%;各师团都缺8%以上;独立混成旅团的情况各异,第8旅团缺得最多,缺15%;"野战补充马厂"是专门为部队补充军马的,应该备足军马及时补充给部队,却也严重缺额,达到近三分之一,如此根本无法充分履行职责。

（三）华中军军马的损耗与缺额

在华东、华中地区，日军八一三事变入侵上海期间，遭到中国军队痛击，人马损失极其惨重。据日军报告，八一三事变至1939年底的情况如表1-12所示。

表1-12　华中军伤病马、损耗马数量统计（1937—1939年）（单位：匹）[46]

类　　别		1937年 8—12月	1938年 1—12月	1939年 1—12月	合　计
伤病马数	日本马	68 139	127 630	95 348	291 117
	中国马	174	1 754	7 613	9 541
损耗马	日本马	19 624	25 020	11 001	55 645
	中国马	2	365	1 109	1 476

据表1-12可知，华中军这两年多马匹的伤病、损耗总数量达357 779匹（其中有中国马11 017匹），显然大大超过了华北军的292 813匹。从损耗看，1937年有近2万匹，月均3 925匹，远超华北军的3 219匹；1938年为月均2 115匹，也超过华北军的1 374匹；1939年月均1 009匹，仍多于华北军的807匹。据此可以看到，两军的损耗都在逐年下降，但1939年月均都在千匹上下。在未准确统计中国马这一前提下，月均损耗近千匹大概是战争进入相持阶段后关内各地日军军马损耗的通常状况。

华中军军马损耗最多的是1937年12月与1938年10月，月损耗数量均在7 500匹左右，相当于一个月内就损失了一个师团的军马。此为日军进攻南京、武汉的时间，军马日均废毙200匹以上，与其主子一样遭到中国军队的痛击（图1-51、1-52）。南京、武汉战场可谓是日军军马的受死之地。

引人注目的是，中国马在事变初年就出现在表1-12中。这些马

图1-51　倒毙在上海大场镇的日军军马

图1-52　南京街上的马尸，马头方向与日军坦克进攻方向一致，应该都是日军的

应为日军现地掠夺所得，起初使用似乎不多，1938年起剧增。当然，基于与华北军相同的原因，此统计极其粗略，实际数量会多得多。

有关华中军的军马损耗率，因上述各年其军马定额不详，无法准确判断。就华中军的兵力而言，1937年底共有9个师团，另有2个野战重炮旅团、1个山炮联队，定额粗略估计在60 000匹左右，损耗马数量约占上述定额的33%；1938年7月共有14个师团，军马定额为70 927匹[47]，同年损耗马占定额的36%。1939年9月华中军有11个师团，4个独立混成旅团，军马定额大概在64 000匹，损耗率约19%。以上3年的平均损耗率在29%左右。华中军的大规模战事一直持续不断，损耗自然高于华北军。

华中军在此期间军马损耗的具体情况，通过以下之例可知一二。

某骑兵部队，自杭州湾登陆后因沿途战事等影响，失去两成以上的马匹，因无马补充，有两成的骑兵是穿着马靴、拖着马刀一直走到南京的[48]；华中军司令部1938年4月要求补充军马4 500匹的理由之一便是有的骑兵中队已经无合格马可骑，全部徒步，有的炮兵队因缺马而减少了一半火炮[49]；1938年入侵大别山区的日军第33联队，遭到中国军队阻击，9月在磨盘山等地遭遇激战，伤亡惨重，仅9月18日至30日的两周内就死亡106人，伤263人，军马也有47匹死亡，48匹受伤。该联队此间共出动军马802匹[50]，两周的伤亡率超过10%，日均伤亡7匹马左右。如此半年不到，其出动的军马非死即伤。

华中军第11军留下的军马死亡记录，更能够说明这一时段军马的损耗惨状。

1938年7月第11军组建，同时编入华中军的作战序列参加武汉会战，自此每月多次专门向陆军省报告马匹损耗情况，至1940年2月在各战事中的损耗状况如表1-13。

该表未说明是否将中国马匹纳入了统计，从日均使用马匹数量看，有时达7万多匹，如此肯定算入了中国马匹。不管其马匹构成如

表 1-13　第 11 军各大战事军马损耗统计表（1938 年 7 月—1940 年 2 月）（单位：匹）[51]

战　役	时　间	日均马数	死亡数量	日均损耗马数	平均千匹马损耗比
进攻黄梅、九江	1938 年 7 月 15 日—1938 年 8 月 10 日	25 123	319	11.82	12.7
进攻武汉	1938 年 8 月 11 日—1938 年 11 月 30 日	55 048	5 974	53.34	107.88
常态警备期间	1938 年 12 月 1 日—1939 年 1 月 31 日	76 597	1 331	21.47	17.38
进攻南昌	1939 年 2 月 1 日—1939 年 4 月 10 日	35 731	928	13.45	25.97
安陆作战	1939 年 2 月 1 日—1939 年 4 月 10 日	22 446	524	7.59	23.34
常态警备期间	1939 年 4 月 11 日—1939 年 4 月 30 日	76 462	572	28.6	7.48
襄东会战	1939 年 5 月 1 日—1939 年 5 月 31 日	40 123	829	26.74	20.66
常态警备期间	1939 年 6 月 1 日—1939 年 8 月 31 日	65 273	1 473	16.01	22.57
赣湘会战	1939 年 9 月 1 日—1939 年 10 月 20 日	38 826	1 368	27.36	35.23
常态警备期间	1939 年 10 月 21 日—1939 年 11 月 30 日	60 497	685	17.12	11.16
1939 年冬季作战	1939 年 12 月 1 日—1940 年 2 月 10 日	57 500	860	11.94	15
作战期间警备部队	1938 年 7 月 15 日—1940 年 2 月 10 日	—	2 118	—	—
小　计	—	—	16 981	27.88	—

（续表）

战　役	时　间	日均马数	死亡数量	日均损耗马数	平均千匹马损耗比
进入病马厂后	1938年7月15日—1940年2月10日	—	3 897	6.4	—
合　计	—	—	20 878	34.28	—

何，据表都可以看到，第11军编成后军马的使用量一直巨大，作战期间日均用马少则2.2万多匹，多则5.7万多匹，可谓每次战事都离不开马匹。

该军军马的损耗也非常多，至1940年2月的20个月共死亡20 878匹。在进攻武汉期间，日均动用马匹达55 048匹，三个多月内死亡5 974匹，平均千匹马损耗比高达107.88匹。武汉会战结束后，该军又经历了多次大的战事，军马死亡仍很多，其中1939年9月起的浙湘会战是最多的，一个多月死亡1 368匹，日均27匹以上。

还有，上表的"常态警备期间"，应该是第11军结束主动进攻而补充人马的休整时间。这些时间马匹都在6万匹以上，最多时达76 597匹。如此看来6万匹以上应该是其常备军马的数量。第11军长期以来在重大军事行动中往往能够保证强大的机动能力，除了有火车、汽车、轮船等机械化运输工具外，这6万匹以上的军马也是其机动力的根本所在。不过，20个月内死亡超过2万匹，意味着这段时间至少失去了三分之一的军马，不及时补充势必造成大量缺额。

第11军是野战部队，需要具备高强度的机动作战能力，在其给陆军省的战况报告中不乏自诩的"神速之机动的战例"。不过，如上表所示，军马每遇重大战事就大量死亡。因此，该军的报告也常抱怨来自日本的军马补充不足，严重制约了机动能力。[52]

1938年4月初华中军兽医部长给陆军省发电报要求尽快充分补充

军马时,报告说现在全军的军马缺额平均为25%,给作战带来很大不便,各兵团在制订次期作战计划时最头疼的就是军马补充,都迫切希望得到解决,但至1938年6月仅获得来自日本国内的两次补充,这些军马均用于补充参战的主力兵团的炮队与骑兵队,担任警备的部队以及军直辖部队都未能如愿。[53]同年7月该部长再次申请补充4 000匹,以期填补缺额。

1941年后,华中军军马损耗仍很大,由此造成的缺额居高不下。如表1-6所示,1941年初华中军的军马定额为70 610匹,缺额为15 463匹,占定额的22%以上。再如在1943年初的"江北歼灭战"中,山炮第19联队第2大队出动马匹321匹,在2月10日至3月20日的移动作战中,共产生伤病马134匹、损耗马7匹[54],两者约占总数的44%。因无法及时补充,作战期间处于缺额状态。

(四)华南军军马的损耗与缺额

1938年10月12日,日军第21军开始入侵广东,共出动军马24 000匹,至同月底占领广州及周边地区为止,损失1 619匹。[55]损耗似乎不大,但仅20天左右,而且未连续发生大规模激烈战事,与华北军入侵初期月均损耗3 219匹相比,损失并不算少。据日军战后回忆,广东天气炎热,日本的军马,尤其是来自北海道等地的很不适应,这可能是大量产生损耗、伤病马的主要原因。

其后,日军继续扩大侵略。1939年8月1日该军军马定额为20 100匹,缺额为2 058匹,占定额的十分之一,陆军省在同年10月仅补充了200匹。该军同月继续申请补充2 400匹,11月获得1 500匹补充。从缺额来看,华南军此间军马损耗也很大,并且未得到及时补充。

以具体部队为例,1940年1月起入侵广西的近卫混成旅团,4月定员为10 977人,军马定额为2 763匹,人马比25.17。从入侵广西的1月起至4月,该旅团累计有伤病马2 987匹,在病马厂调养后,4月约有50%康复,4月钦州兵站病马厂与旅团病马厂仍共有伤病马367

匹。另外，至4月累计产生损耗马达1 120匹。⁵⁶仅四个月的损耗就接近定额的一半，如此一年不到定额中的马匹都会报废，损耗率之高超过了华北军、华中军。还有，这四个月中的伤病马数量也极多，超过了定额总数，尽管有50%康复回归，但在这些马入厂期间不及时补充的话，必然产生大量缺额。

1941年初，该军的定额为21 571匹，缺额仍很大，为4 392匹，占定额的20%。时至战争后期情况依旧，1944年4月起日军发动"1号作战"，第104师团6月底开始参加其中的"湘桂作战"，出动军马4 200匹，至12月死1 400匹，入病马厂1 000匹⁵⁷，半年间的损耗率达到33%。

通过以上梳理，大致可以知晓关内日军军马的损耗与伤病数量、损耗率、缺额状况。即从七七事变至1939年底的两年半内，来自日本的军马，仅华北军与华中军就直接损耗了近10万匹，还产生了51万匹伤病马。华南军这段时间的人马与战事规模等比不上华中军等，军马损耗总数会低些，不过，损耗的日本马匹估计也在1万匹以上。如此关内日军的损耗数量此时已经超过11万匹。1940年后日军军马的损耗依旧严重。尽管大量使用了中国马，但由于体格差异很大，日军尽可能将日本马用作乘马、野炮挽马，因此1940年至战败，日本马匹仍在大量损耗。即使按照一年损耗1万匹这一最保守的估算，八年全面侵华期间，仅关内日军损耗的日本马匹肯定也超过了上述日本研究者所说的116 111匹，至少在17万匹。当然，如果算上损耗的中国马匹，以及关东军损耗的马匹，数量则会达到数倍。

二、不计代价：军马伤病、损耗的原因

有关军马大量伤病、损耗的原因，陆军省兵务局马政课1938年底曾总结如下：伤病马中鞍伤最多，占三成至五成，过度劳累与营养不良次之，占二成至三成，战伤占一成，其他的则是因各种伤病。⁵⁸

鞍伤其实也是过度劳累的结果，因而，过度劳累、营养不良是军马损耗、伤病至此的主要原因。

这种情况，1938年以后依旧延续。据表1-14可知，自七七事变至1939年华北军的伤病马（均为日本马）中患"普通疾病"的有20多万匹，占总数的86%，损耗马中因"普通疾病"而损耗的有2.8万多匹，占总数的66%。无论是伤病的还是损耗掉的马匹，最多的都是由"普通疾病"引起的。

表1-14　华北军伤病与损耗之军马数量统计表（1937年7月—1939年9月30日）（单位：匹）[59]

分类	伤病马				损耗马			
疾病	传染病	战伤	普通疾病	合计	传染病	战伤	普通疾病	合计
数量	14 964	17 151	203 447	235 562	3 904	11 062	28 473	43 439

所谓"普通疾病"，华北军列出了8种，居首位的便是过度劳累引起的鞍伤等，其次为长期营养不良造成的瘦弱。上表中患"普通疾病"的病马，1937年受鞍伤的达11 765匹，其次为过劳、瘦弱的，为10 581匹，两者占病马总数的36%；1938年鞍伤为25 291匹，过劳、瘦弱的为7 466匹，两者占伤病马总数的41%；1939年鞍伤为15 906匹，过劳、瘦弱的为2 978匹，仍占31%。

以具体部队为例，据第14辎重联队回忆，联队的数个中队，在1938年2月至3月参加从彰德向清河方向进攻的一个多月内，因鞍伤等不能使役的马匹超过50%，鞍与马的皮肉粘在一起的伤情很常见。[60]

华中军状况相同，该军的日本马匹，至1938年12月有伤病马82 276匹，其中鞍伤占50%，过度疲劳占20%，蹄叶炎占15%。从1937年至1939年底产生的291 117匹伤病马中约160 000匹都属于战伤之外的外伤，外伤则以鞍伤为主。[61]

鞍伤在有些部队的伤病马中所占比例极高。例如，华中军独立山炮兵第3联队1939年6月入侵湖北应山期间，伤病马中鞍伤高达80%。因无马补充，仍使用这些病马长途运输粮秣，结果恶性循环，产生了更多的损耗马。该部队军马定额为268匹，由此产生121匹缺额，剩下的147匹中还有80匹是中国马，部队的机动与作战能力受到了严重影响。整个联队配置的炮弹为6 240发，因缺少马匹，携带能力下降至1 360发。[62]

华中军兽医将伤病马的病种分得很细，有60多种，其中有包括"疝痛"在内的消化器官疾病，至1939年底有16 191匹马患此类病，占伤病马总数的10%以上。引起"疝痛"等的原因主要是饮水与饲料突然改变（变差）。就饮水而言，马匹每天需要饮净水20升左右（1升水约1千克），激烈运动后需要50升左右，可以说1匹马就是1台"吸水机"，在战地如何保障数百甚至数千匹马剧烈运动后同时充分饮用净水就成了一大难题。而日军为了抓住战机，往往长时间强行军，根本不会考虑如何保障饮水，以至于马匹长时间无水可饮。而马如果脱水必引起"疝痛"，即肠道阻塞，相当于人类的便秘，并且不及时有效治疗必死无疑，在日军的各种记录中往往能看到士兵为了救马，徒手伸入病马肛门掏出粪便的情况。这类疾病实际上也是过度使役、劳累引起的。

军马长时间营养不良、过度劳累，与日军为赢得战机不惜一切代价密切相关。上述华北军某炮兵联队长1946年的回忆专门提到了每年产生25%损耗马的原因是，地形复杂，气候不良，马匹往往无水可饮，无食可进，困苦不堪，但是军队为了抓住战机无暇顾及其死活，强行让军马翻越陡峭的山坡，穿过泥泞地带，涉河越滩，使其体能几乎到了极限，累倒、累死不可避免。图1-53至1-57均为日军随行记者拍摄，如实地"再现"了上述"苦境"。

其实，以上状况在入侵中国初期即已普遍存在，上文提到了

图1-53 入侵武汉的野炮车爬坡中

图1-54 挽马队渡沁河

图1-55　泥泞中的挽马队

图1-56　累垮的驮马

图1-57　累倒在河滩的军马

九一八事变期间日军军马在围剿马占山抗日力量期间之"艰辛",即为典型之例。

七七事变后入侵中国的"急先锋"第6师团也遇到类似情况。该师团是侵华的主力之一,先是在9月侵入华北,11月又参加杭州湾登陆。该军参谋部1940年组织参战者写下了3 000多篇回忆文章,编成《转战实话》留存[63],其内容当然是美化侵略战争的,但在一定程度上如实反映了战地状况。

渡过永定河向保定城进攻的日军在《实话》中描述行军之辛苦时,都不约而同说到了"不眠不休,泥泞道路""与饥饿斗争"。例如,步兵第13联队某军曹说,从天津到保定,最辛苦的是在泥泞中行军。因为中国军队放水淹没了道路,途中遇到泥泞陷没至膝盖的恶路与水深两尺的高粱地,"人和马在泥泞中拼命行军,大家鼓励动弹不得的马匹,帮助推拉炮车,走10步停下,拉20步歇脚,多次与爱马摔倒,人与马都完全被污泥裹住",当看到容易走的道路时,"人和马高兴得几乎落泪"。骑兵第6联队第2中队渡过永定河向永清县城侵犯途中对道路的描述是:"放眼望去满目似湖水,前进非常困难。有人跌倒落马,有人因军刀掉落,浸在齐脖子深的水中摸索。田地陷至马背,泥泞不堪,好像一直在其中游泳一样前进。"(图1-58)

步兵47联队2大队辎重兵以《渡河后的泥泞行军》等为题写道,大队的"小行李队"(紧随在部队后面搬运弹药、医药品的运输队)出发去牛驼镇途中遇到泥泞的道路,"无言的爱马在泥泞之恶路行军,连呼吸都很痛苦,倒下爬起来,爬起来再倒下,爱马与驮兵好像都在泥泞中挣扎,并且不是一匹,一看是好几匹倒在了四处。每个人都是满脸烂泥,认不出是谁,只有眼睛闪闪发亮"。"夜里一分钟都没睡,不分昼夜前进,走了好几里路还是无边无际的泥泞,没有吃的,想抽根烟也没有,肚子饿老想吃东西,加上出汗了,但水壶里一滴水都没

图1-58　陷入永定河水中的军马

有，在喝车辙中的积水时，被班长发现了。"

另一辎重兵写道："渡过永定河后我军转为不眠不休的大追击战，但华北的湿地名副其实，泥泞没过膝盖，徒步部队之辛苦自不待言，我们车辆部队则是难以言表的苦难行军，我们一直是含着泪行军的，途中倒毙在泥泞中的马数也数不清。好不容易到了牛驼镇，才追上了大队总部。自行动开始以来第一次给马卸鞍，马都出现了大块鞍伤，肿胀着，疲惫不堪，令人心疼。"图1-59、1-60虽非同一时间、地点的画面，同样能反映军马在泥泞之地行进的情景。

在泥泞中不眠不休连日行军，连人都无水可喝，无食物可吃，马更可想而知。如此恶劣的条件下，负重前行的军马自然非死即伤。

上述第14辎重联队1938年2月起的一个多月内，因鞍伤等无法行动的马匹超过50%，则是因为连续多日昼夜行军。例如，2月11日至16日驮马辎重兵为了追赶前线部队提供补给，日均睡眠时间仅2小时，即11日、16日各3小时，12日、15日各1小时，13日、14日各2小时。[64] 如此不分昼夜连日强行军，大概是日军进攻阶段辎重部队的

图1-59 泥泞山路上的挽马

图1-60 山西翼城附近泥泞中挣扎的挽马

普遍情况。负重行走于恶路的马匹不累死、渴死已经是万幸，受鞍伤或患病则是再正常不过了。

在北方都会遇到泥泞不堪之地，在水田纵横、河湖密布而多雨的南方更是如此。特设第13师团1937年10月进入上海，其下属第58联队"小行李队"成员回忆，自己属于2班（18人），在刘家行一带，根据指令必须离开土路从农田走，"水田与旱田交错，只能在其中猛进，苦不堪言，兵马都陷入水田中，没过膝盖，发疯似的给马鼓劲，给自己加油前行"（图1-61）。这才是刚刚进入上海周边，道路比较发达，也不是多雨的季节。从图1-62可知，即便进入了上海市区（图片背景有高楼、高大厂房），日军也面临泥泞之痛。

上述第6师团1937年11月在金山卫登陆后遇到下雨，因道路是中国军队刚刚临时填土修筑的土路，雨后经过人马不断践踏变得泥泞不堪，野炮队在从亭林镇向松隐镇前进时，只走了1千米，马车就陷入泥潭无法动弹，马匹摔倒，日军只能把马车留在泥潭中退回亭林镇。为了解决泥泞问题，日军用稻草铺设了1千米路（图1-63），但是只过去了前面几辆马车，后面的又无法行进。于是靠人力把军需物资运到松隐镇，马匹则是9联1组拉着空车才越过了泥泞之路。如此耗费了好几天，到达松隐镇时，"马匹全身是污泥，根本看不出马的样子，已经没有一匹马还有蹄铁"，蹄铁全部陷落在泥浆中了。

参加此次登陆的第114辎重联队士兵，甚至在战后回忆此段历史时也忍不住流泪，据说土路泥泞厚30多厘米，加上军马又是刚刚从日本民间"征发"的，本来就"娇生惯养"，又在船上饿了几天，一下船就遇到泥泞道路，基本无法驱使，一些辎重部队花了11天才走了8里路，面对困在泥泞中的军马，有的辎重兵在泥泞中哭着央求军马说："你好歹是匹军马啊！我也是个军人，为了天皇陛下你得拼命到底吧！"[65] 好不容易打进上海，接着又是连续数日不分昼夜地强行军，有些辎重兵夜里困得受不了，是拉着牛（因马不够使用而就地掠夺

图1-61　上海杨行镇泥泞中的驮马运输队

图1-62　运输队在上海市内的兵站领取物资

图1-63 泥泞中铺设的干草路（非文中同一地点）

的）尾巴一边打瞌睡一边跟着辎重大队人马往前走，疲惫不堪的军马则是一路上死伤不断。

跟随野炮兵第12联队的大行李队（装运粮秣以及宿营等必需品的运输队）人员战后回忆说：在田地里行军了好几天，军服上都是泥，用中国衣服裹在上面，看上去像百鬼夜行。还有，仅看外貌无法判断是谁，往往听声音才能知道。手抓着的辎重马缰绳，好像是刚刚从泥浆中取出牛蒡根，即使想抓牢，也屡屡险从手上滑掉。[66]人在污泥中都成了鬼样，负重的马匹更可想而知了。

战时日本家喻户晓的军旅作家火野苇平以其美化侵略战争的《士兵三部曲》而扬名，火野是第18师团的士兵，该师团也参加了杭州湾登陆与徐州会战。上述人马在杭州湾等地遇到的被烂泥包裹的苦境他都经历过。在三部曲之一的《泥土与士兵》中，作者描写了11月5日登陆的情景：在泥泞的农田爬行，在水深齐膝的沟渠中躲避攻击，在满是泥水的战壕雨夜通宵蹲守。接着的数日，作者则不惜笔墨多次描写了冒着冬雨在泥泞中行军的"苦难"，其中也写到了军马。例如，从松林镇出发时，"雨下着"，"又开始了泥泞行军"。"在雨中连续行军几个小时，队伍开始乱了，出现掉队的。尤其糟糕的是我们小队没有吃早饭，我好几次感到头晕。""在我们前后行进的车辆部队，因为陷入泥泞，士兵与马都苦不堪言，马倒下很多次。""我们看到了好多军马倒在路边，有的已断气，有的还活着，一半的身体埋在泥泞中，或者横躺在路边目送着我们通过。我每次看到这种痛苦的马，在苦难的行军中就不由得想到'吉藏'。'吉藏'在不在其中呢？我们咬着牙前进，好像在糖浆上走，走一步就往后滑半步，陷下去的脚拔不出来，到处都是沟槽，会陷下去。滑倒了要么一屁股坐下，要么四脚朝天，还有几个人掉入沟渠。"熬到了亭林镇后，"大家都像泥猴子，被烂泥裹着、粘着，一定被在泥土里埋过。"文中的"吉藏"是作者邻居家马的名字，有关此马的故事后文再述。大概正是这种刻骨铭心的苦难才让作者用"泥土"为小说冠名，才"成就"了这篇小说吧。

军马的"苦难"，当时日本的报刊等也做了报道。例如，1938年11月29日《大阪朝日新闻》以《大休息的瞬间绝命》为题报道说，入侵广东的吉山部队因日夜行军，军马不断倒下，从登陆广州湾的第三日起，所有军马都变得瘦骨嶙峋，无饲料与水可喂，第四日军马开始流口水，患上急性肺炎。终于听到"大休息"的号令，在辎重车停下的同时，军马纷纷倒下毙命。当再次启程时，有些处于昏睡状态的马挣扎着想爬起来，但无法动弹。辎重兵收集到饮用水喂马，"马两眼盈泪欣喜而饮，但这往往是生命终点的水"。不仅辎重马，炮车挽马也是如此。图1-64即为参加进攻广东途中倒地不起的炮车挽马，1938年10月日军自拍。照片说明是："进攻广东的火速追击战是炎热的地狱图。挽拉炮车的马跑到最后，被卸下马具，令人可怜地废弃了。爱马早已精疲力竭，连嘴都张不开。不管怎样，主人还是用手托住马头说：'来，喝水吧！'喂水惜别。"从照片看，此马臀部发亮，毛已全部掉光，应该是挽具长时间摩擦所致。

相对而言，七七事变初期日军进攻的地区交通大多比较发达，并且以平原为主，比较适宜大规模军事行动，一旦进入无公路可通的农村，或丘壑纵横、道路崎岖之山区，遇到战事军马更易伤病，这种情况一直延续至日本战败。

例如，据1944年4月参加"1号作战"的第13师团独立辎重兵第54大队回忆，因遇到降雨，大队连日在泥水中前进，15%的辎重兵因脚长时间泡在水中而无法穿鞋行走，人且如此，载重的马匹更是伤病不断。[67]同时参战的"幸3708部队"野炮第1中队第2小队士兵回忆，其小队配置山炮1门、14匹马，刚到萍乡附近就被炸死1匹，到安仁过石桥时1匹掉下河摔死，过水田时1匹累死。自宜山进入贵州山区后完全是"山间恶路"，行进中剩下的马接二连三累垮，全被丢弃。因无马补充，日军不得不抬着、背着拆解的山炮走了一个星期，

图 1-64　入侵广东途中倒地的挽马　　图 1-65　军马驳船（非同一师团）

图 1-66　日军在安庆吊装军马登岸（非同一师团）

"每日饱尝活地狱之苦",后来"捡到"了一匹中国马才缓解了搬运的困难。[68]

上述状况贯穿了侵华始终,以至于有些日军感叹,其大敌不是敌方的枪炮,而是天气与土地。

不过,除了上述外因以外,马匹体能不足也是容易造成伤病的重要原因。日本马匹经过数十年脱胎换骨,尽管体格指标接近欧美同品种马匹,但民间养殖的马匹大多只是体格表面上合格了,平时却是"娇生惯养",疏于各种训练,尤其是体能不足。七七事变之初,日军的马匹(称"平时保管马")各方面都符合军用标准,但数量有限。事变后因不断扩充兵力,加上战场上军马的损耗量极大,需要从民间征发马匹(即"征发马")入伍。日军新组建与重建的师团,使用的大多就是"征发马",问题正集中在这类马上。

例如,1937年8月新组建的"特设"第108师团,10月乘船经海上颠簸到天津登岸(图1-65、1-66),又顶风冒雨急行军两周,按预期到达了太原附近,但其使用的"征发马"禁不住如此高强度运动,或累垮,或病倒,或死亡,失去大半,不得已掠夺中国马匹来替代。9月重建后入侵杭州湾的第18师团也发生了类似的情况。

以下实例可进一步说明问题。事变初期日军从北京向张家口方面侵犯,翻越南口、怀来之间居庸关、八达岭等处约10里的山道时,其中1个野炮大队使用的都是"平时保管马",仅1天就通过了,而其他大队使用了"征发马",用时较少的为3天,用时较多的达4天,耗时最长的1个大队为1周。问题是,不仅行动迟缓,这些大队在此期间还产生了很多过劳、病死马。并且,通过上述山路时,"平时保管马"仅需3驮(6匹)就能拉动1门野炮,"征发马"需4驮(8匹),甚至更多,仍困难重重,不断出现过劳、病死马。

按照规定,"军马补充部"从民间收购马匹训练两三年后,才算合格而移交给部队,七七事变后因急需,改为训练3个月,即使这样仍难以做到，实际上往往是征发后立即运往战地，并且越是战争后期这种情况越显著。例如，1940年8月陆军省向侵华日军补充军马1 400匹，其中1 300匹直接从民间采购，用于驮载山炮。

对"征发马"的弊端，陆军省兵务局马政课十分清楚，1938年马政课分析产生伤病马、损耗马的原因时指出，原因虽多，但其中之一便是"征发马"的资质、能力不足。当时日本全国约有农户560万户，其中耕地面积超过2町步（1町步约9 917平方米）而需要马匹的不过50万户。这样，全国百万匹壮马中的大部分平时与其说是用于耕地等，不如说是长年蛰伏于马厩中，用来生产肥料，一般用于农耕的不过数十日，在北方到了冬天更是如此。因而不少马匹养尊处优，体质弱，营养不良，不习惯集体行动，对气候的适应能力也比较差，尤其是缺乏持久力，难堪大任。这些体能等不足的马匹在紧急动员的情况下，一征发就进入了战场，必然引起各种问题。[69]日本当局对此不得不采取新对策。

第五节 走卒之源：日军的军马补充

一、农马即军马：战时的日本马政与军马补充

"征发马"的问题在九一八事变期间就有暴露。因体质不良等，"征发马"在事变中的损耗率是"平时保管马"的9倍。例如，入侵上海的某辎重队300匹马，废毙21匹，重病217匹。[70]只是此问题随着伪满的建立而被淡化，未能引起足够的重视。

七七事变后，因战争的长期化与大量马匹的征发，这一问题已经无法回避。作为临时解决手段，马政局于1938年3月要求以市、镇、村为单位对全国20万匹军用后备马加以训练，全面提高资质，军方在

图1-67　1938年6月日本某地征发现场全景

图1-68　军方对"征发马"估价

征发时则提高了要求。图 1-67、1-68 是同年军方征发马匹的场景。[71]

作为长久之计，1938 年日本政府对《第二次马政计划》进行修改，确立了覆盖日"满"的新计划。其纲领是："为了在有事之际使得军马供给顺畅容易，努力减轻给产业造成的困扰，满足广义上国防之要求，以向军队提供所需的合格马，特别是战列部队所需的合格马为主要着眼点，在锐意谋求日本国内保有马资质之同时，立足于产业之基础，扩充生产，努力维持日本国内保有马匹数量，并且增加出产量。培养国外与'满洲'等地的军马资源，促进改良，积极给予援助。"

确保提供合格的军需马匹，增加马产量成为计划的重点。为了与修改后的马政计划相配套，切实保护、维持马源，提高军需马匹的体能与资质，日本政府于 1939 年又先后制定了《种马统制法》《军马资源保护法》。[72]

依据《种马统制法》，国家每年可以从民间指定优良种马、候补优良种马，禁止任意移动，由政府垄断全国的马匹配种业，掌控马匹交配状况，有针对性、计划性地繁殖增产。

《军马资源保护法》则赋予了国家任意支配民间优良马的权力。国家据此可以将民间优良马指定为"军用保护马"，并且对之加以训练；"军用保护马"的拥有者必须对马匹进行训练，使之具备作为军马在战场驱使的资质与体力，未经政府许可不能买卖与移动至他地；政府可以对"军用保护马"定期与临时检查，确认指定后的体质状况；国家每年向马匹拥有者提供 50 日元以内的饲养补助。

政府对"军用保护马"的训练分两种，一是普通训练，由地方政府将马匹集中起来进行，培养作为军马必需的承载力、挽曳力、持久力、合群合作力，并且使之提高。一般是每月集中两次，20 匹组成 1 班在野外各种地形接受退役军人等的针对性训练；二是从接受过普通训练的马中挑选优秀的参加比赛，即驮马载物，挽马拉车，乘马骑人，翻山涉河，在烟雾和模拟枪炮爆炸声中比赛，由此审查其能力与训练结果，同时普及有关军马资质的知识。

上述两部法律完善了后备军马的保障体制，强化了农马即军马之思想，能够保证军方随时"征发"到合格马，但是否得到了长期贯彻执行值得怀疑。因为在"质"的问题还未来得及着手解决之前，马匹资源已明显不足。补充都不够，就不可能有充裕的时间训练"军用保护马"了。

如前所述，日本马匹的常年保有量为150万匹左右，除去种马、老幼病弱马，实际能使用的为四分之一，约37万匹。时至1939年底日军已经扩大到41个师团，仅此就需要配备近30万匹马，如果加上这几年侵华中损耗的10多万匹，大大超过37万匹。还有，根据以往的经验，凡战争持续两足年就必须全部更新军马，日军在侵华的头几年出现的50多万匹伤病马（同一军马可能多次伤病）也印证了此说法。如果照此实施，七七事变之初参加侵华的10多万匹军马即使未死未伤，时至1939年也都需要更新了。

就是说，时至1939年，日本合格的马匹资源已近极限，日军在全面侵华后不久就出现大量军马缺额便是佐证。而战争仍在无限扩大，所需的补充有增无减。

因此，与"质"相比，"量"之不足更是燃眉之急。日本军政当局因而于1939年启动了在中国东北开发军马资源的计划，以缓解需求之压力。与此同时，努力增加日本国内马匹的繁殖量。1940年前后陆军省要求侵华日军选出优等母马送回国用于繁殖，同年7月华中军送回200匹，10月华北军送回400匹[73]，1941年初陆军省再次下令将1 500匹或尽可能更多的育龄母马撤出战场，限令在2月前分3批送回，以增加国内母马的繁殖量。[74]此工作至晚持续到1942年，例如，华南军同年5月送回母马500多匹。[75]母马本来是尽可能不作军用的，将大量母马送到中国战场本身就说明军马补充早已出现麻烦，现在又大费周章送回去，足见国内良马之不足。

为了有效地解决"量"的问题，日本政府决定从1942年起加倍配种，1943年马匹的繁殖量因此能达到18万匹，远远超过了战前每年大概12万匹的繁殖量。[76]不过，此决定为时已晚，与军犬、军鸽短时间内就能大量育成不同，养殖与训练1匹合格的军马至少要4年。如此，繁殖再多也远水救不了近火。

由于"量"的问题无法及时有效解决，侵华日军的军马一直处于缺额状态，并且随着战争的扩大，来自日本本土的军马越来越少，缺额问题越来越严重。

当然，不可否认的是，日本举全国之力处心积虑发展了数十年所积累的马匹"家底"还是有一定厚度的，确实在侵华战争中发挥了重要作用。

就军马补充而言，现有的资料显示，至少在1942年前，日本国内一直向中国战场输送军马。有关具体情况，只能通过有限的零散史料窥之一二。

对于关东军的补充，九一八事变期间，日军除了向中国东北增加人手外，也开始补充损耗的马匹。例如，1932年10月补充183匹，1933年2月补充166匹。[77]这种补充，后来规模继续扩大，例如1936年度补充了1 155匹。[78]不过，七七事变后，随着其他地区军马需求的骤增，陆军省在补充方面的压力越来越大，而东北的马匹资源比中国其他地方丰富，关东军"就地取材"十分方便。因此，如后文所述，日本军政当局1939年起启动了改良东北马匹的计划，从日本"移植"大量良马至东北用于繁殖，要求关东军自给自足，同年停止了对关东军的定期补充，只是根据需要临时补充若干。例如，1939年8、9月补充1 000匹，1940年2月至9月至少补充了2 598匹，1941年5、6月补充了2 709匹，1942年3月补充了300匹种马，11月补充挽马150匹等。[79]

对于关内日军的补充，华北军获得的如下：1937年度220匹，1938年度19 267匹，1939年度8 962匹，1940年度9 207匹，1941年度（至6月）为1 856匹，即5年间共补充39 512匹。[80]1942年至11月补充了3 750匹，其后状况不明。

华中军自八一三事变至1938年1月获得补充的数量不明，2月编成"华中派遣军"后，至1939年9月共补充28 457匹，其中日本马23 387匹，中国马5 070匹。[81]1939年10月后的补充情况，只有一些零散史料，例如，1940年7、8、10月共补充2 047匹。[82]1941年至11月共补充4 000匹。[83]1942年同样要求补充4 000匹，至少在11月获得2 000匹补充。[84]据此可知华中军一直获得大量补充，1941年前后每年的补充量达4 000匹。华中军因大规模战事不断，军马损耗多，历年获得补充的数量肯定多于华北军等。

有关华南军的补充情况，史料奇缺，但肯定也是一直有获得的。例如1939年11月获得1 500匹（其中中国马300匹）、1942年初获得300匹。[85]

从日本补充的马匹，主要用作乘、挽马。陆军省补充军马的现存档案，据管见所及基本上集中在1942年以前，1943年以后详情不明，估计此后已无大规模的补充。主要原因可能有两个，一是因中国与东南亚战场的大量需求与消耗，国内的军马资源已大致见底，难以为继。二是日军的海上运输能力显著下降，无余力大规模运输马匹。

日军在无法获得本国及时充分补充的情况下，只能以战养战，利用中国马匹。

二、以战养战：日军与中国马匹

明治政府建立后不久就开始对中国的军用资源进行调查，马匹等"军用家畜"都在其列。日俄战争后，日军愈加痛感到马匹等在战争中的重要性，战争一结束就开始全面系统地调查中国马匹等资源。

典型之例是关东军成立的"中国马调查班"。该专业机构自1918年组建后至九一八事变，每年都有计划地对东北地区的马匹、牛、骡子等"军用家畜"的分布状况、种类、数量、体格、疾病、饲料、运载能力、饲养方法、军用价值等进行详细调查，形成报告提交陆军省。因此，在侵华战争开始前日军基本上全面掌握了中国各地的马产状况，为战时掠夺与利用做好了准备。

当时的中国马匹，即使是军马平均体重也不过200多千克，体格弱小，在驮载能力等方面与日本的"高头大马"相比差距显著，因此日军根本看不上中国马。尽管如此，在无日本马可用的情况下，日军从战争初期就开始"屈尊"大量"征用"（在入侵过程中完全是掠夺，在建立有伪政权的地区则是强制性无偿或象征性有偿"征用"）中国马匹。陷入长期战泥潭后，日军在继续掠夺的同时，还企图在东北、蒙疆、华北建立军马养殖、补给基地。

（一）在华建立的养殖、补给基地

1. 东北基地

九一八事变期间，因战马损耗数量大，从日本补充费时费力，关东军虽然认为中国马匹的军用价值低，但还是"就地取材"解决军马不足的问题。中国东北地区马匹资源本来就很丰富，具有养殖的良好基础与条件，关东军等对此早已垂涎三尺，数十年来一直有计划地加以系统调查研究，自建立伪满后，在直接掠夺当地马匹的同时，还企图将东北建成军马资源基地。

1933年关东军指导伪满参照日本政府的马政计划制定了野心勃勃的《马改良计划纲要》。计划分两期，长达45年，对改良目标、马匹数量都做了设定，表现了对东北马匹资源的无限贪念。

大概是自觉到长达45年的"纲要"不切实际，关东军在1937年初制定的《"满洲"产业开发5年计划纲要》中重新规划了马业的发展计划与目标，改良与增殖仍是重点，具体措施有设种马育成牧场、种马场等，目标是5年后总数达到230万匹，其中改良马为48 000匹。[86]

在日军指导下，伪满根据纲要效仿日本马政，设立了马政机关，陆续制定了相关法规，建立了种马场等设施，在马匹改良与增殖上取得了一些成效。

七七事变发生后,日军军马需求剧增,难以及时充分补充,"征发马"的资质也出现了问题。如前所述,日本当局1938年修改《第二次马政计划》,制定了覆盖日"满"的新马政计划,明确指出要大力支持、促进伪满军马之培养、改良。该计划有关伪满的主要内容是,日本政府从北海道等地的民间购买"军用保护检查合格马"等优质马1万匹,自1939年度"移植"至伪满,预算为144万日元,由日本政府与伪满共同承担。马匹运抵东北后委托"'满洲'开拓移民团"——从日本移居东北的农民饲养,平时作为农业用马,需要时征发为军马,在东北的管理、养殖费用由伪满负担。[87]

不过,迫切需要增加军马资源的日本政府并不满足于此,决定加快移植规模,1939年1月又制定《军马资源移植"满洲"要领》,计划自1939年至1941年各年分别移植1万、1.5万、2万匹,从1942年起每年移植3万匹,直到常备具有军用资质的良马30万匹。移植的马匹公、母各半,但初期母马在半数以内,马龄在3岁以上10岁以下,体格则有乘马、挽马、驮马各类。[88]

日本政府制定上述计划与要领,目的在于利用东北的自然资源,尽快建立面向整个侵华日军的军马养殖、补给基地,就近彻底解决补充问题。这种大规模移植确实一举多得,一是通过杂交改良东北马匹,二是能显著提高东北良马的繁殖数量,三是能在军方急需时迅速就地将农马变为军马投入中国各地,省去从日本运输的时间与费用,四是将养殖马匹的费用转嫁到伪满,节约大笔财力。

此背景下,伪满于1939年出台《新马政计划》,重点在于通过大量引进马匹振兴生产,提高马匹整体素质,积极落实日本政府的计划。

1939年日本政府将计划付诸实施,同年8月开始至11月1万匹马被分批运抵东北,分配到"开拓移民团"成员手中。1940年计划总体不变,但政府将购马年龄放宽到12岁,每匹的收购与运输价格增加到536日元。[89]

1940年底各方讨论1941年度移植计划时对收购种马等做了各种限制，接着，日本政府又决定1941年7月起终止实施移植计划。其原因不详，可能是由于侵华战争的扩大使得日本的马匹资源消耗迅速，良马剧减，将购马的马龄一下子放宽到12岁（相当于马匹的"中年"），对1941年的移植附加各种限制就是旁证。还有，日本军政当局为了满足中国战场军马的需求已经焦头烂额，移植计划耗钱耗力，并且短时间内无显著成效，这也是不得不放弃的原因吧。

移植计划虽然半途而废，但两年多时间内还是向东北输送了3万多匹良马，自然大大增强了当地改良马种的能力，并且这些马随时都能转为军马。大概正是基于此，陷入军马资源危机的陆军省在1939年就停止了对关东军的定期补充。而这批马匹很快就发挥了军事作用，1941年7月关东军开始的"特别大演习"动员的10多万马匹中便有这些马匹。

时至1943年，因"整顿高度的国防态势成为当务之急"，日本当局决定恢复移植计划，当年移植了9 000多匹，1944年移植了5 000多匹。[90]与前次移植计划相比，此次的重点在于必要时能迅速就地将农马变为军马，加强正在削弱的关东军的军事力量，以巩固伪满的"国防"。

在日本统治下，东北地区成了日军军马的养殖、补给基地，获得补给的不仅是关东军，关内日军也一直获益。仅以七七事变之初为例，第4师团1937年8月下旬从东北进入华北战场时，关东军为之提供了大量马匹，仅辎重部队就获得了460匹马与140多个中国马夫；同年10月关东军从伊通县购买马匹368匹（乘马28匹、挽马340匹）提供给华北军，11月为侵入大别山的第20师团提供了约450匹东北马。[91]随着关内日军军马短缺愈发严重，这种"帮助"更多，时至1945年关东军仍在为华中军等提供军马。

有关东北地区的马匹数量，有多种调查统计。据关东军调查，1929年奉天省、吉林省、黑龙江省、内蒙古东部、"关东州"共约有马2 215 000匹、骡768 651头。[92]时至1935年,伪满境内有马1 882 557匹、骡653 089头。1936年则有马1 835 411匹、骡592 987头。[93]这说明九一八事变后东北的马与骡一直在大幅减少。另据"东北物资调节委员会研究组"1948年发表的报告,伪满地区的马从九一八事变前的322万匹锐减到1943年的174.3万匹。[94]马与骡长期大量减少,无疑是日军大肆"征用"的结果。

2. 蒙疆基地

七七事变后,入侵西北地区的日军(后称"驻蒙军"),至10月先后建立伪察南自治政府、伪晋北自治政府、伪蒙古联盟自治政府,同年11月又建立伪蒙疆联合委员会掌控了上述傀儡政权的产业、金融、交通等重要部门。1939年9月驻蒙军合并上述傀儡政权,成立伪蒙古联合自治政府,一般称伪蒙疆政权。

该伪政权控制的内蒙古西部部分地区、张家口地区、山西大同部分地区盛产矿产资源与马、羊、牛等牲畜及其畜产品,其中的锡林郭勒盟、乌兰察布盟、巴彦塔拉盟、察哈尔盟、伊克昭盟五盟地区,牧草丰盛,是中国传统的重要马产地,七七事变前约有50万马匹。因此,包括马资源在内的各种资源对于日本而言都是进行战争必需的"国防资源",是重点掠夺对象。

急需补充军马的日军早已垂涎于此,驻蒙军司令部至晚1938年就派"补充马厂驻蒙支厂"组成"购马班"赴各地"收购"蒙古马。例如当年10月派"购马班"去西乌珠穆沁"购"马300匹,11月去苏尼特等地"购"马500匹,用于补充部队。[95]

日军当然并不满足于此,还企图将蒙疆"开发"成重要的军马资源产地。1938年7月"蒙疆联合委员会"制定《蒙疆畜产政策纲要》,设定的方针是:"鉴于蒙疆地区的畜产在国防与产业上的特殊重要性,力图振兴之,尤其将其重点置于马与绵羊上,在回应军事上的要求之同时,以资提高民生。"

"振兴"的方法是增殖、改良。纲要的"要领"指出:"家畜的增殖、改良主要是选择既有品种进行繁殖,也适当提供外来品种,重点在于增加数量。"有关"家畜",纲要具体设定为马、绵羊、骆驼,对于马匹,"以军用小体格马为目标,优选而繁殖";对于骆驼,是"以满足军事交通方面的需求而进行选择繁殖"。为达到以上目的,"要领"还从饲养管理方法、牧场的改良与保护、兽医的培训、家畜的收购等方面做了规定。[96]

据此可知,日军的畜产政策"提高民生"是幌子,"振兴"而使之满足军需才是实质。该地区畜产十分丰富,选定的仅为马、绵羊、骆驼,三种动物中就有两种与军事用途直接相关,反映了日军对马等运输工具的渴求。纲要把骆驼也列入其中,要求加大繁殖力度,"以满足军事交通方面的需求",大概是考虑到骆驼十分适合该地区的地理、气候环境。对于这些资源,纲要还提出了从流动上统制,完全加以垄断。

据驻蒙军总部1940年9月编写的《蒙疆畜牧改良事业现状》可知,所谓"军用小体格"马,体高标准为1.3米,日军还设定了20年后使本地区民有马的数量保持在100万匹的"远大"目标。从日军至今的要求看,无论是乘马,还是挽马、驮马,体高1.3米是毫无军马资格的。这说明日军迫于军马紧缺的压力,已经无暇顾及"质量",而是全力追求数量,并且还企图将此地区建成拥有百万马匹的资源库。

《蒙疆畜产政策纲要》成为日军关于蒙疆畜牧政策的纲领性文件。伪政府据此采取了一系列举措,在马政方面主要是设立防疫处,选定种公马,整顿官马牧场,设置农耕地带役马等。在制订各种"开发"计划时,伪政府也将马匹增殖、改良置于重要位置。

不过,对于一直缺马的日军而言,眼前的补充优先于耗时费力的增殖、改良,因此上述有关马匹的各种计划基本上是雷声大雨点小。在日军的长期掠夺下,蒙疆马匹不断减少,据"满铁"调查,1936年蒙疆地区有马50万匹,时至1939年减少了8万匹[97],另据研究,日伪统治时期，仅锡林郭勒盟损失的马匹就达15万匹。[98]引起锐减的原因尽管多样，但最根本的还是日军的掠夺。

3. 华北基地

日军还试图"开发"华北占领区的马匹资源，改良中国马，增加产量。华北军数十年来一直对华北等地的马匹资源进行调查，七七事变后随着战争的长期化，更是图谋"开发"，自给自足。1938年起华北军多次组织部队调查占领区的马匹等，结论是华北可以用于运输的马匹等动物与事变前相比减少了一半，华北、蒙古等地的这些资源根本没有预期的丰富，而且体格等与事变初期相比，越来越弱小，根本无法满足军事需求。

有鉴于此，企图实现军马自给自足的华北军司令部1940年2月制定了《实施增产中国马及其指导要领》《提供与使用1940年度马产奖励费要领》[99]，旨在改良当地马匹，增加产量。"指导要领"强调实施增产中国马的目的，首先在于满足广义国防上之要求，并且巩固交通与产业之基础，以增产为主眼，迅速恢复到事变前的保有数量；其次是对品种的试验性改良。

作为改良计划的核心部分，"指导要领"要求下属各直辖兵团使用配置的日本种马为所在地选中的中国母马配种，每匹配种约50匹，给母马发放配种证明，答应以后优惠购买仔马。军方还出资设立了奖金，母马每匹配种，奖励主人3元，以此鼓励当地农民配合。为了顺利推行，司令部要求各军与直辖兵团长在充分考虑所在地马匹之分布、自然繁衍、使用与移动状况的基础上制订相应计划。

华北军司令部在1940年3月底为下属部队提供了313匹种马，指使傀儡组织出面正式启动了上述计划，至12月为3 041匹马配种，确认有1 395匹马受孕。[100]原计划是每匹公马配种50匹左右，从结果看，实际配种数量远低于计划。其原因与计划的后续实施状况不明。因为1匹马驯养成功需要4年以上，随着战争的扩大与日军优势的丧失，短期内无法期待实际成果的华北军必然失去耐心与热情,估计此计划很快不了了之。

与此同时,兴亚院也在组织对华北的马匹调查,其下属华北联络部于1940年初设立"马政研究会",就增殖、改良华北马匹进行调查研究,以与华北军同样之目的制定了《华北第一期(1940年至1950年)马产计划纲要》,试图设立畜政总局、马政研究会、赛马所、配种所、种马育成所等作为实施机构,通过奖励政策,使得马、驴得到大量繁殖与改良。[101]此《纲要》的实施情况不详,结果大概与华北军的计划相似。

当然,不管改良、增殖结果如何,日军只要有需要,就会大肆"征发"民间马匹。据"满铁"调查,与1936年相比,1939年河北马匹的数量减少了30%,山东与山西均减少了35%,三省共减少马匹29.3万匹[102],这自然是日军肆意掠夺的结果。

上述基地或多或少解决了军马不足的难题,达到以战养战的目的。

(二)大量"征用"中国马匹

1. 关东军与中国马匹

九一八事变发生后不久,关东军就遇到了运力不足与损耗马得不到及时补充的问题。使用中国马毕竟远胜于人力,日军因此肆意"就地取材"(图1-69、1-70)。据关东军兽医部长1933年2月说,关东军当时每百人配置的马匹,包括中国马在内达到61匹。[103]这远远超过了编制,就是因为在编制外大量使用了中国马。

举例而言,事变一开始就侵入齐齐哈尔的第2师团骑兵第2联队若松联队长在1932年就事变公开发表感想时,特地说明了使用中国马的情况:尽管负重只及日本马一半,转战中仍一直使用中国马驮载弹药同行,部队的"大行李队"中也使用了40匹中国马[104],强调了中国马的作用。

从相关史料看,整个第2师团都大量使用了中国马,例如该师团

图1-69 第14师团检查事变中掠夺的中国马,以便使用

图1-70 关东军使用的中国马车

*照片原附说明:"我步兵队集合'征发'的中国马车即将出发之情景。"

1932年12月使用的1 062匹马中,有中国马348匹[105],占总数的36%。事变期间,该师团的"大行李队"除了少数使用汽车以外,大部分都是使用掠夺的中国马运输。步兵联队也一样,以第4联队为例,9月在敦化附近作战时,本身有军马68匹,但"雇佣"中国马100匹、马车37辆、马夫60人。[106]中国马等在后勤保障方面作用显著。

以上发生在九一八事变初期,事变后日军完全掌控了东北的马匹资源,更是肆无忌惮地使用,动辄"征用"当地的中国马匹、马夫临时组成各种规模的运输队运送军需物资。

在补充军马方面,关东军1932年就开始挑选一些体格强壮的中国马匹,作为正式编制配置给各部队,有时甚至占编制的大多数。例如,1933年2月入侵热河期间,参加作战的混成北泽大队(实际出动了一半人马)有马35匹,其中中国马29匹,均用于运载野炮(2门)、步兵炮(2门)、机关枪等[107],中国马匹成了主力。

2. 华北军与中国马匹

在华北地区,如前所述,七七事变初期日军军马就损耗严重,并且持续不减,至1939年损耗马达45 491匹(其中中国马6 250匹),如果算上伤病的则缺马更多,但如表1-15所示,同一时间补充的日本马仅17 855匹。要得到充分补充,只能依赖中国马。该表显示,华北军1937年补充的中国马就多达7 000多匹,至1939年共补充了36 697匹,如此加上日本马,补足损耗数量绰绰有余。

表1-15 华北军获得补充的马匹数量表(1937—1941年)(单位:匹)[108]

种 类	1937年度	1938年度	1939年度	1940年度	1941年度	合 计
日本马	110	9 998	7 747	8 357	1 106	27 318
中国马	7 073	18 506	11 118	3 470	767	40 934
合 计	7 183	28 504	18 865	11 827	1 873	68 252

因中国马使用量越来越大，影响到了作战计划的制定等，华北军1938年9月将中国马匹纳入定额中，如表1-8所示，还将其纳入了伤亡统计。为了能够全面如实掌握占领区中国马、驴、骡的数量，华北军司令部多次组织日军调查占领区马产状况与可"征用"数量。时至1939年华北军对于如数从日本补充军马已经不抱希望。华北军兽医负责人在军会议上谈到："有关补充日本马，已经屡屡向上司提出要求，但从日本内地重新得到补充，眼下是无法指望的，实际状况是只能从复员或改编的部队补充若干。现在各部队都无法补充所缺数量。"因此，"切望有效贴切地利用好中国马，满足作战上的要求"。[109]这样，中国马的利用价值越来越受到重视。

据表1-15可知，1937年华北军获得国内的补充极其有限，主要依赖中国马匹，1938年尽管来自日本的补充大增，但补充的中国马匹也同样激增，至1939年补充的中国马匹数量都超过来自日本的。就这4年多而言，中国马匹占补充马总数的60%。

另据上述表1-7可知华北军1938年度至1941年使用中国马匹的情况，使用得最多的是1938年度，为34 478匹，最少的是1940年度，有17 245匹。当然，这些都是概数，实际数量肯定要多得多。

华北军具体部队使用中国马匹的情况，从上述表1-11可略知一二。如表所示，1942年8月该军各部队军马都有缺额，但均使用了中国马，并且有些在数量上超过缺额数倍。例如，第1军缺额为13%的，缺马1 163匹，但另有中国马4 283匹，据此足以解决缺马问题。

华北军具体兵种使用中国马的情况，以骑兵之外用马最多的辎重兵为例，1940年10月第12师团第3兵站辎重兵中队军马定额为426匹，实有418匹，其中中国马为384匹，占实数的92%；第11师团第5兵站辎重兵中队军马定额598匹，实有488匹，其中中国马380匹，占实数的78%；第3师团第2兵站辎重兵中队军马定额356匹，实有303匹，其中中国马200匹，占实数的66%[110]；1944年4月参加

"1号作战"的第37师团第37辎重联队的1个中队有马419匹,其中中国马368匹,占88%。如果没有中国马,这些部队的马匹辎重能力将丧失大半。

即使非辎重兵部队,中国马也被普遍使用。例如,第62师团步兵第63旅团独立步兵第12大队,1943年9月参加冀西作战时,定额人员458人,马匹64匹,其中中国马37匹,占多数。此外,该部队还临时"征用"了231匹中国马,"行李班"用得最多,为100匹,"物资收集班"次之,为70匹,"弹药班"也使用了30匹,并且以上这些"班"都是中国马[111];再如驻扎在山西榆次等地的第62师团工兵队,1944年6月前后有马86匹,其中中国马74匹[112]。据此可知,这些部队运载军需物资几乎完全依赖中国马。

3. 华中军与中国马匹

与华北军一样,华中军也是靠大量掠夺中国马匹弥补缺额,而且这种情况在入侵之初就已经出现(图1-71)。

图1-71　日军赶着掠夺的马车从蚌埠出发去徐州

马是日军中、高级军官的标配,不过据从杭州湾登陆的第6师团司令部卫兵在《转战实话》中回忆,登陆后的司令部军官均无马可骑,只能徒步而行。因道路泥泞,个个浑身污泥,走了几十千米,一直走到佘山镇,卫队才好不容易"征用"到1匹中国马,自然给师团长谷寿夫(南京大屠杀的主犯之一,1947年在南京被依法处以死刑)骑。大概觉得自己一个人骑难为情,谷寿夫便向同行的步兵第11旅团坂井旅团长建议轮流骑。师团长在侵华之初就狼狈到骑抢来的矮小中国马,并且还要与旅团长轮着骑,既说明了军马补充能力差,也暴露了其军队随时随地掠夺的本性。据该师团记载,在向浙江各地、南京侵犯过程中,因马匹损耗多,其下属军队沿途不断"征用"中国马匹、水牛等使用。

1938年7月华中军军马定额为70 927匹,缺额12 677匹,但另外使用的中国马达5 870匹。就像日军在报告中所说,上述中国马的数据仅为概数,因为实际"征用"的数量肯定要多得多。

如前表1-12所示,尽管是另行记载,华中军在1937年既已将中国马匹纳入统计之中,而1938年11月第2军的报告则将中国马算入了军马定额中(定额为58 128匹,其中日本马37 454匹,中国马10 811匹,中国马匹占22%)。[113]在军马大量缺额的状况下,该军大概也是1938年9月以后"正式"将中国马纳入了编制之中。华中军司令部报告说从1938年2月至1939年9月共补充中国马5 070匹,这应该都是编制内的,实际使用的应该是其数倍。

4. 华南军与中国马匹

有关华南军的相关史料匮乏。据管见所及,与其他地区的日军一样,该军随着战争的持久化也逐渐严重依赖中国马匹。例如,第21兵站病马厂1939年4月下旬收容的病马中,日本马289匹,中国马104匹[114];"病马总厂"1939年11月中、下旬共有日本马430匹,中国马70匹。第二预备马厂11月上旬末有日本马216匹,中国马542匹,同月中旬补充给部队马匹共498匹，全部是用于驮载的中国马。[115]既然将中国马收容进病马厂治疗，说明中国马对缺马的日军来说非常重要。

还有，第21军1939年10月在向陆军省申请军马时，共申请补充2 400匹，其中主动申请中国马600匹。[116]中国南方地区马匹资源贫乏，大概在当地实在无法大规模掠夺，才正式申请，希望陆军省从东北、华北就近补充。

关东军、华北军确实一直向其提供中国马匹。例如，华北军1939年11月中、下旬，共输送给华南军中国马600匹，均用于驮载，这大概就是对10月申请的回应。1940年2月华北军又提供1 500匹。[117]这对于缺少马匹掠夺的华南军而言无疑是"雪中送炭"。

中国马匹普遍瘦小，越往南方越是如此，直接影响到了驮、挽能力，因为大量使用中国马，日军不得不改小弹药箱尺寸，减轻重量。例如，94式山炮的炮弹箱1箱应装4发炮弹（每发6.5千克左右），华南军将其改为装3发。

以上只是一些零散记录，日军实际使用的中国马匹无疑可以用不计其数来形容。仅就日军在发起重大战役时而言，总会临时就地大规模拉夫、强行"征用"马匹、马车等组成运输队运送军需物资。以华北军1939年底发动的"拉号"作战为例，第110师团临时"征用"中国马700匹，驻蒙军"征用"275匹（详见表1-16）。1940年发动"巴号"作战，驻蒙军"征用"驮马（驴）1 000匹，马（骡）车300辆[118]；再如日军1944年发动"1号作战"动用的中国马达10万匹，运输队使用的中国马基本上是"征用"来的。

这种临时"征用"数量都非常大，并且一般不会记录在案。还有，在军马缺额的情况下，前线日军随时随地任意掠夺中国马的情况肯定更为猖獗，数量更多，这些更不会出现在统计中。日军长期缺马，有些部队还非常严重，但实际上未出现大问题，就是因为在编制外无限使用了中国马匹。

如前所述，日本学者指出侵华日军败战时共残余军马124 208匹，其中日本马为65 174匹，用作乘马、炮兵挽马、炮兵驮马，中国马59 034匹，全部用作辎重马，中国马占总数的48%。以上中国马大概是属于编制中的，编制外的被忽略不计了。

即便如此也能看到，时至战败，日军的军马近一半是中国马。对马匹的掠夺与使用亦是日军以战养战的典型之例。

三、"马戏团搬家"：日军与牛、驴、骡、骆驼

日军出于军马严重缺额等原因，大量掠夺中国马用于作战，不过，中国马匹资源的多寡因地而异，并非随时随地可得，在无法足额掠夺的情况下，与人力运载相比，使用有负载能力的动物更为有利。因此，九一八事变后，日军常使用牛、骡、驴、骆驼进行运输。图1-72即为1936年9月关东军组织的骡子辎重队在东边道运输军需品。

七七事变后同样的情况即刻出现，并且更为普遍，甚至还有使用羊的。例如，华北军第1联队事变当月使用79头驴组成"小行李队"；第41联队第3大队8月起也因驮马不足，"征用"了大量的驴；第14辎重联队9月参与入侵涿县、保定期间，"因连日连夜在泥泞恶路强行军，军马损耗甚大……从所在部落征用中国马、牛等，使之挽拉"，因为牛步速慢，缺乏持久力，无法与马队同行，于是特地组织了牛车分队。[119]陆军省兵务局马政课在1938年出版的宣传军马"爱国"的书籍中将军队中的这种奇妙情景比喻为"马戏团搬家"。[120]

从日军随军记者留下的照片（图1-73至1-76）可以看到，侵入上海的日军，凡是能用来装运的也是抢到什么用什么。

如图所示，耕牛、黄包车、自行车、童车、拖车、独轮车、小船都成了日军的运输工具。这说明日军在战争初期的淞沪之战就遇到了运输问题，尽管道路宽阔，却缺少车马运输。图1-73旁边的日文标注为："雨中前线风景，中国水牛君也为日军运送弹药。上海战线。"

102 / 军马、军鸽与军犬：日本侵华战争与军用动物

图 1-72　关东军的骡子运输队

图 1-73　用牛车运物

*来源：[日]每日新闻社编《1億人の昭和史 10（不許可写真史）》，每日新聞社，1977年。

图 1-74 原图说明是用童车运粮食

图 1-75 在南翔用黄包车运物

江南民间不畜马，普遍养牛，日军索马不成，只能用牛。日本记者拍摄的照片发回登载前都需要经过日军"报道部"（日军负责宣传报道的专门机构）审查，此张照片盖有"报道部"、"检阅济"（意为"已审"）、"不许可"的印戳，说明最终未获允登载。其原因可能是照片中的日军撑着中国雨伞，有损"皇军"形象。

侵占上海后，日军继续侵犯南京。在淞沪会战期间，第3师团很多人或得了疟疾，或因长时间浸泡在水壕中脚已浮肿，或营养不良，接下来又要背着几十斤重的行李强行军，行走实在困难，于是沿途普遍抢掠驴、水牛、手推车等装载行李，减轻负担。该师团步兵第34联队第2大队有人记载了当时的情形："12月5日上午7:30从木渎镇目标南京出发。今天江南一带寒冷，河面结起薄冰。根据连续3天艰苦行军的经验，各中队士兵乘居民离家，随手'征发'了自行车、婴儿车、手推车、驴、水牛，看到什么拿什么，用来装载武器以外的装备，如此造成行军队列混乱，行军队伍拖得很长，难以指挥掌控。"大队长不得不下令让使用这些运输工具者全部排在"大行李队"之后，取名"特别行李队"，由"大行李队"队长指挥。因为"特别行李队"的运载工具五花八门，士兵们给它另外取名为"咚咚锵（日文发音原为chindonya，意为沿街拉琴、弹弦、吹号的化妆广告人，或为商家敲锣打鼓的宣传队）部队"。[121]图1-77是该部队队史的插图，画的便是"咚咚锵部队"经过河塘时，饥渴的水牛兴奋地直冲下去，把慌忙阻止的日军也一起拖下了水。据记载，各地日军使用水牛时都碰到了类似情况。

第6师团步兵第45联队士兵在《转战实话》中也记载说，他们在向南京进攻途中，掠夺耕牛驮运粮秣，炊事班则用抢来的牛、牛车装载炊事用具。第16师团步兵第38联队1938年3月则报告说，因马匹损耗来不及补充，靠临机"征用"驴、骡等补充其缺额，攻下南京"获得"很多中国战马后才提高了机动能力。[122]

图1-76 用独轮车运物

图1-77 "咚咚锵"部队的水牛冲入河塘

战争长期化后，日军在大小战事中掠夺牛、骡、驴用来运输等更是家常便饭。例如，华中军第2军1938年11月报告军马状况时，说明军马定额为58 128匹，尽管使用了中国马10 811匹，仍缺额为9 917匹，各部队只能使用牛、驴、骡替代。如此对牛等的需求之多是可以想象的。图1-78至1-82是日军记者等拍下的一些相似场景。

遇到大小战事，日军总是有组织地大规模"征用"牛、骡、驴，临时组成运输队。以驻蒙军之例，该军1939年后每次发动大规模作战前都要拉夫，强行"征用"当地马属动物、马（驴、牛）车组成"地方纵列"运送物资。表1-16是1939年底该军为发动"拉号"作战而建立的"地方纵列"所使用的马属动物统计。

表1-16 驻蒙军"征用"五地马属动物数量统计（1939年）[123]

地 名	马属动物数	征用数量	各动物数量		
			马	骡	驴
蔚县	7 055	1 634	18	166	1 450
阳原	2 634	673	29	91	553
涿鹿	2 620	505	29	122	354
宣化	10 522	1 411	41	396	974
怀安	3 802	1 000	158	106	736
合计	26 633	5 218	275	881	4 067

上表五地共有马属动物2.6万多匹，日军"征用"了其中的约20%。三种动物中征用得最多的是驴，占总数的78%，而最适宜"军用"的马匹最少，仅约为5%。应该是这些地方的马匹已经被日军掠夺得所剩无几，不得不使用其他动物。五地位于大西北，马匹资源都很丰富，但从上述统计看，在日军统治下，各地马匹资源严重匮乏，

图1-78　牛、马同拉运输车

图1-79　麻城城外的毛驴队

图1-80 马、牛、驴组成的运输队

图1-81 侵入连云港,人与牛同拉炮车

图1-82 入侵河北沧县城，毛驴开道

已经接近枯竭。

对于4 000多头驴在太行山"扫荡"的表现，日军比较满意，认为驴的粗食性、耐渴性等都适宜于山地作战，于是专门就骡、驴的军用价值展开比较系统的实地调查研究，驻蒙军司令部则召集伪政府官员开会，商讨今后进一步"征用"的办法。[124]图1-83至1-88是日军在一些地方使用牛、驴、骡组成的运输队。

严重缺马的日军甚至将骡、驴编入日常编制中。例如，1942年驻扎在武汉的步兵第116联队8月的编成是军马等444匹，其中中国马214匹，驴80头；1943年6月前后驻扎在上海的步兵第60联队总部编成，包括行李队在内有日本马68匹，中国马21匹，骡子17头。[125]在上海地区使用驴运输，大概是实在掠夺不到马匹。

驴、骡在日军的一些部队甚至成为重要编成部分。例如，第109师团1939年底回国前在邯郸留下的有日本马1 151匹、中国马679

图1-83 耕牛运输队

图1-84 蚌埠附近的牛车队

图1-85 入侵永湖圩的耕牛运输队

图1-86 渡㴛河入侵信阳的毛驴运输队

图 1-87　骡子运输队离开崞县城

图 1-88　渡过河南固始曲河的毛驴运输队

匹、骡1 522头、驴与骆驼448头，骡等的总数完全超过了马匹。再如，1945年9月战争结束时驻扎在长沙、衡阳、岳州、湘潭、株洲等地的日军第20军，有马4 380匹、骡4 516头[126]，骡的数量甚至超过了马。

据"满铁"调查，河北、山西、山东1937年至1939年骡与驴分别减少了30%左右。蒙疆地区1936年有骡96 000头、驴275 000头，时至1939年减少骡63 000头、驴128 000头，减少的数量都很惊人，尤其是骡减少了大半；又据关东军调查，1929年奉天省、吉林省、黑龙江省、内蒙古东部、"关东州"共有骡768 651头，时至1935年伪满境内骡锐减至653 089头；再据"东北物资调节委员会研究组"1948年的报告，九一八事变至日本投降，伪满境内骡由81万头减少至59.4万头，驴由57万头减少到53.8万头。[127]各地骡、驴大幅减少是日军无限掠夺的必然结果。

骆驼这一中国北方，尤其是西北地区常见的驮载工具也被日军盯上，自全面侵华初期就大量掠夺，用于运输。图1-89、1-90便是9、10月入侵保定、石家庄期间日军组成的骆驼运输队。再如，1938年2月至3月参加从彰德向清河方向进攻的第14辎重联队由于伤病马超过一半，现地找不到马匹等，便"征用"骆驼，因骆驼步速慢，跟不上马队，便组成骆驼队单独行动，结果"大为活跃"。该部队总结经验说，骆驼不像马那样挑食，粗食即可，"遇到敌人袭击时泰然自若，不慌乱，还能听从指示坐下而采取低姿势，极有用处"。[128]

日军侵占大西北与内蒙古后，骆驼使用得更多。如前所述，驻蒙军发动大规模战事时都会"征用"马属动物，骆驼也在其中。例如，1940年在包头"征用"骆驼500头加入"地方纵列"参加"巴号"作战。

在西北、东北地区，日军还根据需要在编制内建立骆驼队用于运输。例如，驻扎在海拉尔地区的第6军1939年11月正式建立了"第6

图1-89　保定附近的骆驼队

图1-90　入侵石家庄途中的骆驼队

图 1-91　海拉尔骆驼运输队的骆驼

军骆驼运输队"（第765部队）（图1-91）。该队作为独立中队直辖于军司令部，平时定员118人、骆驼200头、军马10多匹，另有特别辎重车与橇等，开始驻扎于海拉尔，后移驻免渡河基地。[129]第6军此举是为解决冬季运输难题。海拉尔地区冬季极寒，降雪量大，一到严冬，日军的后勤保障就因汽车、马匹在冰天雪地中难以行动而出问题。当地的双峰骆驼除了耐饥渴、性情温和易于驾驭以外，还有耐酷寒的特点，并且在深雪中行动自如，可谓"雪地之舟"。日军因此看中了这一特别适合极寒地区的运输工具。运输队专门用于冬季运输，尤其是在进入兴安岭雪山中运输木炭、建筑阵地用木材等方面发挥了重要作用。

据"满铁"调查，蒙疆地区1936年有骆驼5万头，时至1939年减少了2万头。另据统计，1937年至1945年日本统治者仅从锡林郭勒盟就掠走了7.5万多头骆驼。[130]估计这些骆驼大多被日军用于运输。图1-92、1-93反映了日军在一些地方使用骆驼的情况。

日军甚至在远离西北的地方使用骆驼。图1-94是济南城内日军的骆驼运输队。图1-95是日军在安徽庐州使用骆驼运输电线。在这些地方使用骆驼，大概是苦于没有其他运输工具的无奈之举。

图1-92 集结于垣曲村（山西）的骆驼队

图1-93 西北某地的骆驼队

图1-94 济南街上的骆驼队

图1-95 安徽庐州运电线的骆驼

第六节　无马难成军：侵华日军军马的作用

日本马政局官员1942年1月在《日本马事会杂志》发文称"有皇军处必有马"，这说明两者是形影不离的关系，据此说日军"无马不成军"可能并不夸张。

一、铁蹄肆虐：乘马与日军

日军的军马依据用途可分为乘马、挽马、驮马。乘马主要供骑兵与步兵军官使用。

就骑兵而言，日军发动九一八事变后的第2年，即1932年有骑兵25个联队（70个中队），各联队有马440匹左右，其中的12个联队组成4个旅团。

九一八事变后，由于东北地区地域辽阔，地形复杂，日军在围剿擅长游击战的抗日武装方面，常使用机动性强的骑兵。自1932年骑兵第1旅团侵入东北后，至七七事变爆发，日军的22个骑兵联队到过东北战场。鉴于骑兵的重要性，关东军1933年4月还在海拉尔组建了骑兵集团（图1-96），使之正式进入战斗序列。这是侵华日军骑兵的"鼎盛"时期。

七七事变初期的骑兵联队人马编制如表1-5所示，军马定额在430匹左右。不过，军方此后加快了对骑兵联队的机械化进度，骑兵地位逐渐下降。七七事变后至太平洋战争爆发，新设的包括特设师团在内的师团，大部分未设骑兵联队，只设了骑兵大队或搜索队，并且各常设师团的一大半骑兵联队也改称第X师团搜索队。搜索队由骑兵中队、装甲车中队各1个组成，以汽车、装甲车为主。1939年起编成的此种部队则称第X师团搜索联队,由4到5个中队构成,但不少师团缺骑兵中队。很显然,骑兵在关内各师团中的地位降低,各搜索(联)队的军马数量也大幅减少,骑兵主要是充当军队的耳目。

全面侵华初期处于进攻阶段的日军比较重视骑兵,常利用骑兵的突袭行动配合步兵作战。徐州会战中骑兵第18联队在一个月内多次突破我军防守,抢占先机,突袭破坏铁路大动脉,获得了一些所谓战果,让日军骑兵引以为豪。图1-97、1-98为侵入各地的日军骑兵。

抗战进入相持阶段后,日军大规模使用骑兵的主要是西北的驻蒙军骑兵集团,其他地区的骑兵除了在1940年的襄东会战这种大规模作战中有过显著表现外,大多活跃于侦察、联络方面(图1-99、1-100)。陆军省表彰的军马中,有些就是在这方面"立功"的。

侵华日军骑兵的最后一次大规模军事行动,是第12军下属骑兵第4旅团(旅团长为藤田茂,战后受到我国审判,获释后任"中国归还者联络会"首任会长)1945年3月下旬作为老河口会战(我方称为老河口保卫战)的主力侵犯老河口。该旅团是侵华日军保留下来的最后一个骑兵旅团,有两个联队,由包括机关枪中队、迫击炮中队在内的12个中队组成,1 248人,加上骑炮兵、辎重兵共3 600人,军马总数3 700匹。旅团在夜间秘密行军数日后利用骑兵优势迅速突袭老河口,基本达到了作战目的。该旅团日军后来将此战自吹自擂为"世界战争史上最后的骑兵战"。

不过,侵华日军这一最后的骑兵旅团,此时也是强弩之末。军马体能最佳时间是8岁至12岁。作为关内唯一的骑兵旅团,该部队应该集中了最好的乘马,但马龄平均已经到了15岁左右,相当于人的50多岁,旅团长藤田的坐骑更老,已有十七八岁。[131]日本处心积虑备战了数十年的马业,发动侵华时虽有良马100多万匹,横行跋扈不可一世,但在中国持久战的威力下,到了战争末期唯一的骑兵旅团竟然到了无"少壮"良马可替换的地步,说明其战争资源已消耗殆尽,陷入

图1-96　九一八事变后驻扎在通辽的骑兵

*来源：同图1-10。

图1-97　1937年底侵入上海的骑兵

图1-98 参加徐州会战的骑兵

图1-99 上海罗店附近的侦察兵

图 1-100　黄河边的侦察兵

穷途末路。

除了骑兵以外，乘马主要供步兵等军官、通信兵骑乘。乘马是步兵中、高级军官的标配，如后文所述，侵华战争中获得"功勋章"的军马，不少就是他们的坐骑。

日军军官骑着军马在战时日本大众媒体上"亮相"得最多的是率队侵入占领的城市时（图1-101至1-104）。日军每占领一城市，常刻意举行"入城式"，由军官骑马率队入城，耀武扬威，不可一世，有时还会逼迫中国居民欢迎。日军随军记者则现场拍摄"新闻片"在日本国内放映，拍摄照片刊登在报纸、杂志上，以此宣传日军的"武勇"与胜利，激发日本民众的战争热情。战时风靡日本的歌曲《爱马进军歌》（详见后文）中有歌词"在你背上高举太阳旗，高唱凯歌入城"，作词者大概正是在视觉、听觉上反复受到此类报道的刺激才写出来的，战时日本民众高唱此歌时，眼前浮现的应该也是这类场景。

图1-101 "华中方面军司令"松井石根侵入南京

图1-102 日军侵入北京

图1-103　日军侵入大同

图1-104　日军侵入河北易县城

日军的高头大马与其主子一样都成了践踏中国大地的象征。

二、革车千乘：驮马、挽马与辎重

孙子曰：军无辎重则亡，无粮食则亡，无委积则亡。战争打的是资源，拼的是消耗，后勤保障能力往往左右胜败。战争所需的武器弹药与粮秣等军需物资，必须有专门的部队负责运输补给。

日军负责军需品运输与补给的是辎重部队（图1-105、1-106），该部队可谓是日军的"供应链""链条"。如前所述，日军机械化程度低，加上中国特殊的地理等自然环境的影响，作为运输手段，尽管有汽车、轮船等机械化工具，但马匹仍是供应链"链条"运转的重要动力，并且越是供应链的末端越是依赖马匹。因此，日军辎重部队尤其重视马匹，其《辎重兵操典》"纲领"第11条要求："辎重兵须始终尊重兵器，爱护马与车辆，完全保护好输送的物资。"

1937年日军有辎重兵联队15个（30个中队），每个联队由联队总部、两个中队组成。其人马编制如表1-5所示，挽马师团至少有辎重军马1 451匹，驮马师团更多，至少有3 463匹。以1匹驮马载物100千克、1匹挽马挽拽200千克来计算，各师团的辎重能力还是很强大的。当然，各联队不仅有马队，还有卡车运输队，共同保障师团的军需物资供给。

就辎重兵联队每百人配马的情况来看，1937年少的师团为75匹，多的师团达到87匹，配马之多是显而易见的。后来随着战局与师团编制的变化，配马比也有较大变化，如1943年辎重兵联队的编制，甲种师团为1 170人，631匹马，乙种师团为502人，108匹马，前者人马比为53.93，后者为21.51，与1937年相比下降不少，但马匹仍居重要地位。根据上述情况，说日军辎重部队"无马难成军"并不为过。

作为后勤保障部队，日军各师团都有辎重联队，联队会根据需要组成数个纵列，即运输团队，运送粮食的是"粮食纵列"，为步兵

图1-105　在湖北德安检查辎重车的日军

图1-106　挽马辎重队在杭州兵站领取物资

运送弹药的叫"步兵弹药纵列",为炮兵装运弹药的称"炮兵弹药纵列"。除此之外,还有属于各部队而跟随其后执行运输任务的大、小行李队等。

日军步兵、骑兵、炮兵、工兵等兵种在作战开始前都将食物等装入背囊自己背负,或用马驮同行,但这只是在遭遇战斗而后方难以补给时以备不时之需的,行军或宿营期间则使用以车辆装运粮秣等紧随在后面的辎重部队输送的物资,此部队就是"大行李队"(图1-107、1-108),即使用挽马运输粮秣以及宿营等生活必需品的运输队。"大行李队"一般隶属于联队,由数班组成,受"大行李队长"指挥。一般情况下,"大行李队"傍晚在目的地交付粮秣后,空车、空马返回后方,从"粮食纵列"处领取次日的粮秣再度前进,傍晚交付,如此反复。

日军步兵、骑兵、工兵随身携带的弹药、医药品等有限,战斗时间一长就会用光。"小行李队"就是紧随在部队(一般是大队)后面运送弹药、医药品的运输队,在战斗开始前与战斗期间随时将弹药等运到前线,提供补充(图1-109至1-111)。一旦交付弹药后,则去后方"步兵弹药纵列"处领取弹药,然后送到所属部队。"小行李队"一般使用便于行动的驮马,由数个班组成,受"小行李队长"指挥,因为是紧随第一线部队行动的,无异于战斗部队。

辎重部队由辎重兵与辎重特务兵组成,前者装备与骑兵一样,担任分队长或班长,后者亦称辎重输卒(因为在军队中地位低,1931年改称"特务兵",1939年又改回原称),听从前者指挥,入伍前只要接受两个月训练,仅佩挂刺刀作为武器(图1-112)。辎重部队还配有带枪的"预备兵",负责装卸物品,行军中殿后负责保护辎重队伍,遇敌时在军官指挥下组成自卫队防御。图1-113至1-122是在各地活动的挽马或驮马运输队。

在侵华战争中,日军以兵站、各种纵队、行李队建立了一套比较

图1-107　集结于安徽红心铺的"大行李队"

图1-108　汕头附近的师团"大行李队"

图1-109 "小行李队"进入上海刘行镇

图1-110 日军晋中"扫荡","小行李队"紧随步兵之后

图1-111 "小行李队"途经河南固始街道废墟

图1-112 驮马运输队在上海,特务兵腰佩刺刀

第一章　沉默的走卒——军马 / 131

图1-113　途经上海枫泾镇的驮马运输队

图1-114　越过安徽、浙江界碑的挽马运输队

图1-115　浙赣会战中的驮马运输队

图1-116　日军后勤基地吴淞港周边的马匹运输队，桥对面是吴淞镇

图1-117 山东兰陵镇附近的挽马运输队

图1-118 渡过易水的挽马运输队

图1-119　渡过汉水的驮马运输队

图1-120　目标福州的驮马运输队

图 1-121　通过安徽和县城的挽马运输队

图 1-122　左图是日军在山西山谷的兵站，山坡上是运输队。右图为运输队的近景

完整有效的后勤供应链,由此将军需物资一层层传输至部队末端,提供后勤保障。

当然,这不是一成不变的,为了确保供给,日军也会根据实际交通条件等灵活组织后勤运输系统。例如,第11军属于野战军,至1939年先后参加或发动了武汉、南昌、襄东、赣湘等会战,因中国地形错综复杂,特别是交通网稀疏,加上中国军队彻底破坏纵深10多里的交通网,大部分地方只有使用驮马,不得不放弃使用辎重车的大行李队等,采用临时驮马编制配合作战,维持机动能力。

再如日军1944年4月发动"1号作战"时,第11军在第1期作战向衡阳进攻前,尽管在后勤保障方面做了精心准备,预设了陆路、水路三条兵站线,并且为此动员了大量的汽车运输队、船舶运输队、筑路部队、铁路铺设部队,但考虑到会遇到的运输困难(例如,道路、铁路被严重破坏,美军飞机轰炸),还是将决定让第一线各兵团的辎重几乎全部改为驮马运输,使之满负荷地直接紧随兵团移动。该作战日军共动用了约10万匹马(京汉作战33 000匹,湘桂作战67 000匹)[132],其中大量的马匹就是用于运送军需物资的。

只是无论怎么变化,日军都离不开如影随形跟随其后的马匹运输队,日军在战场上每每得逞,都离不开其及时输送物资。

三、汗马之劳:驮马、挽马与重兵器

近代战争随着科技之进步,重武器不断出现,并且在作战中的地位愈显重要。重武器及其所需弹药因为重量大,在军队运动过程中靠人力难以快速灵活移动,而机动能力则是决定战事胜败的主要因素之一。

日军在全面侵华战争初期各种师团重武器的配备状况如表1-17所示,据此可知,日军各师团都配备了大量重武器。

如前所述,中国交通设施落后,地形复杂,日军机械化程度又很低,因此,日军的重武器,除了绝大部分重炮以外,其他火炮、重型

表 1-17　关内日军师团重武器装备一览表（1937 年 7 月—1938 年 6 月）[133]

种　类	甲种挽马师团	乙种挽马师团	甲种驮马师团	乙种驮马师团
重机枪（挺）	98	82	98	82
曲射步兵炮（门）	24	16	24	16
速射炮、平射步兵炮（门）	16	8	16	8
75 毫米山炮（门）	16	12	36	48
75 毫米野炮（门）	36	36	—	—
105 毫米榴弹炮（门）	12	—	—	—

机关枪及其弹药基本上都依靠马匹运载跟随部队作战。

就用马最多的火炮部队而言，如表 1-5 所示，炮兵联队在全面侵华之初每百人的配马，最低的师团近 60 匹，最高的达到 78 匹，人马比之高不言而喻。至战争结束，仍是如此。例如 1943 年 5 月组建的独立野炮兵第 2 联队，有火炮 36 门、人员 1 696 人、马 1 212 匹，每百人配马为 71 匹。据此可以说日军炮兵是"无马不成军"的。

日军《炮兵操典》"纲领第 11 条"要求"炮兵须一直尊重兵器，节省弹药，爱护马匹"。特地强调"爱护马匹"，也正是因为炮与马已经合为一体了吧。

以下就各种重武器与马匹的配置情况加以说明。

（一）挽马与野炮

1932 年日军有 15 个野炮联队（90 个中队）。如表 1-17 所示，按照平时师团的编制，1 个挽马师团有 36 门野炮，组成 1 个野炮联队。野炮兵联队依次由大队、中队、小队、分队组成，各分队有 1 辆炮车与 1 辆弹药车。炮车与弹药车均配挽马 6 匹，马匹体格不足时，炮车往往配 8 匹。另外还有观察手、通信兵、传令兵、号手等。

侵华日军的中口径野炮都使用挽马移动，主要有"38式"野炮、"改造38式"野炮、"90式"野炮、"95式"野炮（以上口径均为75毫米）、"91式10厘米"榴弹炮。此外，重炮"4年式15厘米"榴弹炮也使用挽马。

"38式"野炮生产的时间很早。1904年随着日俄战争在中国东北的爆发，日本陆军对加农炮的需求从单纯的海岸防御，转向了在野战中压制敌炮群和攻坚战中的精准拔点。在此背景下，日本陆军以德国生产的野炮为蓝本，在大阪炮兵工厂内仿造，1905年（明治38年）制造成功，称"38式"野炮（图1-123）。

图1-123 "38式"野炮

"38式"野炮炮身重量333千克，总重量1 100千克，单脚式炮架，炮弹重约6.34千克，移动时需6匹挽马拖曳。其优点是，与步兵协同作战时，能携带大量弹药，发射速度快，弹道低，射击方向可任意变动；能发射榴弹、榴霰弹、烟幕弹、燃烧弹等。尽管机动性能受限，最大射程仅1万余米，无法满足压制敌方炮兵的战术需要，但日军还是视其为重器。

七七事变后日军扩军，因大量需要火炮，野炮兵的标配"改造38式"野炮供不应求，"38式"野炮虽是老产品，也被装备给新组建的部队，如1938年建立后侵华的野炮第23联队原本装备"95式野炮"与"91式10厘米"榴弹炮，因缺炮，用"38式"野炮与"38式12厘米"榴弹炮等替代。因此该炮在侵华战争中仍继续发挥了作用。

"改造38式"野炮如其名所示，是以"38式"野炮为基础改良研制的。第一次世界大战展示了西方最先进的炮兵技术，日军受此刺激，决心研制新型的加农炮，其产物便是这种野炮（图1-124）。其炮身长约2.3米，重333千克，整个炮车的运行重量（即拖行时的重量）为1 909千克，放列重量为1 135千克，单脚式炮架，需6匹挽马拖曳。炮弹重6.34千克，最大射程1万余米。1926年开始使用，一直是日本陆军最常见的野炮（图1-125）。

"90式"野炮，是以"皇纪"纪年来冠名的，其试制成功是在1930年，相当于"皇纪2590年"。该炮炮身长约2.8米，每分钟可发射10—12发，最大射程近1.4万米，运行重量2 000千克，放列重量1 600千克，炮弹重量6.37千克。需6匹挽马拖曳，也可由汽车拖曳。

"95式"野炮，1936年开始服役，炮身长约2.3米，最大射程近1万米，运行重量1 933千克，放列重量1 108千克，炮弹重量6.34千克，需6匹挽马拖曳。

"91式10厘米"榴弹炮，1932年正式生产，炮身长两米，开脚式炮架，运行重量2 137千克，放列重量1 980千克，炮弹重量15.76千克，最大射程18 800米，需6匹挽马拖曳（图1-126）。

"4年式15厘米"榴弹炮1911年试制成功，1915年（大正4年）定名，口径149.1毫米，最大射程9 000多米，放列炮车长度6.3米，单一炮架式放列炮车重量约2 800千克，属于重炮（图1-127）。因过重，移动时需将炮身与炮架拆开。分开后炮身车2 056千克，炮架车1 962千克，各配挽马6匹牵引。另有弹药车，满额装载重量为1 710千克，也需使用挽马。就人马配置而言，此种野战重炮1个中队配炮4门、人员188人、马145匹左右。每百人配马达到81.9匹，机动作战完全离不开马匹。

一·二八事变时，该炮首次用于上海实战。由于破坏力大，主要用于炮战、破坏坚固的防御体、阻断交通、扰乱作战等，榴弹对于一般地面的杀伤力在着弹点半径150米之内，集中射击时被形容似百雷同时落下，威慑力强大。虽是重炮，但能分解后靠马匹移动，机

图1-124 "改造38式"野炮

图1-125 自井陉进攻娘子关的野炮队

图1-126 "91式10厘米"榴弹炮

图1-127 "4年式15厘米"榴弹炮

*来源：[日]野战重砲兵第14聯隊史編委会编《大陸蹈破3万粁》，非卖品，1981年。

动能力强，被日军视为"秘宝"，全面侵华后常用于攻城略地。例如，1937年12月日军侵犯南京，重炮第14联队使用这种炮（图1-128），在雨花台附近破坏我军阵地，在中华门东侧附近轰开突破口，炮击将军山、牛首山、八二高地等要冲，以及水西门、城墙西南角等，仅该联队第1大队在攻城的6天中就发射了945发以上的炮弹。[134]共同侵犯南京的重炮第15联队第3中队亦用同种炮轰击城墙，12月12日1天内向中山门附近开炮103发，向光华门附近开炮212发[135]，为日军登城开道；在进攻香港时，重炮第14联队使用此炮肆意轰击市区（图1-129），屠杀平民，制造恐慌。

以上火炮，不仅运行重量，使用的大量炮弹也一样沉重。基于作战中的发射效果，日军规定，每门炮一般情况下须备有一个基数的炮弹（太平洋战争爆发后明显减少），即野炮100发，10厘米60发，15厘米40发。它们的总重量都在500千克左右，各小队为此特地配备了挽马弹药车随行。

1个基数的炮弹，一般激战1小时就会用完，需及时补充。野炮队（包括"4年式15厘米"榴弹炮重炮队）还有专门的"段列"——由挽马车或驮马组成的补给部队负责供应炮弹。炮兵联队、大队、中队一般都有"段列"，专门为自己运送炮弹。据日军1936年制定的《战时编制改正案》，野炮联队"段列"有人员317人，乘马60匹、挽马284匹。大队"段列"有人员127人、乘马27匹、挽马90匹。[136]炮弹通过各"段列"最终送至各小队。

据此可以说，日军的野炮部队是由炮与马共同组成的，缺一不可。图1-130至1-133是日军野炮队在各地的活动。

（二）驮马与山炮

山炮顾名思义，主要用于山地战，是一种中口径榴弹炮。与野炮相比，口径相同，射程没有野炮远，但弹道较弯曲，适宜于野外各种地形行动，便于在山地、沼泽地作战，利用特种地形行动；便于接近

图1-128 进攻南京的"4年式15厘米"榴弹炮阵地

*来源:同图1-127。

图1-129 "4年式15厘米"榴弹炮轰击香港市区

图1-130　九一八事变后野炮队侵入奉天城

图1-131　集结中的野炮队

图1-132 野炮队侵入金山卫城内

图1-133 野炮队侵入河北蔚县城

第一线步兵行动。为了能自由在山间行动，整个炮车都能拆解，一匹马能通过的小路均能通过。逼不得已时，可人力拖行或拆解后以人力搬运（图1-134、1-135）。

在地形复杂、道路条件差的情况下具有强大通过能力的山炮，特别适宜使用于中国战场（图1-136至1-138）。因此，山炮为侵入中国腹地复杂地形的日军提供了强大的火力支持。

虽然可以分解搬运，但其中有些部件重达100千克左右，靠人力是难以长途搬运的，尤其是需要快速机动行动时。因此，日军的山炮一般是用马驮。如果不分解而用马牵引，只需要一两匹即可（图1-139、1-140）。

日军1932年有4个山炮联队，1个山炮大队，发动全面侵华战争后又新组建了一些联队或大队。山炮兵联队一般由总部与3个大队组成，大队有总部与2个中队。如果是独立山炮兵部队，则是2个大队编制。

山炮中队分两个小队，每个小队又分两个分队，每个分队有炮1门，配有11匹驮马，其中6匹驮运分解的山炮，行军时的排列顺序是轮架马、大架马、防盾马、炮身马、摇架马、托架马（图1-141、1-142），5匹驮马驮载炮弹紧随其后。另有观测小队、通信兵等。

侵华日军装备的山炮有"41式"山炮、"94式"山炮和"99式"山炮，口径前两者都是75毫米，后者105毫米。

"41式"山炮（图1-143），与"38式"野炮一样，是日军常用的大炮。日军研发出"38式"野炮后，希望获得比野炮重量轻的山炮，1908年（明治41年）完成设计，称"41式"山炮。其放列炮车重量540千克，只有"38式"野炮的一半，炮身也比野炮短1米，为1.3米，重100千克，炮弹5.74千克。每分钟可射10发，最大射程6 300米，仅为38式野炮的六成。由于安装了炮弹发射后炮身自动复原的装置，免去了每发射一次就要重新瞄准的麻烦，在当时很先进。

日军的山炮一向是炮兵管辖的，作战中一般在战线后方炮击支援

图1-134　日军搬运拆解的山炮

图1-135　日军在江苏句容城墙下拖行山炮

图1-136　马驮拆解的山炮通过乡村石桥

图1-137　马驮拆解的山炮越过复杂地形

图1-138 马驮着山炮在山谷休息

图1-139 集结的山炮部队,单马牵引山炮

*来源:第9師団砲兵会编《旧第9師団山砲兵第9聯隊史》,非卖品,1974年。

图1-140 单马牵引的山炮

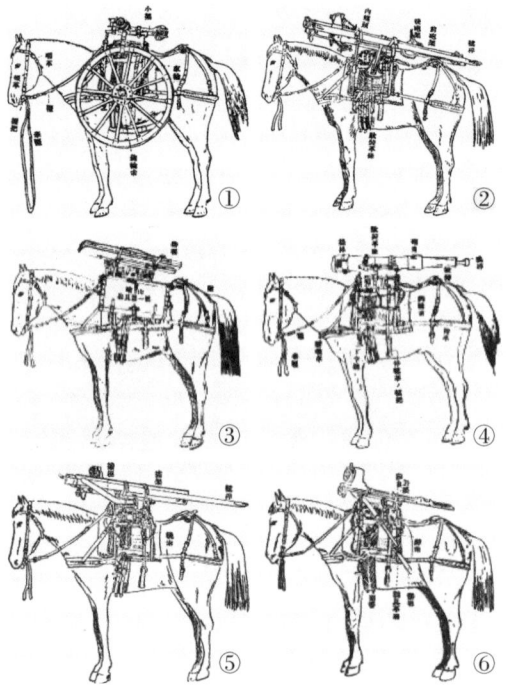

图1-141 依次为轮架马、大架马、防盾马、炮身马、摇架马、托架马

图1-142 入侵上海庙行镇的山炮队,排列次序与图1-188大致相同

图1-143 "41式"山炮

前线步兵，但这会影响到两者的联络与配合。九一八事变期间，关东军试验性地将"41式"山炮直接配置给步兵，作为其直瞄火力，支援作战，大大增加了步兵的重武器威力，效果显著。

1936年日军恢复生产此炮，并且给其安上防盾。七七事变后，军方直接给联队配置一个中队（有炮4门）。自此日军也将"41式"山炮称为"联队炮"，一直使用到战败，是各种山炮中使用最多的。

"94式"山炮（图1-144），1934年投产，炮身长1.56米，重94千克，炮车放列重量536千克，炮弹重6.34千克，最大射程8 300米。此炮也是日军的主力火炮之一。

"99式"山炮，1939年开始使用，口径105毫米，放列重量800千克，炮弹重量12.34千克，最大射程7 500米。是日军的重型火炮之一，但轻便而易分解、组合，与前两种山炮一样可拆卸运载。

图1-144 "94式"山炮

*来源：同图1-139。

与野炮一样，日军规定每门山炮一般情况下须备有一个基数的炮弹，共100发，500多千克，各炮配驮马5匹驮载。山炮联队、大队、中队一般都有属于自己的"段列"负责补充炮弹。据《战时编制改正案》规定，联队"段列"有人员603人、乘马35匹、驮马368匹，大队"段列"有人员172人、乘马15匹、驮马79匹[137]，如此形成了必要的后勤保障。

第11军1939年给陆军省提交过一份总结武汉、南昌、襄东、赣湘等会战的报告，提出了5条经验教训，第5条分析了编制、装备与机动作战力量之间的关系后，重点指出因中国地形错综复杂，交通网稀疏，加上交通网被彻底破坏，大部分地方只能使用驮马。因此山炮、迫击炮等在今后的作战中十分重要，必不可缺。[138]此报告对山炮在侵华战争中发挥的作用做了恰如其分的评价。当然，如果离开了马，山炮在交通不便之地就差不多成了死炮。

（三）军马与步兵炮

日俄战争期间，日军开始用重武器武装步兵联队，同时研发适合步兵使用的重武器，步兵炮就是其中之一。

日军步兵联队都设有步兵炮中队，有炮4门，七七事变初期一般由147人、32匹马组成。马匹是其重要组成部分。

日军的步兵炮有"11年式""92式"两类，主要用来攻击机关枪阵地与各种掩体。

"11年式"步兵炮是1922年（大正11年）研制生产的，分曲射与平射两种。平射步兵炮其实是小型野炮（图1-145、1-146），炮口径37毫米，特征是炮弹笔直射出，弹距约2千米，1分钟发射12发，威力不可小觑。整炮放列重量89.9千克，可拆卸由2匹马驮载。

"11年式"曲射步兵炮是小型臼炮（图1-147、1-148），特征是炮弹弯曲射出，可在掩体后使用。炮口径70毫米，弹距短则300米，长则1 500—1 600米，每分钟发射约10发，放列重量为65千克，1匹

图1-145 "11年式"平射步兵炮

图1-146 进攻上海的平射炮小队

图1-147 "11年式"曲射步兵炮

图1-148 进攻上海的曲射炮

马即可驮载。短距离移动时，2人或4人即可搬动，日军因此给它取了个绰号"神舆"（祭祀时放神牌位抬着游街的轿子）。该炮移动方便，能够适应任何地形作战，但长距离移动仍需要依靠马匹驮载。此炮用于实战是九一八事变期间，日军在入侵上海时用其压制重机枪据点，给我方造成很大损害。

"92式"步兵炮是1932年投入使用的，口径70毫米，放列重量约200千克（炮身46千克），弹重3.8千克（高爆弹），弹距100米至2788米。该炮融合了"11年式"曲射炮与平射炮的优点，将两者性能兼为一炮，成为攻击机关枪阵地、碉堡构成的防御工事等的利器，日军普遍使用此炮（图1-149、1-150），给我军造成巨大危害。

因为重量轻，体积小，便于携带，移动方便，容易隐蔽，适合于复杂地形，能够大范围支援步兵作战，日军给每个大队配备了2门"92式"步兵炮（1个小队），所以该炮又被称为"大队炮"，可由1匹马牵引，也可人力推拉，分解为炮架、炮身、放盾以后，亦可人力搬运，或由3匹马驮载，炮弹则需马匹驮运跟随（图1-151、1-152）。

"大队炮"尽管比山炮等轻得多，但实际用马数量仍不少。例如，步兵第11联队第1大队炮小队1937年8月侵华时定员为29人、8匹马。因在山区转战，崎岖山路上炮只能驮载，现有人马十分吃力，9月下旬增加到人员50人、马10匹，12月底入侵山东时有人员58人、马26匹。具体人马配备是，指挥班与观测班15人、7匹马，第1分队15人、6匹马，第2分队14人、7匹马，弹药班12人、6匹马[139]，大大超过定额，尤其是马，人马比由每百人27.58匹猛增至44.82匹，山区作战对马依赖之严重可见一斑。

（四）挽马与骑炮

日俄战争期间日军编成骑炮兵1个中队与俄军接战，取得佳绩，于是重视骑炮兵之价值，全面着手建设骑炮兵部队，九一八事变后建成4个联队。

图1-149 七七事变之初天津街头的步兵炮

图1-150 进攻上海的步兵炮

图1-151 入侵南京的日军背着拆解的"大队炮"

图1-152 前马驮着拆解的"大队炮",后马驮着炮弹

按照1941年的人马编制，1个骑炮兵联队有人员550人，马匹640匹，下辖2个中队，1个"段列"。每个中队有骑炮4门，由观察小队、炮队（两个小队，各小队有两个分队）组成，每个分队有1辆炮车与1辆弹药车。炮车与弹药（每发炮弹重6.41千克）车都配6匹挽马，有炮手11人，另外还有观察车（配6匹挽马）、备用品车等。正如其名"骑炮"所示，该部队无马不成军。

如前所述，日军在全面侵华后逐渐压缩骑兵，但一直保留着骑炮兵，上述1945年的老河口会战，骑兵第4旅团的1个骑炮兵中队也参加了突袭。

日军使用的骑炮是"41式"。该炮为1908年（明治41年）研制，性能与"38式野炮"几乎相同，但炮身稍短，弹距7 000—8 000米。骑炮整体重量轻，约900千克，需6匹马挽拉（图1-153），可与骑兵共同行动是其特点。尽管发明时间早，但久为骑兵器重，一直用到战败。

（五）驮马与重机枪

日俄战争中日军进攻旅顺时遭到俄军机关枪扫射，于是也开始装备机关枪，在步兵联队设机关枪中队，配备重机关枪，作为重武器部队。战后日军致力于自主研发理想的重机关枪，侵华战争中使用的"3年式重机枪""92式重机枪"便是其产物。

如表1-17所示，重机枪是步兵的重要配置，甲种师团为98挺，乙种师团为82挺。各步兵大队都有1个机关枪中队，配重机枪12挺（有的8挺）、马40匹左右。

"3年式"重机枪1914年（大正3年）出产（图1-154），射程约4千米。与"38式"步枪相同，射程远但不影响射击精度，整体重量55.4千克（枪身26.6千克，三脚架27.5千克，枪套1.3千克），移动时可由2人或4人抬着，也可将枪身与支架分开背负，长距离移动时由1匹马驮载（图1-155、1-156）。另有6千克重的附件箱和若干子弹

图1-153 入侵赤峰城的骑炮中队

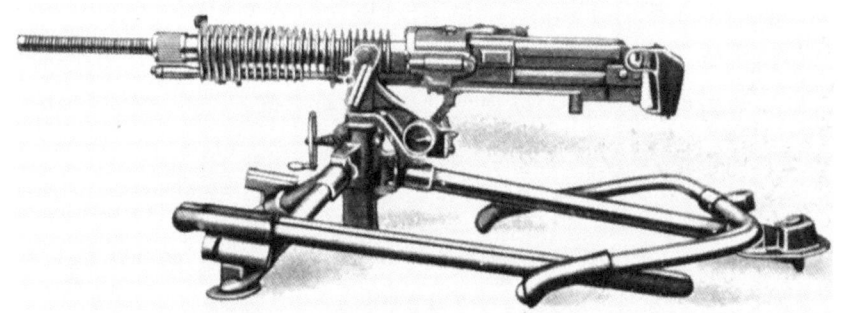

图1-154 "3年式重机枪",枪身与枪架分置

图1-155 入侵上海的日军抬着重机关枪

图1-156 骑兵驮马运载重机枪

*来源：同图1-10。

箱。子弹箱有两种，分别为19千克、25千克，长距离移动时均需马匹驮载。该重机枪是侵华初期步兵与骑兵的主力重机枪。

"92式"重机枪由日军1932年研发成功（图1-157），最大射程4 500米，整体重量约55.5千克（枪身28千克，三脚架27.5千克）。与"3年式"相同，枪身与三脚架可分开，由人力背负（图1-158），或1匹马驮载。另有6千克重的附件箱1个，22千克重的子弹箱若干，长距离移动均需马驮载。每挺机枪配士兵9人，马两匹。"92式"后来取代"3年式"，是日军全面侵华中的主力火器。

为了能在快速移动中射击，日军重机枪队、骑兵队还将马车改造为重机枪车用于实战。马车载有重机枪、射击手、弹药手、子弹箱，需要多匹挽马拉动（图1-159）。

综上所述，日军重武器的重量，野炮都有1 000，甚至2 000多千克。其次是山炮，则在500千克至800千克，拆解后的炮身，也有100千克。再次是步兵炮，则在200千克左右，最轻的是重机枪，超过55千克。以上重武器及其配备的弹药，长距离快速运动是人力无法胜任的，因此，机械化程度低的日军不得不为它们配备足够的马匹。如前所述，日本政府长期实施的马政使得马匹的体格得到了质的飞跃，在全面侵华前马匹的挽拉与辎重能力都达到了基本标准。如表1-4所示，日军炮兵挽马的标准体重是500千克，允许范围在480千克以上。以承重能力为其体重的四分之三为准的话，配置这样的挽马6匹就足以挽曳1 000，甚至2 000千克的野炮。而驮马的标准体重，战列驮马为460千克，辎重为430千克，以承重能力为其体重的三分之一为准的话，挽驮山炮等绰绰有余。"高头大马"为日军保持充分的机动能力提供了得力保障。中国抗日武装在重武器方面本来就弱于日军，而日军在大小战役中往往更能迅速调集火炮与炮弹等，充分发挥重武器的优势，其军马"功"不可没。

1938年10月陆军大臣板垣征四郎在东京中央广播局介绍侵华

第一章 沉默的走卒——军马 / 163

图1-157 "92式"重机枪

图1-158 日军扛着分解的重机枪渡河入侵海南龙塘

图1-159 骑兵的重机枪马车

*来源：同图1-10。

"形势"时，不忘夸奖军马："作为所谓军队的'活兵器'，或作为将兵的无声'战友'，在各种战况、地形、天气下默默地连续不断地进行活动，为皇军的'赫赫战功'做出了'伟大贡献'，这是任何人都不得不承认的。"从军马在上述各兵种的地位与作用来看，并非虚言。军马确实为日军侵华立下了"汗马功劳"，并且甚至可以说一旦离开了军马，日军便成了十足的跛脚"武士"。

第一章注：

1 ［日］武揚堂編纂部编：《馬事読本》，武揚堂，1943年，第2、3页。

2 本章有关日本政府的马政政策及其法规、各种组织及其活动，以及军政部门与民间马匹历年的相关数据等，未加注的基本上来自：［日］農林省畜産局编：《馬政統計》，第1、5、11次，1928、1932、1938年，除了特殊情况，在此不一一加注。

3 ［日］馬政局编：《馬政ノ現状》，1921年，第3页。

4 ［日］大瀧真俊：《戦間期における軍馬資源確保と農家の対応—「国防上及経済上ノ基礎二立脚」の実現をめぐって—》，《歴史と経済》第201号，2008年，第49页。

5 ［日］宮崎県産牛馬組合聯合会编：《宮崎県馬匹共進会報告書 第2回》，1911年，前言。

6 根据［日］馬政局编：《馬政局統計書 第8次》，1923年，第105表统计。

7 根据同注6，第113表统计。

8 有关军方与赛马主办方等的矛盾，详见［日］杉本竜：《日本陸軍と馬匹問題—軍馬資源保護法の成立に関して—》，《立命館大学人文科学研究所紀要》第82号，2003年。

9 ［日］農林省畜産局编：《馬政統計》，第11次，1938年，第3图。

10 ［日］大瀧真俊：《戦時下の軍馬政策と農家経営——日中戦争期関東地方の農耕馬徴発と補充》，《農業史研究》第49卷，2015年，第25页。

11 ［日］今井吉平：《日本馬政論》，有隣堂書店，1913年，第86页。

12 ［日］銀座書房編輯部编：《将兵の蔭に無言の戦士：讃へよ軍馬の功績》，銀座書房，1938年，第34页。

13 ［日］中村静治：《日本自動車工業発達史論》，勁草書房，1953年，第448页。

14 ［日］加藤康男：《靖国の軍馬》，祥伝社新書，2017年，第240頁。

15 据吴京昂《侵华日军关内师团的编制与分类》（国防大学国家安全学院《军事历史研究》2016年第3期）表1至表4整理。另外，有关侵华日军不同时段编制的变化，详见该文。

16 ［日］関東軍：《人馬現員表》，1938年，防"満洲"-全般-169。

17 同注16。

18 ［日］馬政課：《欠数馬補填に関する件》，1940年，防陸軍省-陸"満"密大日記-S15-12-79。

19 指关东军以外的侵华日军，关内日军分为三部分，不同时期名称不同，为方便起见，本书将"华北驻屯军""华北方面军"称为华北军，将"上海派遣军""华中方面军"等称为华中军，将"华南方面军"等称为华南军。

20 ［日］外山操、森松俊夫編著：《帝国陸軍編制総覧》，芙蓉書房，1987年，第71頁。

21 ［日］武市銀治郎：《富国強馬：ウマからみた近代日本》，講談社，1999年，第178頁。

22 ［日］副官：《軍馬補充に関する件》，1941年，防陸軍省-陸中密大日記-S16-96-119。

23 ［日］関東軍：《在"満"部隊欠数馬補填差出並交付の件》，1941年，防陸軍省-陸"満"密大日記-S16-5-7。

24 ［日］華北方面軍司令部：《戦時月報》，1940年，防陸軍省-陸中密大日記-S15-53-148。

25 ［日］華北方面軍司令部：《状況報告》，1941年，防中国-中国事変華北-7。

26 ［日］華北方面軍司令部：《華北方面軍状況報告》，1940年，防大日記-陸軍省-陸中普大日記-S16-28-217_2；同注25。

27 ［日］第11軍司令部：《状況報告》，1939年，防中国-中国事変武漢-43。

28 ［日］呂集団司令部：《呂集団軍状一般》，1940年，防中国-中国事変武漢-26。

29 ［日］華南派遣軍参謀長根本博：《戦時月報》，1939年，防陸軍省-陸中密大日記-S15-25-120。

30 同注20，第97頁。

31 同注20，第195頁。

32 同注12，第27頁。

33 ［日］軍馬補充部：《部報》，1932年，防中央-軍事行政その他-303。

34 ［日］松井部隊：《戦時月報》，1938年，防"満洲"-中国事変-22。

35 ［日］第8師団長本多政材：《編制改正に関する書類提出の件》，1941年，防陸軍省-陸"満"密大日記-S16-14-16。

36 ［日］華北派遣蓮沼部隊本部：《月報提出の件》，1938年，防陸軍省-陸中密大日記-S13-19-128。

37 ［日］華北方面軍司令部：《華北方面軍状況報告》，1941年，防大日記-陸軍省-陸中普大日記-S16-28-217_2。

38 ［日］華北方面軍司令部：《華北方面軍昭和16年度粛正建設計画》，1941年，防中国-中国事変華北-740。

39 ［日］華中派遣軍司令官畑俊六：《欠馬補充の件》，1938年，防陸軍省-陸中密大日記-S13-17-126。

40 ［日］第109師団長酒井鎬次：《状況報告書》，1939年，防陸軍省-陸中普大日記-S15-31-252。

41 ［日］篠原支隊：《陣中日誌》，1937年，防中国-中国事変華北-498。

42 ［日］歩兵第11聯隊第3中隊：《陣中日誌》，1937年，防中国-中国事変華北-305。

43 同注24；［日］華北方面軍：《戦時月報》，1940年，防中国-中国事変華北-15；華北方面軍司令部：《戦時月報の件》，1940年，防陸軍省-陸中密大日記-S15-119-214；華北方面軍参謀長：《戦時月報》，1941年，防中国-大東亜戦争華北-2。

44 ［日］華北方面軍：《人馬現員表提出の件》，1939年，防陸軍省-陸中密大日記-S14-56-145。

45 ［日］華北方面軍司令部：《人馬現員表提出の件通牒》，1942年，防陸軍省-陸中密大日記-S17-42-79。

46 ［日］参謀本部：《華中兵要獣医衛生誌》，1941年，防中国-兵要地誌-105。

47 同注39。

48 ［日］沢田久一編集兼发行：《宇都宮輜重史》，非卖品，1973年，第148页。

49 ［日］華中派遣軍司令官畑俊六：《馬匹補充請求の件》，1938年，防陸軍省-陸中密大日記-S13-12-121。

50 ［日］歩兵第33聯隊：《大別山脈沙窩附近戦闘詳報》，1938年，防中国-中国事変華北-334_2。

51 同注28。

52 同注27。

53 ［日］伊集團獣医部長：《欠馬請求に関する件》，1938年，防陸軍省-陸中密大日記-S13-11-120。

54　[日]山砲兵第19聯隊第2大隊:《江北殲滅作戦戦闘業務詳報》,1943年, 防中国-大東亜戦争武漢-116。

55　[日]阪上節介:《和歌山岐阜郷土部隊戦記:步兵第161聯隊史》,非卖品, 1980年,第65页。

56　[日]近衛混成旅団:《陣中日誌》,1940年, 防中国-中国事変華南-127。

57　[日]第104師団司令部:《第104師団戦史資料調査報告》,1946年, 防中国-大東亜戦争華南-21。

58　同注12,第27页。

59　[日]華北方面軍:《戦時月報》,1940年, 防陸軍省-陸中密大日記-S15-41-136。

60　同注48,第117—123页。

61　同注46。

62　[日]独立山砲第3連隊:《陣中日誌》,1939年, 防中国-中国事変武漢-296。

63　[日]町尻部隊:《第6師団転戦実話》,1940年, 防中国-中国事変華北-124、中国-中国事変上海・南京-26。

64　同注48,第117—123页。

65　同注48,第148页。

66　[日]野砲兵第12聯隊編委会编:《砲声》,非卖品,1978年,第70页。

67　[日]防衛庁防衛研修所戦史室編:《湖南の会戦》,朝雲新聞社,1968年,第166页。

68　[日]砲三会编:《野砲兵第3聯隊史》,非卖品,1993年,第642页。

69　同注12,第30、31、28页。

70　同注8,第101页。

71　[日]留守第10師団司令部:《特設師団動員実施状況写真送付の件》,1938年, 防陸軍省-陸中機密大日記-S14-5-74。

72　[日]内閣:《種馬統制法ヲ定ム》,1939年, 国類02262100；内閣:《軍馬資源保護法》,1939年, 国御22318100。

73　[日]馬政課:《優良牡馬内地還送に関する件》,1940年, 防陸軍省-陸中密大日記-S15-75-170；華北方面軍:《追送補充馬差出並交付等に関する件》,1940年, 防陸軍省-陸中密大日記-S15-110-205。

74　同注22。

75　[日]尾崎竹四郎编著:《駄馬輜重兵の記:独立輜重兵第19中隊史》,非卖品,1985年,第142页。

76　同注21，第193页。

77　［日］陸軍運輸部長三宅光治：《関東軍補充馬船舶輸送の件》，1932、1933年，防陸軍省-陸"満"普大日記-S7-36-45、S8-5-35。

78　［日］馬政課：《華北及在"満"部隊に対する補充馬の件》，1936年，防陸軍省-陸"満"密大日記-S11-10-42。

79　［日］副官：《軍馬軍犬鉄道（船舶）輸送請求書送付の件》，1939年，防陸軍省-陸"満"密大日記-S14-12-66；馬政課：《関東軍臨時補充馬輸送交付に関する件》，1940年，防陸軍省-陸"満"密大日記-S15-11-78；陸軍省：《追送補充馬差出並交付に関する件》，1942年，防陸軍省-陸中密大日記-S17-48-85。

80　同注25。

81　［日］中国派遣軍総司令官：《馬匹補充実施の件》，1939年，防陸軍省-陸中普大日記-S14-15-205。

82　［日］馬政課：《中国派遣軍補充馬差出並交付に関する件》，1940年，防陸軍省-陸中密大日記-S15-69-164；副官：《追送補充馬差出並交付等に関する件》，1940年，陸軍省-陸中密大日記-S15-110-205。

83　［日］馬政課：《軍馬臨時購買に関する件》，1941年，防陸軍省-陸中密大日記-S16-13-36；副官：《追送補充馬差出並交付に関する件》，1941年，防陸軍省-陸中密大日記-S16-145-168。

84　［日］中国派遣軍総司令官畑俊六：《馬補充請求の件》，1942年，防陸軍省-陸中密大日記-S17-49-86；陸軍省：《追送補充馬差出並交付に関する件》，1942年，防陸軍省-陸中密大日記-S17-48-85；馬政課：《追送補充馬差出並交付に関する件》，1942年，防陸軍省-陸亜密大日記-S17-123-235、S17-145-257；中国派遣軍總司令官畑俊六：《配属馬匹の到着地並到着日次の件》，1942年，防陸軍省-陸亜密大日記-S17-71-183。

85　［日］副官：《馬匹補充ニ関スル件》，1939年，防陸軍省-陸中密大日記-S14-95-184；副官：《追送補充馬差出並交付に関する件》，1941年，防陸軍省-陸中密大日記-S17-3-40。

86　有关伪满的马政，详见孙瑜：《伪满洲国的"马政"与马产业变迁》，中国农业历史学会：《中国农史》2014年第4期。

87　［日］馬政課：《"満洲"移植日本馬に関する件》，1938年，防陸軍省-密大日記-S14-6-10。

88　［日］軍務課：《軍馬資源"満洲"移植頭数変更に関する件》，1941年，防陸軍省-陸"満"密大日記-S16-9-11。

89　［日］馬政課：《昭和15年度"満洲"移植馬並内地に於ける"満洲国"種牡馬の購買等に関する件》，1940年，防陸軍省-陸"満"密大日記-S15-1-68。

90 ［日］神翁顕彰会編輯兼发行：《日本馬政史 続 第1》，1963年，第746、762、768页。

91 ［日］関東軍司令官植田大将：《関東軍命令の件》，1937年，防陸軍省-陸"満"密大日記-S12-23-70。

92 ［日］關東軍司令部：《"満蒙"に於ける馬匹並軍用資源》，1929年，防陸軍省-密大日記-S4-4-12。

93 ［日］関東軍参謀長西尾寿造：《軍用資源調査書提出の件》，1936年，防陸軍省-陸"満"密大日記-S11-7-39。

94 同注86，第93页。

95 ［日］駐蒙軍司令官蓮沼中将：《戦時月報》，1938，防陸軍省-陸中密大日記-S14-1-90。

96 ［日］蒙疆聯合委員会：《蒙疆畜産政策要綱》，1939，防中国-中国事変華北-657。

97 ［日］甲集団参謀部：《華北資源要覧》，1942年，防中国-大東亜戦争華北-1。

98 林蔚然、郑广智主编：《内蒙古自治区经济发展史》，内蒙古人民出版社，1990年，第7、8页。

99 同注24。

100 同注37。

101 同注24。

102 同注97。

103 ［日］陸軍獣医団：《陸軍獣医団報》（286），1933年，第76页。

104 同注33。

105 ［日］軍馬補充部：《部報》，1933年，防中央-軍事行政その他-304。

106 ［日］步兵第4聯隊：《敦化附近戦闘詳報》，1932年，防"満洲"-"満洲"事変-306。

107 ［日］步兵第39聯隊史編委会編：《步兵第39聯隊史》，非卖品，1983年，第225页。

108 同注25。

109 華北方面軍司令部：《戦時月報送付の件》，1939年，防陸軍省-陸中密大日記-S15-42-137。

110 ［日］中国派遣軍総司令部：《第2次整理部隊人馬一覧表》，1941年，国返赤53016000。

111 ［日］独立步兵第12大隊：《大隊歴史》，1943年，防沖台-沖縄-105。

112 ［日］第62師團工兵隊：《陣中日誌》，1944年，防中国-大東亜戦争華北-88。

113 ［日］第2軍司令部：《状況概要》，1938年，防中国-中国事変武漢-53。

114 ［日］波集団参謀長田中久一：《戦時旬報》，1939年，防陸軍省-陸中密大日記-S14-49-138。

115 同注29。

116 ［日］第21軍司令官安藤利吉：《馬匹補充に関する件》，1939年，防陸軍省-陸中密大日記-S14-95-184。

117 同注24。

118 ［日］駐蒙軍参謀長：《戦時月報》，1940年，防陸軍省-陸中密大日記-S15-51-146。

119 同注48，第104页。

120 同注12，第27页。

121 ［日］静岡聯隊史編集委員会编：《步兵第34聯隊史》，非卖品，1979年，第466-468页。

122 ［日］步兵第38聯隊：《状況報告》，1938年，防中国-中国事変華北-344。

123 同注59。

124 ［日］駐蒙軍司令部：《戦時月報》，1940年，防陸軍省-陸中密大日記-S15-37-132。

125 ［日］步兵第60連隊：《陣中日誌》，1943年，防中国-大東亜戦争武漢-39。

126 ［日］第20軍司令部：《日本陸軍第20軍人馬統計表》，1945年，防中央-終戦処理-790。

127 同注86，第93页。

128 同注48，第122页。

129 ［日］連隊史編集委員会编：《步兵第71連隊史》，非卖品，1977年，第174—176页。

130 赛航、金海、苏德毕力格：《民国内蒙古史》，内蒙古大学出版社，2007年，第418页。

131 详见注14，第7章。

132 同注67，第48、112、113页。

133 同注15，第5表。

134 ［日］野戦重砲兵第14聯隊史編委会编：《大陸蹈破3万粁》，非卖品，1981年，第104页。

135 ［日］教育總監部：《後方勤務研究参考書類》，1939年，防陸軍省-密大日記-S14-15-19。

136 [日]陸軍省:《野砲兵連隊編制改正ノ要点》,1936年,防中央-軍事行政編制-402。

137 [日]陸軍省:《山砲兵連隊編制表》,1936年,防中央-軍事行政編制-402。

138 [日]陸軍省:《第11軍作戦経過の概要立に所見》,1938年,防中国-中国事変武漢-18。

139 同注42。

第二章
无声的信使——军鸽

第一节 信使出世：日军军鸽部队的建立

一、军鸽的引进：军鸽调查委员会与军鸽部队

鸽子由于具有以下特性很早就被人类驯养用于通信：一是强烈的归巢本能。鸽子一旦有了居所，便会终生据此为家，不管飞到何处都竭力归巢。二是敏锐的辨识与记忆能力。鸽子的视神经极丰富，视网膜具有特殊功能，即便遇到复杂的气候、地形，一般也能准确判定方位而归。三是持久的飞翔能力。受过严格训练的信鸽，每分钟可飞1 200米左右，每小时100千米左右，单程的飞行距离可达约1 000千米。四是对周围环境和生活条件适应性较强。

据说公元前3000年，古埃及与西亚国家就使用信鸽传递战争消息。在我国，传说汉高祖刘邦在项羽的追杀下陷入困境时，是靠放出信鸽求援解围的。时至隋唐已有驯养信鸽的确切记载，北宋与西夏交战中使用信鸽之例则广为人知，而明代养鸽经典《鸽经》的问世说明我国信鸽的驯养技术已经相当成熟，明末清初还发展起赛鸽运动，信

鸽更是走入了大众生活。

在日本，明治维新后日军在建立近代军事通信系统过程中，对于信鸽这一原始的通信工具亦有所关注。据说陆军工兵队派至中国的某武官1889年归国时带回信鸽进行研究、训练，但似乎属于个人行为。

1894年2月横须贺镇守府在军营内驯养美国产信鸽，是日本海军驯养信鸽之始。同年10月初，广岛大本营下令横须贺镇守府将美国产信鸽12只、意大利产信鸽13只提供给另一海军基地佐世保镇守府，在该地建新鸽舍，训练信鸽往返于佐世保与对马岛之间，以建立联系，防备中国舰队打击日本本土。[1]时值甲午战争期间，中国拥有定远、镇远等巨舰，日本极其关注中国舰队的动向，担心遭到突袭。因缺乏训鸽经验，上述训练无果而终。

1899年日本陆军正式开始研究、训练信鸽。是年陆军"中野电信队"从中国、1901年从比利时分别进口信鸽数百只用于驯养，1902年又从德国进口50只种鸽用于繁殖，但此研究从1909年起完全停止。原因是有线、无线通信技术的发达与普及让信鸽的这一原始的通信工具受到冷遇。

第一次世界大战期间，军鸽作为联络工具意外地活跃于战场，屡建奇功。日军对此高度关注，决定恢复对军鸽的利用。1918年5月陆军省下令从法国购买良种信鸽1 000只、移动鸽舍（又名鸽车）4辆（图2-1），以及驯养军鸽所需的器具。与此同时，军方以月薪3 000日元的高薪（当时普通日本人的月薪仅10多日元）从法国招聘陆军中尉库莱尔坎、中士瓦罗凯、中士斯托利普担任"军鸽教官"。他们都在第一次世界大战中因使用军鸽通信立功而获得过相当于日本金鵄勋章——近代日本对军人授予的唯一勋章——的奖章，库莱尔坎更是法国军鸽通信方面的权威。三人在日本担任教官两年，系统传授了相关知识与技术，为日军培养了第一批军鸽人才。

日本陆军负责军鸽部队建设工作的交通兵团长则于1919年2月制

定出《军用信鸽研究、调查方针》，准备自1919年度起，以年度为单位分四期完成此工作。具体计划是：第一期，完成设施建设、人员配备。由法国教官培训饲养、训育员。利用从法国进口的信鸽，展开饲养、繁殖、训练、通信试验。第二期是在继续前期项目的基础上，研习夜间放飞法、军事用途、各兵种用法等。第三期是继续既往工作，在远地各处增建鸽舍，同时购入国内外鸽子驯养，与法国鸽比较研究等。第四期，即1922年在继续既往工作的基础上，做好建立军鸽常设机构的准备，选定军鸽品种，准备好战时用鸽及其器材。[2]此计划获批后得到了彻底执行。

1919年3月，陆军省成立"军鸽调查委员会"（以下简称"军鸽委员会"）接替交通兵团司令部军鸽方面的所有工作，受陆军省直接领导，在东京中野（地名）的电信联队内设事务所[3]，专门负责调查、研究军鸽的繁殖、饲养、军用范围等，实施通信训练，同时培训军鸽专业人员，为部队提供驯养成功的军鸽，培训军鸽兵（图2-2）。同年4月购买的种鸽等运抵东京，6月1日起军鸽委员会正式开课，培训各部队选拔来的官兵，为期半年，海军省也派员参加了学习。自此，培训班常年开办，一般一年两期。日本陆军的军鸽驯养与军鸽兵培训基地——中野事务所由此诞生，迈出了创建军鸽部队的第一步。

在草创之初，日军就急于将军鸽用于实战。1918年日本出兵西伯利亚，根据陆军省的指令，1919年8月军鸽委员会派18人组成军鸽通信班，携带280只军鸽进入战地。在派遣军司令部领导下，通信班分为多个小组进入西伯利亚与中国哈尔滨，利用当地的特殊地理气候环境，在进行实地通信试验的同时，还尝试在实战中使用固定鸽舍与移动鸽车建立军鸽通信网。通信班后来不断增加人、鸽，军鸽分三次从日本补充了710只。[4]此次出兵为日后驯养军鸽积累了不少经验教训。

军鸽委员会事务所自成立后，一直从事军鸽的研究、繁殖、驯养等，常年驯养的军鸽有数千只，向陆军等提供，直至1939年8月解

图2-1　20世纪30年代中野事务所内的第一次世界大战法军用移动鸽车

图2-2　20世纪30年代中野事务所的6号鸽舍

散，工作由"陆军通信学校"同年建立的"鸽部"全盘继承。

按照当初的发展计划，第三期的1921年开始在远地增建鸽舍。在中野事务所受训的军鸽兵回到驻地后，便使用军鸽委员会提供的军鸽建鸽舍，设立通信站。1921年7月军鸽委员会还在下关、对马要塞各分置军鸽120只，翌年初向台湾基隆、澎湖岛要塞各分送百只[5]，由此不断扩大军鸽通信网的构建。

在军鸽委员会指导下，各师团于20世纪20年代中期逐渐建立起军鸽通信队。1926年军鸽委员会向华北军提供军鸽与专业人员。华北军据此在天津、北京、山海关等地建固定鸽舍，在北宁沿线守备队驻地设立固定鸽通信据点，开始试验性通信。[6]此为华北军组建军鸽部队之始。

关东军开始使用军鸽的时间不详，1927年12月陆军省向其下达过"增加配置军鸽"的指令，要求将从日本补充给关东军的军鸽配置于独立守备队各中队驻地，用于辅助通信，并且要逐渐配足。[7]这说明在此前已经提供过。同为在华驻军，该军开始配置军鸽而建立军鸽部队的时间应该与华北军相同。据关东军1929年初报告，其四个守备大队与旅顺重炮兵大队各配置1处鸽舍（或鸽车），共有军鸽88只，正对它们进行各种训练，并且试用于奉天、铁岭、辽阳间定期通信。[8]

1931年万宝山事件发生时，日本驻长春领事馆的警察等多次带信鸽去现场放飞报信。事发地比较偏远，离长春有30多千米，信鸽应该是当时通风报信最快的手段了。不知道领事馆警察带的信鸽是自己驯养的还是从长春日军那里借用的。如果是前者，说明此时东北的一些日本领事馆也开始使用信鸽了，如果是后者，则说明关东军使用军鸽已经取得了实效，名声在外，连领事馆都来借用。

二、军鸽的种类：固定鸽、移动鸽、往返鸽、夜鸽

军鸽委员会驯养的军鸽，包括固定鸽、移动鸽、往返鸽、夜鸽所有种类。如名称所示，它们在通信上各有其特点。

所谓固定鸽，是指喂养在长期设置于某固定场所的鸽舍、鸽笼中的信鸽，可用于向此处传递信息，单程飞行距离可达数百千米或更远。这是信鸽中最常见的。

夜鸽是指经过专门训练能夜间飞行的信鸽，用于夜间传递信息。鸽子并无夜间飞行的习性，傍晚不能归巢的话自然在树上停息，直至翌日天亮才飞行。第一次世界大战期间法国军队出于联络需要，成功地训练出了夜鸽。训练方法是改变受训鸽（往往选择幼鸽）的作息习惯，白天将其置于不透光的鸽舍中，傍晚、拂晓时才放飞，放飞距离与时间逐渐延长，鸽舍周边则须空旷无障碍物，放飞训练时须开着灯作为归巢目标。对2—3个月大的幼鸽进行约100天的50千米训练后，大概能够训练成功一半。

移动鸽是指喂养在短时间内移动的鸽舍、鸽笼中的信鸽。信鸽对于自己的"家"极为执着，对于自家所在地也是如此。训练方法是，将刚刚离巢的幼鸽安置于可移动鸽舍等中，先将鸽舍移位5—6米，然后慢慢扩大距离，放飞地也是由近至远，渐渐扩大到数十千米。因鸽舍总在移动，所在地景物不断变化，信鸽不再执着于鸽舍所在地，而只专注于自己的家，并且形成自己的家总是处于移动中的"意识"。其通信距离尽管不能像固定鸽那样单程达到数百千米，但40—50千米一般没有问题。法军在第一次世界大战期间率先训练出移动通信鸽，使用汽车作为移动鸽舍，接着英军也加以效仿。日军1918年从法国购买移动鸽舍后，又参考英式的，开发了人力或自行车拉动的20只装移动鸽舍（图2-3）、1匹马牵引的30只装中型移动鸽舍（图2-4）、4匹马或1辆汽车牵引的可装百只以上的大型移动鸽舍等。移动鸽是专门为跟随部队机动行动而驯养的，实战中每到一地要先训飞2—3日才能执行任务，紧急情况下，至少也要训飞1日。

往返鸽指能够多次往返于两地的信鸽。训练方法很多。例如，将睡眠与进食分为两处，逐渐拉开距离反复放飞，使信鸽养成习惯。再如，在信鸽孵化出雏鸽后，将雏鸽连同雌雄鸽一同搬至新鸽舍，然后分别对雌雄鸽放飞，雌雄鸽飞回原鸽舍后充分喂食，然后再带到新鸽舍放飞，一日数次，数日后，雌雄两鸽就会自动往返于两鸽舍，雏鸽长大后也会跟飞。如此通过不断扩大两鸽舍距离，即可训练出往返鸽。此种信鸽专门用于部队之间来回联系。

日军还为军鸽开发了专用通信纸、脚环用通信管、胸袋等。按照设计的标准，每张可写100多个字的通信纸，脚环用通信管可放入2张，通信袋则可放入10张，可传递的信息量还是比较大的，如果是数只同时放飞则可传递相当丰富的信息。图2-5出自陆军省制定的《通信教范》（1941年版），是使用脚环、通信管，或直接将信件缠绕于脚的通信方法。

第二节 "军鸽报国"：日本民间团体的活动

在军方军鸽业迅速发展的同时，日本民间饲养信鸽者也在不断增加。1930年12月，各地的信鸽组织在军鸽委员会斡旋下成立"日本传书鸽协会"。协会以德川义恕男爵为会长，当年有会员千人、会员鸽19 000只。[9]

协会设立第二年，九一八事变爆发，如后文所述，军鸽在侵略过程中的"勇敢"事迹被日本大众媒体大肆报道，一些军鸽被塑造为"精忠报国"的"无言英雄"。因此，军鸽与军犬、军马一样吸引了大众前所未有的关注，养鸽者更是受"军鸽报国""养鸽护国"宣传的蛊惑，以多多饲养为荣。

与掌控民间马匹资源一样，军方也想控制信鸽资源，藏鸽于民，

第二章　无声的信使——军鸽 / 179

图2-3　日军的自行车移动鸽舍与大型移动鸽舍

图2-4　日军的中型移动鸽舍

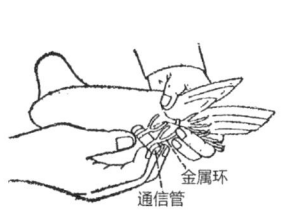  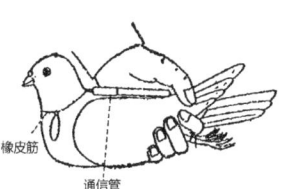

图2-5　军鸽通信方法

一旦需要时能充分利用。军方主要通过以下三个方面来插手民间信鸽业，全面提高民间信鸽的品质，最终使之成为军鸽资源库。

一是向民间提供多余的军鸽。军方的信鸽基本上优于民间信鸽，并且具有神秘感。对于民间养鸽者而言，优质品种的信鸽具有无限诱惑力。陆军省1919年引进的1 000只法国信鸽，繁殖很快，当年就达到2 000只左右，再增加下去必然超过军鸽委员会鸽舍的收容能力，军方经过讨论后决定今后将一些雏鸽、老龄种鸽作价处理给民间。

不过，军鸽委员会制定了《军鸽处理手续》，要求申请军鸽的个人或团体答应六个条件，其中有：战时或发生事变时听从官方收购；官方对鸽舍、信鸽调查时，听从其要求；购得的军鸽死亡或失踪时，将其编号报告军鸽委员会；不可转卖获得的军鸽，但由其繁殖之鸽不在此列；购得的军鸽繁殖时，每年至少需要向军鸽委员会报告一次其情况与飞行成绩。上述"手续"还声明，如果民间养鸽者希望学习驯养技术，可以到中野办事处见习。[10]

军鸽委员会制定此规定，当初大概是为了掌握流入民间的军鸽血统情况，并且加以一定管束。但实际上获得了以下效果：搭建了军、民联系的桥梁，给民间信鸽带去了优良血统，显著提高了民间信鸽的品质，还拉近了军民距离，为日后插手民间信鸽业打下了基础。据说，传书鸽协会成立后，协会及其会员遇到饲养与训练的问题，没有不去请教军鸽委员会专家的，学到了很多科学驯养的知识与技术，提高了水平。九一八事变后，在"军鸽报国"热浪中，养鸽者剧增，军方处理的军鸽更受欢迎，军方由此进一步加深了与民间的联系。

二是逐步操控民间赛鸽运动。信鸽协会举行得最多的活动是赛鸽。军方等积极支持，希望借此鼓励会员改良信鸽，提高其通信能力，并且乘机遴选优质信鸽作为军方的种鸽。

作为激励手段，1932年前后内阁资源局设"资源局长杯"，陆军省设"陆军大臣杯"，海军省设立"海军大臣杯"奖励协会的优秀赛鸽。在军国主义甚嚣尘上之时，发放陆、海军大臣奖杯，自然能激发起参赛者的成就感、荣誉感。

信鸽协会举行的比赛距离，一般为300—400千米，最远的则有1 000千米（例如从釜山至大阪），军方每次高价收购优胜鸽。例如，1935年协会举行的600千米赛，参赛鸽59只，当天到达18只，军方对前4名的收购价格为每只600日元。这相当于当时一个普通日本人五六年的总收入，足以刺激民间驯养信鸽的热情。

不过，赛程越远，失踪得越多，每次600千米以上的超远距离赛，总会失去很多赛鸽，而能参加远程赛的都是历经数次中程赛的佼佼者。作为军用鸽，与追求距离相比，信鸽通信能力的普遍提高更重要。军方尽管有自己的优质种鸽，但不希望因此失去优秀的候补种鸽，于是1942年让协会做出规定，将最远的赛程定为300千米。[11]

三是掌控信鸽协会。九一八事变后，军方试图加强对民间信鸽的掌控，于1936年4月一手策划建立了"帝国传书鸽协会"，想以此取代"日本传书鸽协会"，但一时未能如愿。1938年10月"帝国传书鸽协会"终于将"日本传书鸽协会"合并，一统民间信鸽天下。1939年9月"帝国传书鸽协会"改称"大日本军用鸽协会"，直接使用"军用"之名，充分表明了协会之本质。太平洋战争爆发后，协会干部几乎都由现役军人担任，军方彻底把控了协会。

在军方支持下，协会发展迅速，民间信鸽数量大增。1933年6月民间信鸽有2.8万多只，分别属于民间信鸽团体（24 500只）、报社（2 300只）、学校等。[12]1935年属于民间个人、团体的激增至49 411只[13]，协会会员则从当初的数百人增加到1940年底的2 568人[14]，民间的驯养热情与侵华战火的扩大同步。

日军通过支持民间信鸽业，逐步掌控其组织，确保了战争所需的军鸽资源。日本全面侵华后所需的大量军鸽，很多就来自民间信鸽。

第三节　为魔所使：侵华日军的军鸽部队

一、信使出笼：战场上的军鸽部队

日军在侵华战争中最早大规模使用军鸽是1928年济南事变期间。

事变一发生，华北军就在北京、天津的步兵队驻地各配备军鸽80只，在山海关步兵队驻地配备军鸽40只，在一些重要或偏远的守备队驻地配置若干，供通信中断时使用。日军的飞机在山东等地空中侦察、军舰在白河航行时也携带了华北军的军鸽，前者以备迫降时迅速发信求救，后者为了随时向华北军传递情报。[15]

入侵山东的第6、第3师团等则建立军鸽通信组随军行动，"作为不可或缺的通信机关"用于驻守胶济铁路沿线小股部队的局部地区通信。两师团入侵时携带的军鸽数量不详，第3师团经过损耗后，时至10月仍有129只，因数量不够，在使用民间信鸽替代的同时，要求陆军省紧急补充移动鸽80只。[16]据此推断，各师团常备军鸽大概有200只。入侵期间，日军使用的都是移动鸽，受气候、地貌等影响，损耗很大，曾多次从国内补充。陆军省对军鸽在此次军事行动中的评价是："山东派遣部队的军鸽通信，在小股部队移动等方面得到了极其有效的利用。"[17]

通过济南事变，日军的军鸽部队在中国战场得到了较大规模的实战锻炼，军鸽在侵华上的特殊作用得到了显露与确认。

九一八事变爆发后，军鸽在侵华战争中得到全面使用。关东军各部队建立"鸽班"随军作战，9月19日驻朝鲜日军组成混成第39旅团越境侵入东北时亦派鸽班同行。同样，一·二八事变后入侵上海的日军也配有军鸽通信队（图2-6、2-7）。军鸽通信队成为侵华日军通信部队的组成部分。1936年文部省主编的国语教材新增了《小小传令

图2-6 入侵上海的移动鸽舍

图2-7 入侵上海的日军在携带式鸽笼旁写信

使》一课，该课讲述的一只"英雄"军鸽的故事就发生在此时（详见后文）。

在东北，随着侵占地的扩大，加上在很多偏远山区无法使用有线或无线电信设备，关东军将军鸽视作"随时随地派遣部队时的唯一通信机关"，军鸽在机动性军事行动中往往"作为唯一的通信机关而活跃"。[18]因战事损耗大，需求激增，仅1932年1月关东军就请求陆军省火速补充300只，并且尽量是移动鸽。陆军省认为照此下去，日军现有的军鸽难以满足需要，1932年2月下令紧急向民间收购优质雏鸽驯养两个月后，补充东北战场，并且还将国内第10师团的军鸽全部转给了入侵东北的第3师团使用。

伪满建立后，关东军仍十分重视军鸽的作用，该军参谋长在1933年6月召开的下属各军参谋长会议上总结事变以来各项工作时强调说："军鸽在'满洲'灵活使用的范围极大，考虑到既有通信网薄弱，各部队通信器材短缺，尤其是军队分散部署后之状况，对利用军鸽抱有更大期望。"[19]关东军司令部在同年7月下达关于各部队建立固定鸽班的指示，根据实战的经验教训，对鸽班之编制，以及军鸽之分类、管理、补充、训练、通信等做了规定。关东军各部队自此都建立了军鸽部队（图2-8），固定鸽通信据点的普遍建立则意味着日军企图永久侵占东北。

1937年5月关东军司令部正式制定《关东军军用鸽规定》。据此规定，关东军各部队鸽班的编制标准为5人左右，负责固定与流动鸽舍各1个，管理与使用军鸽100只左右。[20]作为关东军的通信部队之一，鸽班的编制与管理方法由此固定下来。

鉴于军鸽在侵华战争中的作用，华北军在九一八事变后亦迅速发展军鸽部队。1932年1月请求陆军省补充体力、能力俱优的军鸽100只，80只用于从山海关（300千米）、北平（150千米）向该军司令部所在地天津单程放飞联系用。陆军省认为对于华北军而言，"军鸽不仅对于各驻地之间的联系至为必要,对于小股部队的移动而言也是作为不可或缺的通信机关而活跃着。不过,事变以来其损耗很多,需要补充"[21],要求军鸽委员会补充。军鸽在华北军通信方面的定位也非常高。

在陆军省支持下,华北军的军鸽从1930年前后的100多只,发展到七七事变时的960只。此数量比日本国内任何一个师团的军鸽都多。如后文所述,七七事变一发生,这些军鸽都派上了用场。事变后不久,华北军又将它们组成8个"野战鸽小队",与日本国内增援部队使用1 114只军鸽组成的"鸽队"一起,共同参与了侵略。

八一三事变后入侵上海的日军则组建了3个"野战鸽小队"同行。11月在金山卫登陆的"丁集团军"制定的作战通信联络计划中,除了使用有线、无线电通信工具外,也部署了鸽队。此鸽队登陆后,在集团军情报收集中心(金山卫城东南的朱家宅)附近迅速建立起据点,训练军鸽来回用于登陆点与松江之间的联系。[22] 日军占领上海后迅速扩大侵略,鸽队也随之出现于各地(图2-9、2-10)。

随着战争的长期化,侵华日军不断扩大军鸽部队,并且使用军鸽建立了发达而灵活的通信网。

二、为魔所用:军鸽的定额

日军全面侵华以前,各师团的军鸽定额不定,1935年底,包括驻外军队在内的陆军共有军鸽14 305只,其中9 073只是属于国内的,各师团拥有军鸽最多的是第12师团,有522只,最少的是第2师团,有114只,一般有200—300只。还有,即使是同一师团,不同年度也大不一样。例如,1933年底近卫师团是251只,第2师团是114只,1935年底则分别是350只、224只。[23] 出现此种状况,可能是驯养军鸽未得到真正重视,而鸽子的繁殖力强,繁殖周期短,又易因疾病、失踪等造成损耗,数量变化大。另外,陆军省下达的定额此时可能并非强制性的,因为驯养军鸽所需的费用等毕竟十分有限,如果是硬性规

图 2-8　约 1934 年关东军的移动鸽车

图 2-9　军鸽兵与携带式鸽笼

图 2-10　军鸽兵与移动鸽车

定，很容易配足定额。

有关侵华日军军鸽的定额与实际使用数量，根据零散史料，试估算如下。

首先是关东军，九一八事变后定额不明。如后文所述，关东军1933年7月建立了自己的"军鸽育成所"，用于繁殖、训练军鸽，提供给各部队。该所驯养中的军鸽1933年仅804只，1935年则增加至1368只。1936年该所又从德国高价购买了优质信鸽153只用作种鸽，加大繁殖力度，因此繁殖能力一直在增大。这样，关东军使用的军鸽也在持续增加，例如，1933年为1279只，1935年则猛增至2990只，增势强劲。

综合各方面情况估算的话，关东军使用的军鸽1933年左右在1000只上下，1934年至1937年每年约3000只，1938年起，参照关内日军军鸽的定额，估计每年在1万只左右。1944年初陆军省要求其定额为2万只，相信制定此指标是有根据的，即关东军军鸽部队通过10多年的稳定发展已经积累了厚实的基础。

根据以上推算，如果以年损耗率三分之一计算，关东军至战败共使用军鸽5万只左右。

再看关内日军军鸽的定额与实际使用数量。

七七事变后，关内日军的军鸽定额在事变初期不详。时至1939年，据相关史料可知同年9月华中军第11军各师团的定额为560只，独立混成旅为400只[24]，同一时间华北军各师团也是如此。据此看来，关内日军的军鸽定额，师团是560只，独立混成旅团400只。

按照这一标准，华北军1938年10月底有8个师团，另有4个独立混成旅团、2个骑兵旅团，1939年底发展到10个师团、9个旅团、1个骑兵集团，军鸽此间累计在7000只以上。不过，据华北军司令部报告，1939年的军鸽总数3月仅2678只，5月2314只。[25]表2-1是该军事变以来使用的军鸽总数与5月的现有数量。据此可知，事

表 2-1　华北军的军鸽累计数量与现有数量表（1939 年 5 月 1 日）

	累　计	废　毙	失　踪	转给其他部队	现有数量
直辖部队	626	22	148	29	427
第 1 军	1 640	213	570	12	845
第 12 军	773	147	121	—	505
驻蒙军	706	3	166	—	537
合　计	3 745	385	1 005	41	2 314

变后一年多华北军累计使用军鸽 3 745 只，1939 年 5 月仍在使用的仅 2 314 只。

发生这种情况，可能出于以下原因。

一是出兵时军鸽数量有限。事变当初侵华的是常设师团，早已建有军鸽部队，军鸽应该是同行的，但如前所述，1935 年底日本国内陆军军鸽仅 9 000 多只，其中适宜随军行动的移动鸽为 6 969 只，1936 年后肯定会增加，但不可能倍增，所以能够匆忙带进战场的有限。

二是新建的侵华师团未能及时配置军鸽。为了扩大侵华，事变后至 1938 年 6 月日军紧急组建或恢复了 10 个特设师团，其人马基本上都是从民间紧急"召集"的，并且往往是一组建就派往中国。马、犬是能跟着主人走的，从民间征发后马上就可随部队四处行动。信鸽则不同，是跟"地"——熟悉的地理环境——走的，民间的信鸽基本上是固定鸽，军方急需的是移动鸽，因此无法购买民间的直接带进中国。所以，估计这些特设师团侵入中国时基本上未配置军鸽。后表 2-2 中军鸽数量为零的都是这类部队，便是最有力的旁证。

三是侵华初期使用军鸽的必要性较弱。至 1938 年底占领武汉等地为止，处于大规模进攻阶段的日军不断攻城略地，移动速度很快，而军鸽因其特性在建立通信据点上需要一定的时间，即使使用移动鸽也往往跟不上其入侵速度,何况日军的移动鸽十分有限。这也大大削弱了根据定额为部队配置军鸽的必要性。

再看华中军的军鸽数量。事变初期该军有三个野战鸽小队随军,军鸽数量不详。其后陆续获得补充,1939年4月至7月的状况如下表所示。

表2-2 华中军军鸽数量表(1939年4月—8月)(单位:只)[26]

时间	第11军	第15师团	第23师团	第116师团	独混第12旅团	派遣军鸽班	合计
4月1日—7月16日	(50)	—	(80)	(100) 100	—	100	330
7月17日—8月20日	50	—	80	100	—	1 080	1 310
8月21日—8月30日	(250) 300	(60) 60	(30) 110	100	(60) 60	654	1 284
备考	1. 另有第17师团,独立混成第11、13旅团,数量均为零。 2. 括号内为此时段所获补充数。3. 1939年7月17日获得补充种鸽600只、移动鸽400只。						

从表2-2来看,1939年4月第11军等获得补充时,基数都为零,是因为损耗还是本来就未配置,无法判断,但至少第11军的一些师团是事变初期就侵入上海的常设师团,应该配备了野战鸽小队,并且陆军省在此间还补充了一些,大概是经过一年多的鏖战损耗殆尽。

1939年5月前后,华中军有11个师团、4个独立混成旅团,按照每个师团定额560只、独立混成旅400只,加上该军军鸽育成所的定额2 200只(详见后文)来计算,全军应该有军鸽1万只左右,但从4月起的状况看,与华北军一样,该军各师团、旅团要么完全缺额,要么配置数量极其有限。如果除去"派遣军鸽班"即军鸽育成所的数量，该军1939年4月实际投入战场的军鸽仅230只，8月仅630只。出现此情况的原因，大概与华北军相同。

以上是华北军、华中军1939年的军鸽使用情况，华南军这一时段的情况不详，应该与华北军等大同小异。综合各种情况来判断，从七七事变至1939年5月前后，关内日军使用的军鸽累计可能在8 000只左右。

不过，随着战争进入相持阶段，军鸽的特殊作用开始显现。日军侵占大片土地后企图长期固守，并且图谋进一步扩大占领地区与"治安范围"。不过，因兵力有限，除了城市以外，日军对于一些交通干道沿线、广大农村地区，只能靠建立据点、碉堡等来控制。固定据点的建立为日常使用军鸽提供了有利基础，有线、无线通信设备难以得到保障或缺失，则使得军鸽的需求大增。

因此，关内日军自1939年起致力于普建与发展军鸽部队，并且自建军鸽育成所（详见后文），繁殖、驯养军鸽，为部队提供军鸽，以建立稳定、有效的军鸽通信网。

有关1940年后关内日军各年度的军鸽数量，依据零散史料推断如下。

华北军1941年11月共有军鸽16 587只，12月则有15 671只。[27] 1943年1月该军实际用于通信的军鸽有16 812只[28]，同年3月为15 125只。据此推知，该军此时段每年的军鸽定额与实际使用数量都在1.5万只左右。

华中军的军鸽定额，1939年10月为9 960只，其中育成所为2 200只，各部队为7 760只，此时其兵力为11个师团、4个独混旅团。1940年后该军兵力有不少起伏，但有增有减，平均下来与1939年10月相差有限，因而各年度的军鸽定额大概为1万只。有关其实际使用数量，1940年度其下属的13军已经实现满额，11军也接近满额，1941年度起则全部满额，即除去育成所的，各部队实际使用数量保持在8 000只左右。

华南军因资料匮乏，无法获知相关情况，该军参谋长1939年底曾经致电陆军省要求补充移动军鸽之缺额，以建立军鸽通信网。以1939、1940年来计算的话，这两年该军有五个师团，一至两个混成旅团，定额应该在3 000多只。

综合以上情况推算，1940年后关内日军每年使用的军鸽总数大概在27 000只。

现有档案显示，陆军省1944年2月制定的年度（即1944年4月至1945年3月）军鸽定额计划，关东军为2万只，关内日军5万只，两者共7万只。同年度陆军全军（包括在日本本土、中国、朝鲜、东南亚等地的日军）军鸽定额为122 650只[29]，中国战场占了57%。陆军省的这一计划肯定是根据各军既有军鸽数量及其育成所的繁殖、驯养能力来制定的。整个侵华日军的定额为7万只，似乎多得超乎想象，应该是陆军省面临越来越不利的战局，做好了大量有线、无线通信设施无法正常使用的最坏打算。时已临近败战，不知道日军最终是否完全实施了此计划。不过据此可知，侵华日军1940年后军鸽的数量仍在增加，并且至晚在1944年已经具备了拥有7万只的能力。

另外，如下文所述，侵华日军每年军鸽的损耗数量，1940年前后大约为定额的三分之一乃至二分之一。关内日军1940年以后使用的军鸽数量，以27 000只为准，即使以损耗三分之一这一保守的基准来计算，从七七事变至日本投降，累计也在8万只上下。如果加上关东军的，粗略保守估算的话，侵华日军陆军14年间使用的军鸽总数至少有13万只。

三、信使坠亡之地：军鸽的损耗、缺额与补充

军鸽是用于战时通信的，大小不断的激烈战事自然会造成大量损耗。

就华北军的损耗与补充而言,七七事变发生初期该军共有军鸽2 074只,但时至1938年1月,损耗已经超过50%。

具体到一些战事:1937年在9月初开始的涿县、保定会战中,日军用鸽120只,损耗一半;9月下旬开始的石家庄、滏阳河附近会战,用鸽90只,损耗64只。[30]军鸽使用之普遍与损耗率之高可见一斑。

因为损耗大,1937年10月华北军就提出申请,要求为第1军野战鸽队总部补充120只,陆军省综合既有的申请,共补充240只,其中方面军直辖部队80只、第1军100只、第2军60只,用一周时间送至天津。

1938年1月中旬华北军再次请求陆军省火速补充350只,陆军省紧急应对,1月21日派专人押送,27日送达北京,共补充390只,其中移动鸽257只,夜鸽33只,其余的为未受过训练的。同年4月进攻内蒙古的莲沼兵团也请求补充200只能长途通信的优质固定鸽,同月兵站使用日本国内输送的军鸽880只补充给第1、2军野战鸽队与独立混成第3、5旅等。[31]1939年初华北军又请求补充1 000只,4月全数获批。[32]

鉴于需要持续大量补充,1938年1月军鸽委员会向陆军省建议设立现地补充机关,以便就地解决补充问题。获得批准后,在翌年初帮助华北军建立了"军鸽育成所"。尽管如此,华北军在短时间内仍无法就地解决。例如,1941年下半年要求陆军省补充1 000多只,同年11月陆军省补充1 170只(其中第1军与第12军各300只、第110师团250只、驻蒙军200只)。从上述要求补充的数量可知,华北军的需求非常大,1939年后每次补充都有千只。

据表2-1可知,华北军的军鸽在事变开始后的一年多时间内损耗比例达38%,远远超过了三分之一。上述补充有一部分是用来填补损耗的,还有一部分是给侵入中国时未配置军鸽的部队的。

再就华中军的损耗与补充而言,1937年11月淞沪会战结束后该军迅速扩大侵略,尽管此段时间侵占的地区原有的交通与通信设施基础较好,军鸽需求有限,但也开始广泛使用,至少在1938年2月请求陆军省补充300只。事变初期该军的损耗情况不详,据上表2-2可知,1939年4月其军鸽的基数都为零,这意味着即便是八一三事变后带入战场的军鸽也损耗殆尽,并且在补充上远远未达到定额,有些部队的缺额甚至达到百分之百。

时至1939年9月,野战主力第11军的军鸽数量如表2-3所示,仍严重缺额。

表2-3 第11军军鸽定额与缺额及其1940年度预定补充数量(1939年9月)[33]

数量	第3师团	第6师团	第13师团	第33师团	第34师团	第101师团	第106师团	独混第14旅
定额	560	560	560	560	560	560	560	400
现有数	202	120	0	0	115	0	0	0
预定补充	150	200	300	300	200	300	300	450

据上表可知,第11军1939年9月的军鸽定额为4 320只,实际仅437只。为了迅速有效提供补充,华中军1939年春也建立了"军鸽育成所",1940年度各军的配置情况因此明显好转,仅2月至9月就补充了5 630只。具体而言,第13军是足额补充,第11军补充了2 620只(见表2-4)。1941年华中军的补充数量达5 100只。如前所述,该军1941年起军鸽的实际使用数量大概在8 000只,在如此大量的补充下,各部队的军鸽从1941年起基本上达到了满额状态。

华中军"军鸽育成所"认为1942年度及以后,每年各部队仍需要补充定额的三分之一乃至二分之一。这应该纯粹属于对损耗的补充了。

华南军的相关情况不详，鉴于其所处的各种环境与华中军相似，损耗情况应大同小异。

如前所述，关内侵华日军1940年后每年使用的军鸽推算为27 000只左右，如果保守一些，以损耗三分之一为准，每年的损耗就是9 000只。

军鸽损耗的原因很多，失踪尤为突出。以华北军为例，如表2-1所示，至1939年5月初累计使用的3 745只军鸽中，有1 005只失踪，占总数的27%。此后失踪仍很多，例如1943年1月有军鸽16 812只，当月失踪616只，死亡160只，3月（不包括第1军）有军鸽14 443只，当月失踪369只，死亡64只。[34]即失踪远多于死亡的数量，并且每月都有数百只。

以具体部队为例，1937年在东北围剿抗日力量的第4师团，同年12月末有军鸽138只，次年1月失踪6只、死亡2只。如此一年会失踪一半。

陆军通信学校鸽部1940年编印的参考资料《军鸽及其用法》显示，即使是日常放飞训练，军鸽的失踪率一般也在5%—10%之间。[35]事实的确如此，华北军育成所1943年3、4月对551只军鸽加以训练，一周失踪46只。[36]这批军鸽已经在日本陆军通信学校受训过，此次训练只是为了恢复综合能力，一周的失踪率为8.3%；华中军育成所1940年5月至9月对69只军鸽训练，共失踪14只，5个月的失踪率达20.29%。[37]放飞训练一般会避开极端的天气与地理环境，而遇到战事是需要随时随地放飞的，干扰的因素更复杂，失踪率肯定更高吧。

军鸽平时必须进行放飞训练，才能充分保持综合能力，但如此高的失踪率，使得一些军鸽兵不得不减少日常训练，避免损失。对于军鸽兵而言，军鸽等于自己的武器，平时无缘无故地丢失"武器"，难免其责。而军官对犯错士兵的处罚往往很凶狠，有些军鸽兵担心失踪数量多而遭责罚，减少训练，并且偷捕当地的中国鸽子混入鸽舍充数,糊弄上司的检查。但是,训练的减少又会增大失踪的危险。如何减少失踪数量一直令军鸽兵头疼不已。

第四节 信使之源:日军军鸽的补给

一、"军鸽报国":来自日本的补充

侵华日军的军鸽损耗严重,需要及时充分补充。

负责补充的是陆军省军鸽委员会。根据陆军省的规定,军鸽委员会自身驯养的军鸽定额为2 500只左右,其中成鸽(包括种鸽、教学示范用鸽、用于补充的军鸽)1 300只左右,幼鸽1 200只左右。如此规模,平时没有问题,一到战时面对大量的需求就捉襟见肘了。

九一八事变期间,就遇到了此问题。1932年1月关东军司令官请求补充300只,并且希望尽量是移动鸽。军鸽委员会一时只能拿出150只,不得不从民间购买了150只。同月华北军也申请补充100只(80只固定鸽,20只移动鸽),希望补充的军鸽能适应异常天气,具有远距离飞翔能力。军鸽委员会拿出30只补充,其余70只也是从民间购买的。据此可知,日军尽管从20世纪20年代初就不遗余力发展军鸽业,但在侵华战争初期靠一己之力已无法及时充分满足需求。

正是因为如此,军方在九一八事变后大力扶植"日本传书鸽协会"的发展,并且加以操纵,希望藏鸽于民,使之成为军鸽的重要来源。协会会员普遍以"军鸽报国""养鸽护国"为己任积极支持,根据军方需要提供爱鸽。

七七事变后随着战争的扩大,军鸽需求骤增,军鸽委员会大量收购民间信鸽加以训练后补充至中国战场。协会则从7月就开始"捐献",据不完全统计,至同年底至少献出了1 500只[38],此后越献越多,

直到战败。说是"捐献",军鸽委员会还是出具《评价书》作价付钱的。例如,1938年1月会长德川义恕男爵"献纳"26只信鸽,如图2-11所示,军方每只评估为5日元。

这种收购随着军鸽需求的激增而愈加频繁,最多时每月收购数次,并且逐渐变成强制性的,不配合者被视为"国贼"。收购价格开始为5日元,因通货膨胀,到了战争后期,为15日元。收购工作军方委托"大日本军用鸽协会"实施。如前所述,该协会受制于军方,协会工作逐步被军人把持。例如,1943年初选出的三个副会长,两个是军人,理事长、专任理事都是军人,因为会长是名誉性质的,军人决定一切,协会可谓成了军方的派出机关。

太平洋战争爆发后,日军战线扩大,更需大量军鸽。1942年7月军方通过协会实施"鸽籍登记",要求全国民间养鸽者通过各地分会提交登记表与"鸽名册",并且规定一旦发生变化须立刻报告。例如,一旦孵化出鸽子就需要马上填写登记表报告,对于造假者加以处罚。如此,军方可以准确掌握全国军鸽资源的实际状况,随心所欲地加以利用。

"鸽籍登记"工作完成后,军方于1943年3月首次发布了全国性的收购计划:4月雏鸽4 500只,5月雏鸽4 500只,6月雏鸽5 400只、种鸽1 400只,8月雏鸽800只,10月雏鸽1 500只,10月种鸽1 500只,合计19 600只。计划收购种鸽的时间为6月与10月,此为刚刚举行赛鸽之后,能根据比赛成绩挑选优质种鸽。

从民间购买的信鸽大多直接输送到中国各地的军鸽育成所,经过训练后补充给日军。例如,华中军育成所1939年8月驯养的654只军鸽中,有580只,即89%来自民间。时至1943年陆军省仍在国内收购优质信鸽,送至中国作种鸽。

据日本信鸽史研究者估计,九一八事变至日本战败,军方从民间收购的信鸽超过了10万只,在20万只以内。[39]当然,靠这些信鸽是难以满足日本国内的"国防",以及中国与东南亚战场需求的。对于中国战场的需求,日军依靠的是以战养战政策。

二、以战养战:日军的在华军鸽基地

(一)关东军的"军鸽育成所"

从信鸽的特性而言,无论是固定鸽、往返鸽,还是移动鸽等,最理想的莫过于就地繁殖、驯养。

九一八事变后,面对军鸽补充问题,关东军认为根据信鸽的特性,就地繁殖、训练反而更加有利,于是考虑建立军鸽基地,自给自足。在陆军省帮助下,关东军1933年7月在公主岭建立"军鸽育成所"(图2-12),同时制定《关东军军用鸽育成所规定》,要求育成所负责全军军鸽的生产、培育、训练、补充,以及军鸽的调查研究、军鸽兵的培训。[40]

该所初建时定编14人,有鸽800多只。为了确保繁殖优良信鸽,陆军省特地派养鸽专家去比利时、法国、德国,为其购买种鸽,此行最终结果不详,但1936年8月,该所从德国购买了包括参加过500—900千米比赛的信鸽153只,用作种鸽,每只均价80日元。[41]这些种鸽构成了育成所大规模繁殖良鸽的基础。

育成所成立时,正值日本"军鸽报国"热浪高涨之际,在东京府的支持下,日本爱鸽者等成立"爱国传书鸽献纳期成会",向全国募捐,以获得的捐款购买民间信鸽赠送军方,其中有不少送给关东军,育成所为此专设"爱国传书鸽鸽舍"驯养这些信鸽。

在各方支援下,关东军育成所发展很快,军鸽从刚刚组建的1933年底的804只(其中成鸽451只,幼鸽353只),增加到1935年底的1 368只(其中成鸽892只,幼鸽476只)。1935年底日本陆军的军鸽总数为14 305只,关东军的为4 358只,占了30%,短短两年如此猛增,育成所贡献甚大。此时关东军正在拼命围剿抗日武装,军鸽消耗

图2-11 军鸽委员会为德川义恕出具的《评价书》

图2-12 关东军"军鸽育成所"

量大,育成所在很大程度上解决了补给问题,确保了军鸽通信的畅通。这种就地建立军鸽基地自给自足的做法为日军在全面侵华战争中解决同类问题提供了样本。

七七事变后该所的发展情况不详,与关内相比,东北至少无大规模战事,育成所得以专心经营,稳定发展。华中军育成所1940年3月报告说获得了该所300只种鸽,1次就能拿出这么多种鸽,显示了相当雄厚的"家底"。

关东军还试图开拓当地民间的资源,指使伪满1943年11月在"新京"成立了"大陆军鸽协会",仿效日本的"帝国传书鸽协会"运作。有关此历史还有待挖掘。

(二)华北军的"军鸽育成所"

七七事变之初,日军就面临军鸽的大量补充问题,不过,与其他一般军需品不同,军鸽从日本运抵目的地后无法直接补充至第一线,并且输送也很耗时。所以,华北军1938年1月请求陆军省火速补充350只时,希望先由关东军就近提供。[42]

军鸽委员会很快意识到此问题,1938年1月向陆军省提交《设立军鸽现地补充机关之意见》[43],认为事变后华北军的军鸽已经损耗50%以上,要使军鸽部队继续发挥作用,就必须及时补充,但华北军还未建立相应机关,只能从日本提供,而这种补充有如下弊端:一是耗时。例如,石家庄、滏阳河附近会战结束后,10月2日请求补充,240只军鸽11月11日才从日本送达,花费40天。二是长途运输消耗了军鸽的大量体能,还会产生一定数量的病鸽。三是日常训练被长时间中断,影响军鸽的综合能力。四是军鸽运抵目的地后需花费时间进行适应性训练,即使是移动鸽也需训练数日(所需时间要综合判断)后才能正常使用,其他种类的军鸽花费的时间更长。五是地形、气候的剧变也会降低军鸽的综合能力。在当地建立"军鸽育成所",不仅能避免上述问题,而且能训练出适应当地战场地形、气候的军鸽,用其补充前线，通信能力会显著提高。因此，军鸽委员会建议在天津附近设"临时野战鸽补充厂"，常置移动鸽600只、固定鸽600只，用以繁殖、训练。补充厂设移动鸽队和固定鸽队，前者根据各部队的要求，对幼鸽进行训练。后者负责建立华北军的固定鸽通信网，并且加以指导。

陆军省对此加以支持，1939年1月华北军以"第6野战鸽小队"为主体，于丰台建立直属军司令部领导的"华北方面军临时鸽育成所"（同年底改称"华北军鸽育成所"），任务与关东军的育成所相同。[44] 华北军从此有了自己的军鸽基地。

华北军下属各军，如驻蒙军、第20军至晚在1943年也建立了自己的育成所，这更增加了该军军鸽的繁殖、驯养、补给能力。

（三）华中军的"军鸽育成所"

华中军在八一三事变后组织三个"野战鸽小队"随军侵入上海，战线扩大后军鸽紧缺，需要不断补充。1938年2月，陆军省在向该军补充300只的同时，派遣技术军官跟随来华调查、收集当地资料[45]，应该是为建立军鸽基地打前站的。

1939年4月华中军以"野战鸽小队"为基础，在司令部内建立"派遣军鸽班"，负责军鸽的通信、培育、补充、训练工作，并且要求下属各兵团（部队）全部组建鸽班。[46] 5月初"派遣军鸽班"在南京郊外正式建立（图2-13），职能与关东军的育成所相同。由鸽班替代野战鸽队，司令部直接领导，说明华中军的军鸽通信工作也走向了日常化、长期化。

1939年10月，华中军成立"鸽育成所"取代"派遣军鸽班"。同月"中国派遣军"总司令部制定《中国派遣军军鸽规定》等，就育成所与各兵团的军鸽管理、补充、教育、报告、通报等做了具体规定。据此规定，育成所军鸽定额为2 200只（固定鸽1 800只、移动鸽400只），根据情况可以在定额的四分之一内饲养后备鸽。[47] 华中军的军鸽基地就此完全建成。

华南军是否建立了"军鸽育成所",因缺乏史料,不得而知。既然军鸽是日军的正式编制,其他地区的日军都在大量使用,华南军肯定也一样,相关史料亦能说明这一点。例如,1939年8月中旬陆军省曾经为其补充种鸽200只、幼鸽100只。种鸽必然是用来繁殖的,幼鸽是用来就地驯养的。因此,华南军肯定也建有育成所之类的军鸽基地。

(四)"军鸽育成所"发挥的作用

日军在华各地建立的"军鸽育成所",基本上都达到了预期目标,发挥了以下四大作用。

其一,育成所是军鸽的繁殖、养育基地,其规模足以实现自给自足。例如,华北军的育成所建立后陆军省倾力支持,仅1939年6月至11月就提供了仔鸽7 700只、种鸽1 800只。[48]该所发展很快,1940年后常年拥有的数量都在6 000只以上。如1943年4月有种鸽2 376只、仔鸽2 392只,加上训练中的固定鸽、移动鸽、往返鸽、夜鸽等,共6 301只。此外,还有孵化出的雏鸽1 219只。[49]

再如华中军的育成所,依靠陆军省1939年6月至11月提供的种鸽1 200只、移动鸽800只作为基础发展,1940年4月总数达到2 842只,其中种鸽1 498只、雏鸽966只(图2-14)。[50]此后继续增加,如1942年4月有种鸽1 826只、雏鸽1 335只,另有固定鸽、移动鸽、往返鸽、夜鸽等,共3 946只[51],大大超过了定额。

从以上状况看,两处育成所规模都非常大,1940年后常年养育的种鸽总数都在2 000只左右。有关其繁殖数量,据华中军育成所1941年报告,该所当年共安排了四次繁殖,夏季还有一次临机的,亲鸽最多时1 842只,最少时1 184只,夏季为598只,亲鸽共产卵6 802枚,成功孵化出6 167只,离巢数为6 089只。[52]信鸽一年的繁殖多于四次,华中军育成所自然是根据军鸽繁殖、驯养的特点如此安排的,华北军

图2-13　1939年的鸽班，背景为南京五台山与紫金山

图2-14　1940年华中军育成所离巢的雏鸽

等育成所的繁殖时间也应该相同。据此可知，华北军、华中军育成所至晚1941年起每年幼鸽的离巢数都在6 000只以上。关东军的育成所建立时间长，规模是侵华日军中最大的，每年繁殖的数量肯定更多。

如前所述，关内日军每年至少需要补充9 000只军鸽。虽然离巢后的鸽子在驯养过程中还会有很多损耗，但依据华北军、华中军全年的幼鸽离巢数计算，两军育成所1941年起的繁殖能力可以达到"自给自足"了。

其实，华中军在1940年6月就主动致函大本营要求取消8月底500只军鸽的补充计划，并且自此停止从日本补充，因为"今后有可能仅仅靠育成所繁殖之鸽就足以补充所需之数"[53]。华北军估计在同一时间也具备了此能力，而关东军1933年就自办了育成所，实现自给的时间也必然远远早于关内日军。

太平洋战争发生后，面对战争的长期化带来的补给困难，在华日军提出了"彻底强化现地自活"，即"自给自足"的方针，制定了"自给体制确立计划"。从以上情况看，日军至少在军鸽方面实现了目标。

其二，育成所是军鸽的训练基地。训练分两部分，一是对来自日本的已接受过训练的军鸽进行适应性训练，恢复综合能力。"国内补充的军鸽因大陆性地形与气候之变化大，就此补充给第一线部队立刻使用的话，不仅徒增减、损，而且不能获得充分的成果"，因此需要训练，使之熟悉当地地形、气候，恢复各种能力后才补充给部队。[54]

以华中军为例，如表2-4所示，直到1940年上半年，育成所补充给部队的军鸽中"日本鸽"仍占大多数。这些"日本鸽"不少就属于这一种。

有关训练情况，以华北军为例，1943年初育成所获得了日本移动鸽551只，为了恢复综合能力，并且适应当地地理环境，3月至4月分两组于丰台、永定门附近连续训练了一周。练习距离由100米开始，

表 2-4 华中军"军鸽育成所"补充军鸽表（1939 年 11 月—1940 年 9 月）（单位：只）[55]

部队	1939 年 11 月 育成所	1939 年 11 月 日本鸽	1939 年 12 月 育成所	1939 年 12 月 日本鸽	1940 年 3 月 育成所	1940 年 3 月 日本鸽	1940 年 4 月 育成所	1940 年 4 月 日本鸽	1940 年 6 月 育成所	1940 年 6 月 日本鸽	1940 年 7 月 育成所	1940 年 7 月 日本鸽	1940 年 8 月 育成所	1940 年 8 月 日本鸽	1940 年 9 月 育成所	1940 年 9 月 日本鸽	合计
第 11 军	—	120	—	—	—	—	88	712	500	820	—	—	437	63	—	—	2 740
第 13 军	—	55	130	450	20	—	140	860	460	640	540	320	—	—	30	—	3 645
合 计	—	175	130	450	20	—	228	1 572	960	1 460	540	320	437	63	30	—	6 385

逐渐增加至10千米，训练基本上达到了预期目的。[56]

二是对仔鸽进行单程、往返、移动、夜飞等训练。育成所创办初期仔鸽来自日本，后来逐渐由自己繁殖的替代。

有关训练情况，以华中军育成所1940年5月至9月的训练为例，内容是单程固定鸽训练，同时选定候补种鸽，共有69只参加。方法是以育成所为原点逐渐加大放飞距离，由近至远依次从汉中门外、中华门城墙上、明故宫、安德门、西善桥、板桥、江宁、慈湖、采石、太平、大桥、芜湖放飞，最远距离约100千米，最终的成功率为80%。

其三，育成所是军鸽的补给基地。育成所的根本任务是及时为日军补给合格的军鸽，此任务在1940年后得到逐步实现。以华中军为例，据表2-4可知，该所在1939年11月起的11个月内共补充给各部队军鸽达6 385只。华中军当时的军鸽定额为8 000只弱，如此大规模补给，部队的需求肯定得到了满足。并且，1940年7月起，育成所自己繁殖、驯养出的军鸽数量还超过了"日本鸽"。大概正是有此底气，华中军同年6月才致函陆军省，决定完全用自己繁殖的军鸽补充。育成所1941年起确实做到了"自给自足"，在同年2月至12月分10次共补充各军5 105只（第11军3 100只、第13军2 005只）。

华北军育成所补充各部队的详情不明，据零星史料可知，补充数量也很多。例如1939年12月补充1 950只[57]，1940年5、9月分别补充850、1 500只[58]。1941年11月为1 170只。[59]与华中军相比，华北军、关东军的育成所建立时间更早，种鸽更多，因此在补充方面应该更为充分，自给的时间更早。

鸽子繁殖能力极强，繁殖与驯养周期短，在"以战养战"方面获得的效果明显好于军马、军犬。依靠育成所源源不断提供的合格军鸽，侵华日军的军鸽部队才得以长期稳定存在，才得以构建发达、灵活的军鸽通信网，发挥其作用。

其四，育成所是军鸽兵的培训基地。军鸽的驯养、使用比军马、军犬复杂，需要丰富的专业知识与经验。随着战争的扩大与持久化，为了给未配置军鸽的师团等配置，弥补有线、无线通信设备之不足，日军需要大量称职的军鸽兵。军鸽兵以往都是由军鸽委员会等组织培训的，各军育成所建立后也便承担了此工作。

例如，华中军"派遣军鸽班"1939年4月一成立就于5月中旬至6月底举办了第一次培训，有官兵66人参加。8月起又举行第2次，为时两个月，26人参加。[60]如此至1940年9月共举行8次，培训军鸽兵135人，为华中军建立军鸽通信网培养了骨干。

这种培训时间很长，一般在两个月左右。培训内容主要是学习饲养、训练、使用军鸽的知识，并且在教官指导下实习。

现存史料中，最晚可以看到华北军的《1943年度第一次军鸽使用干部要员、下士官兵野外训练实施计划》。此次培训是1943年度第一次，将受训官兵91人分为12个班，在教员指导下学习训练固定鸽、移动鸽、往返鸽、夜鸽，为期一个半月（夜鸽为两个月）。用来训练的是同年第一批繁殖的510只幼鸽，其中用于移动训练的最多，共270只。[61]

以上培训与训练育成所的军鸽同时进行，可谓一举两得，既训练了军鸽，又培训了军鸽兵。

第五节 为魔织网：日军军鸽的作用

一、魔网：日军的军鸽通信网

侵华日军基本上配备了有线、无线通信设备，在占领地的大、中城市建有比较发达的有线、无线通信网，即便是内蒙古等西北地区也是如此（图2-15），据此进行联系。遇有战事时，日军则有通信队随军随时随地架设有线、无线通信设备，保障通信。

不过，军鸽对日军而言仍具有特殊的作用。九一八事变之初，关东军在要求陆军省火速补充军鸽的报告中就说，由于需要随时随地派出小股部队讨伐，军鸽成了唯一的通信机关。如此虽有过高评价之嫌疑，因为关东军各部队都配备了有线与无线通信设备，但是进入深山老林，一旦通信设备失效，或者小股部队无相关设备，便往往只能靠军鸽这一"唯一的通信机关"传递情报。

要充分发挥军鸽的作用，就需要建立稳定的军鸽通信网。有关关东军此方面的详情不明，但可以肯定它是侵华日军中最早完成的。

在华北，七七事变之初的战场在京津地区，华北军早已建立了有线、无线通信网，但其设施反复遭到破坏，各地军队不时处于失联状态，军鸽的重要性陡然上升。

如图2-16所示，华北军至晚7月20日就以天津司令部为中心与各地的日军据点建立了军鸽通信网，以确保通信畅通。图上的黑线单箭头所指之处是固定鸽通信的目的地，黑线两端有箭头意为两地可使用往返鸽。[62]据此可知，山海关、滦县、丰台的日军均可使用固定鸽向天津的司令部传递情报，而山海关与秦皇岛、秦皇岛与滦县、滦县与唐山、唐山与天津、唐山与塘沽、塘沽与天津、北平与丰台之间的日军则能使用往返鸽互相联系。尽管有些地方距离天津远，不便直接使用军鸽，但依靠短途接力，各地都能与司令部联系。此外，华北军司令部还在7月23日向通州派出军鸽兵，带去30只军鸽，以建立通信站。

如前所述，华北军1926年开始使用军鸽后，一直致力于发展，事变发生时已有军鸽900多只，远远超过了一个师团的定额。正因为长期备战，事变一发生，就能迅速建立起军鸽通信网。

事变后日本政府多次向华北增兵，为了便于与刚刚侵入京津地区的日军保持联系，华北军司令部还给这些部队派去了自己的军鸽与军鸽兵。例如，7月26日给侵犯黄村的第20师团派去军鸽兵2人、军

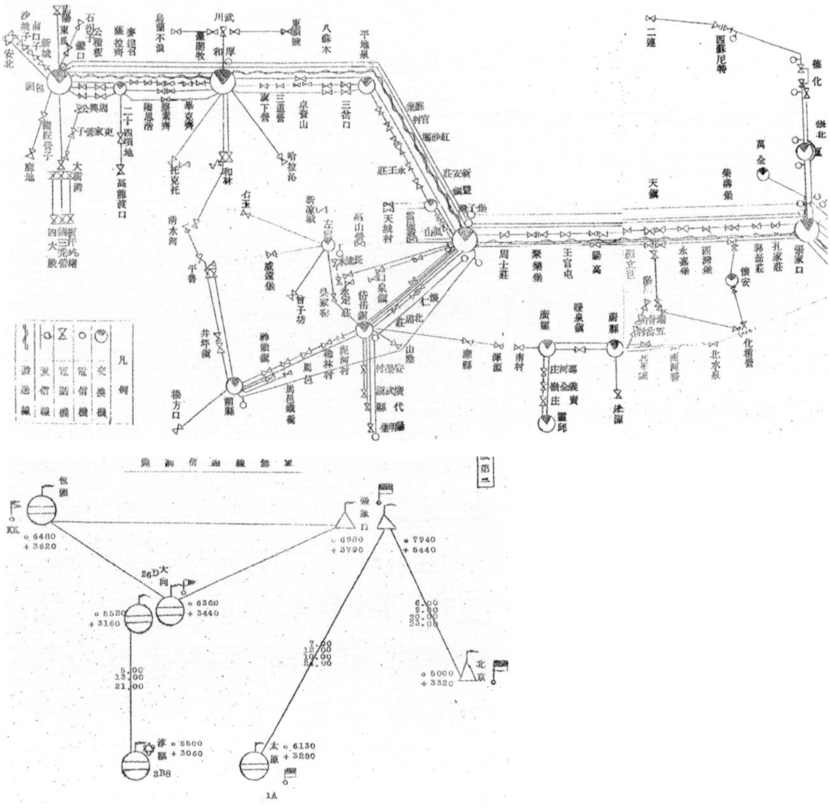

208 / 军马、军鸽与军犬：日本侵华战争与军用动物

图 2-15　1939 年 6 月日军在西北的有线（上图）、无线（下图）通信网

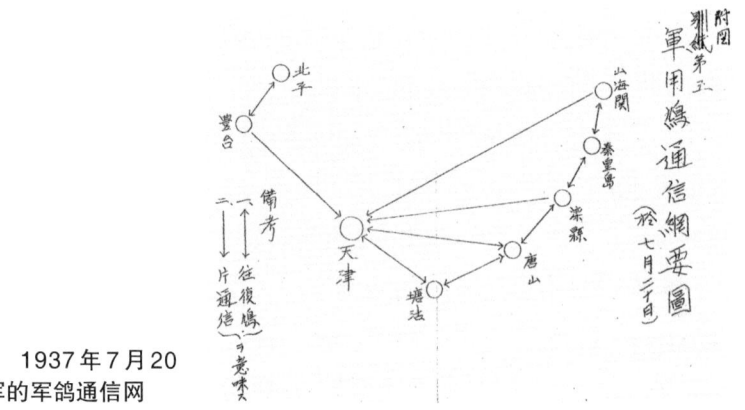

图 2-16　1937 年 7 月 20 日华北军的军鸽通信网

鸽15只，7月28日给侵犯廊坊的大桑部队派去军鸽兵1人、军鸽5只，表2-5、2-6即为7月20日至31日华北军司令部为天津市内外日军配属的军鸽及其通信情况。当时正是日军四处挑起事端扩大侵略的关键时刻，形势瞬息万变，华北军司令部与各军保持及时联系十分重要，如通信次数所示，军鸽通信网发挥了一定的作用。

表2-5 华北军向天津以外部队提供的军鸽及其通信数量（1937年7月）[63]

日　期	20日	25日		26日	27日	28日
配属部队	通信援助队	五井部队	通信援助队杉田少尉	广部队	川岸兵团	大桑部队
军鸽数	5	5	2	6	15	5
通信数	3	3		—	—	2

表2-6 华北军向天津市内部队提供的军鸽及其通信数量（1937年7月）

日　期	30日					31日
配属部队	野村部队	重藤部队	森山部队	小笠原部队	车站停车场司令部	鲤登部队
军鸽数	7	10	4	10	5	5
通信数	8					2

不过，随着战线的迅速扩大，华北军至今以天津为中心建立的军鸽通信网根本无法覆盖到新的占领地与战事第一线。日军只能带着移动鸽车向前推进（图2-17），以此作为通信据点。军队出动时，军鸽兵则背着用柳条等制成的携带式鸽笼（图2-18）携带数只军鸽随行，需要时放回通信据点送信。如此只能作为临时举措，并且移动军鸽数量也很有限，只有在新占领地建立长期固定的军鸽通信据点才是长久之计。

图2-17　华北某地的移动鸽车

图2-18　携带式鸽笼与军鸽兵

一直密切关注军鸽在华实战状况的军鸽委员会在事变后的第二个月,即8月就向陆军省上呈《有关建立军固定鸽队之意见》,建议由华北军组建固定鸽队。理由是"鉴于此次事变之结果,与华北通信上的特殊性","随着占领地域之扩大、兵力之增加而需要加强我军之通信机关,但战地之形势与事变以来之状况显示,仅靠电讯通信无法期待,需要使用其他所有通信手段来完善之"。因此,"基于固定鸽网之特点,火速补充、增强设施,建立能够顺应我军之新计划的通信网刻不容缓"。具体方法是建立3个固定鸽小队,每小队设4个分队,每分队建固定鸽舍2—3个,每鸽舍置鸽120只。[64] 上述"意见"实质上是建议华北军建立12个固定鸽据点,构建新的通信网。

该建议是否获准不得而知,同年10月陆军省在给华北军补充军鸽时,派来专业人员指导第1、2军"鸽小队长"及其干部训练军鸽与通信工作[65],说明该军已建立起军鸽"小队",正致力于建立新的通信网。

华北军各部队军鸽配额到位后,通信网得到迅速扩大与巩固。以1943年为例,表2-7显示,同年1月华北军有军鸽16 812只、通信所即通信据点552个(图2-19、2-20)。同年3月该军则有军鸽15 125只、通信所508个。即华北军1943年初的军鸽通信据点达到500个以上,不可谓不发达。这些分散在华北、西北各地的通信据点足以构成灵活的通信网。

表2-7 华北军军鸽数量、通信次数、通信设施数量表(1943年1月)[66]

类　别	育成所	军直辖部队等	第1军	第12军	驻蒙军	合　计
鸽　舍	27个	290个	302个	212个	96个	927个
军　鸽	2 849只	3 851只	3 850只	4 214只	2 048只	16 812只
通信所	1个	184个	163个	152个	52个	552个
通信次数	—	1 604次	1 901次	1 634次	306次	5 445次

图2-19 山西曲沃城外的鸽舍

图2-20 河北定县（现定州）的鸽舍

华北军利用军鸽构建通信网的实例，通过1941年前后侵占山西的近藤部队可以略知一二。

近藤部队入侵晋城后，以此为中心在周边各地建立了据点，据此疯狂对抗日根据地"扫荡"，企图消灭抗日力量。分散于各地的小据点与进入山村"扫荡"的日军都需要与晋城等地的大据点保持联系。晋城地区多山地，地形复杂，军鸽是缺乏电信设备或其无法使用时唯一的快捷通信工具。该部队于是以晋城为中心建立了如图2-21的军鸽通信网，图标"𠆢"表示鸽舍，黑色直线为通信路线，线端箭头所指处为通信目的地。[67]据此可知，该部队在晋城，晋城西边的周村镇，晋城南边的泽州、天井关、拦车镇配置了鸽舍，再以这些地方为中心与周边据点建立联系，构建了东起南岭、西至润城镇附近的土楼村、北自白马寺、南达黑石岭村的军鸽通信网。日军从据点外出"扫荡"时，只要携带军鸽，就能与有关据点联系（详见后文与表2-8）。据此图的"备考"，图上的军鸽飞行路线，红色表示已建立通信关系，蓝色表示正在训练。现图是黑白图，无法显示彩色，但至少可知该军通信网完全建成后的状况。

华北军军鸽通信网的利用十分频繁，以1943年为例，1月的通信次数如表2-7所示，为5 445次，日均约175次。3月的通信次数为4 608次，日均约148次。4月的通信，虽然缺少第1军的数据，仍有3 444次[68]，日均也超过百次。当然，战争状态下的一切都是动态的，但这基本上

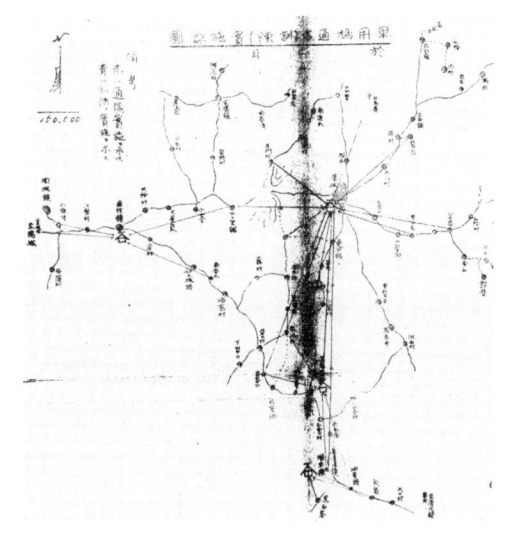

图2-21　以晋城为中心的军鸽通信网

反映了该军军鸽的实际通信状况。

与有线、无线通信设备相比，无论是速度还是可靠性，军鸽当然都无法相提并论。如果能用它们，日军肯定不会用军鸽。有关军鸽的使用原则，陆军通信学校编印的《军鸽及其用法》指出，其他通信手段缺失，或者不可靠时才使用军鸽。日军制定的《关于鸽哨工作》（"鸽哨"指军鸽兵等从鸽棚或鸽车取出军鸽置于携带式鸽笼移动时建立的放鸽点）也规定只有在其他通信机关失效，或无通信机关时才能使用军鸽。华北军如此频繁使用，应该属于上述情况。这说明日军迫不得已使用军鸽的场合并不少见，利用军鸽报信属于常态行为。

在华东等地，华中军1939年设立"军鸽育成所"时，制定的军鸽发展计划之一就是首先满足第13军与独立混成旅团的补充申请，帮助它们建立固定鸽通信网，接着在1941年底，帮助第11军建成军鸽通信网。[69]

其通信网的构建状况通过第13军的部分驻军可以略知一二。第13军这一时期驻守的大多是江南一带的城市地带，早已以城市为中心构筑了有线、无线电通信网，但仍建立了军鸽通信网以备不时之需，尤其是供小股部队外出时使用。1941年底华中军"军鸽育成所"负责人到第13军驻地检查军鸽通信工作后提交的报告说，镇江、丹阳、常州、无锡、苏州、昆山、松江、嘉兴、硤石镇、杭州等地的驻军都建立了军鸽通信网，并且正在完善，努力训练移动鸽、夜鸽等。

图2-22即为常州驻军第7975部队的情况。该军在常州、奔牛、戚墅堰设有鸽舍（标有"☆"，但奔牛图标模糊），各有军鸽40只、40只、30只，以此三地为中心，与周边城镇建立了通信网。

图2-23则为驻无锡的第7974部队使用军鸽44只建立的通信网。该部队军鸽定额为40只，希望另外增加80只用于扩大、强化通信网。[70]据图可知，常州网中的三处与无锡之间也有固定鸽联系，即各通信网不是闭环的，是有交叉的。

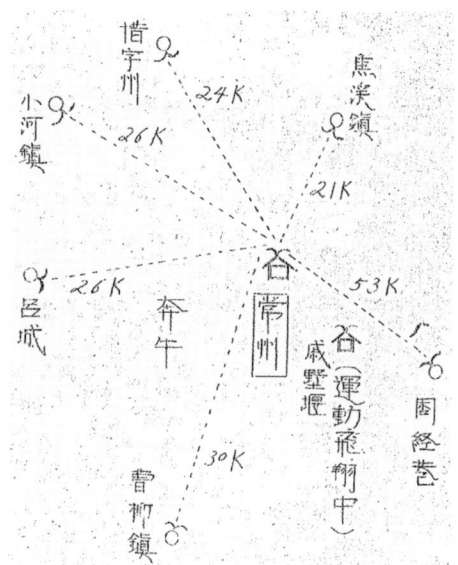

图2-22　以常州为中心的军鸽通信网

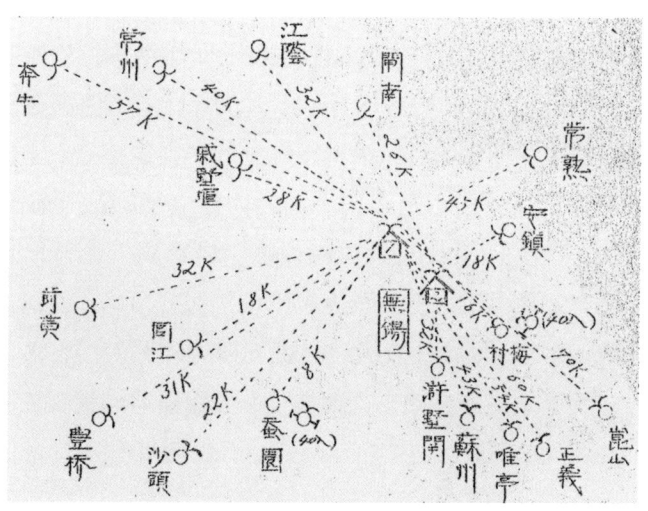

图2-23　以无锡为中心的军鸽通信网

第11军主要活动在湖北、湖南一带，因通信基础设施远不如第13军，更需要利用军鸽通信网。依靠"军鸽育成所"帮助，该军各部队逐步建立起通信网。例如，1940年前后驻扎宜昌地区的步兵第58联队，以联队总部所在地白雀寺村为中心建立了军鸽通信网，与周边的据点保持联系，宜昌市区的驻军是其通信对象之一，图2-24黑色箭头所指处即为其长江渡口附近兵营四层楼顶的鸽舍。再如，驻扎湖北马坪镇的日军建有固定鸽舍（图2-25），与浙河、马鞍山、独山、平林、应山的军鸽通信所建立联系，构建了通信网。

华中军军鸽通信网的总体状况不明，1939年其军鸽定额为8 000只弱，如果各通信据点配置的军鸽数量与华北军差不多，通信据点也应有400个左右，足以构成发达、灵活的通信网，得到充分利用。

在华南地区，1939年12月华南军参谋长致电陆军省要求补充移动鸽150只[71]，用于建立通信网，说明该军至晚1939年底已经开始构建。

华南军据此作战的情况，通过以下之例可略知一二。1941年12月8日侵犯香港前，为了防止开战后入侵的日军与后方中断联系，华南军组织"鸽班"，配置军鸽18只，于12月1日进入深圳建鸽舍作为"鸽通信所"，以深圳为起点，沿着至九龙的广九铁路——十分有助于信鸽识别的地标——由近至远向香港方向建立了6个"鸽哨"，一直深入至大围、九龙附近，连日放鸽训练。尽管放飞地地形复杂，天气多变，还有害鸟出没，但鸽班克服困难，努力训练，使得军鸽很快熟悉、适应了环境。8日开战后"鸽班"携鸽随军入侵香港，顺利完成了任务，且毫无损失。此次行动被日军教育总监部视为成功利用军鸽通信网作战的范例，1943年编入了《小战例集》发行，供教学示范用。

顺带提一下，不仅是日军，占领区的其他统治者也有使用信鸽的。例如铁路部门，日军占领下的铁路是调兵遣将、运输军需物资、

图2-24 宜昌江边的固定鸽舍

图2-25 湖北马坪镇的固定鸽舍

掠夺各种资源的主动脉，因此是重点守护对象，也是抗日力量重点破坏的目标。日军占领铁路的初期是自己看守，后来有些移交给诸如"华北交通株式会社"那样的机构运营。因为铁道线路长，看守的据点十分分散，为了发现突发情况时能及时报信，日军及其后来的运营者往往为偏远的据点、巡道员配备信鸽。例如1939年4月华北交通株式会社成立时，建有"铁道通信鸽队"，有信鸽数千只，被安置于铁路沿线各地（图2-26、2-27），形成通信网，确保了及时通风报信。

二、恶魔的生命线：唯一的通信机关

如前所述，日军是在迫不得已时才使用军鸽报信，从实际情况来看，日军的军鸽在一些特殊场合确实发挥了"唯一的通信机关"的作用。

首先，日军实施机动性军事行动时，一般会携带无线通信设备，临时铺设电话线，但这些设备受地理环境限制或出于其他原因不能正常使用，并且无法由人及时长途传递情报时，军鸽因其携带方便、使用灵活而不受地理环境限制，就成了唯一的依靠。

以第11军为例，如前所述，该军是野战主力，承担攻击中国主力部队的任务，军鸽的定额一般在4 000只以上。其行动地域大多为山地丘陵地带，当电信设备无法使用时，常靠军鸽联系（图2-28）。试举几例为证，华中军鸽班1939年4月建立当月就派出7人随第3师团进入湖北应山设军鸽通信所配合作战，在师团电信设备失效时及时利用军鸽维持了与各方的联系；《大阪朝日新闻》1940年7月16日报道说，1940年冬季作战期间，第11军在湖北、湖南山野中每日用于传递军情的军鸽有数百之多；据日军某部队的《阵中日记》记载，1942年第11军攻打长沙过程中，为了补充军鸽，动用飞机空投，以确保通信畅通。图2-29则是1942年参加长沙会战的神田部队总部的《阵中日志》插图，描绘了日军在战场上使用军鸽送信之情景。

图2-26 "铁道通信鸽队"的固定鸽舍

图2-27 "铁道通信鸽队"用携带的信鸽报信

图 2-28　入侵湖北的日军放鸽前写信

图 2-29　入侵长沙的神田部队用军鸽送信

如后文所述，陆军省于1933年5月制定《军用动物表彰内规》，用以表彰战时等"立功"的动物，军鸽位列其中。据此规定，军方1941年首次对军鸽评选。现存的部分《军鸽功劳调查书》显示，受荐的很多军鸽就是在前线部队无法使用电信设备的情况下，作为唯一的通信工具飞行一两百千米成功传递了情报，或使指挥部准确掌握战局大势，或使被围部队及时获救，立下了显著"功劳"。[72]

其次是，日军军事行动不配备电信设备，尤其是远离大部队临时部署的小股部队、流动哨所、侦察兵，遇到紧急情况无法由人及时传递情报时，军鸽更是唯一的通信工具（图2-30、2-31）。

1940年初日军侵占山西高平城，与抗日军队在山区激战约一个月，"舞部队总部"在当年3月所写的《高平作战教训》中说："没有无线电通信设备时，如果要说单方向通信，用军鸽通信十分简易，通信比较可靠，因此让无通信设备的部队携带，甚为方便。"[73]

侵占山西晋城的近藤部队可谓将军鸽此方面的作用发挥到了极致。据表2-8所示，该部队1941年"讨伐"抗日力量期间，以泽州、天井关、拦车镇据点的鸽舍为中心建立起通信网，进入周边18个村子扫荡时都携鸽与上述三地联系。各村放飞的军鸽到达"返回地"所需时间，申匠村至泽州最近，8分钟即可，刘坪村与西谷坨是"讨伐"

表2-8　晋城地区日军使用军鸽联系所需时间表（1941年）

放飞地	返回地	耗时	放飞地	返回地	耗时	放飞地	返回地	耗时
大潞村	泽州	25分钟	小道窊	泽州	20分钟	■粮■	天井关	20分钟
柳树口	泽州	20分钟	林溜村	泽州	25分钟	小道窊	天井关	25分钟
旺树坨	泽州	29分钟	石槽村	泽州	15分钟	刘坪村	天井关	30分钟
西谷坨	泽州	19分钟	申匠村	泽州	8分钟	炼青	拦车镇	25分钟
西凤头	泽州	20分钟	街道村	天井关	20分钟	西谷坨	拦车镇	30分钟

图2-30　关东军带着军鸽、小型鸽车在边境巡逻

的最远地,半小时也能飞抵,如此基本上可以保证军情的及时传递,为顺利"讨伐"提供必要条件。

又如1942年夏季日军对华北各抗日根据地扫荡期间,设置了大量流动哨卡,因无法配备电信设备,便建立了"鸽哨",一旦发现我军动静就放鸽报信。因此,八路军第129师师长刘伯承在总结日军此期扫荡特点时,强调日军利用军鸽等随时向指挥部提供情报,企图合围我军,要求特别警惕。[74]

上述《军鸽功劳调查书》则记载了一些在军事行动中被包围的日军靠军鸽送出求援信才获救的事例。例如关东军某中队外出作战时陷入抗日联军重围,"苦战难以言表,死伤者不断,此时将军鸽作为唯一之依赖"。送出求救信"帮助"该军死里逃生的是编号"甲181号"的军鸽。诸如此类的例子遍见于日军的大小军事行动中。

日军在河湖水上单独行动时也会携鸽(图2-32)。《长兴文史资料》第1辑(1986年)的《长潮界农民抗日自卫队痛击日军汽艇纪

图2-31 日军放飞军鸽　　图2-32 在长江"警备"的日舰放军鸽送信

实》记载了1944年2月浙江农民抗日自卫队伏击日军汽艇的经过。据载，日军1艘汽艇从泗安去湖州，自卫队在其回程的必经之地埋伏袭击，汽艇被包围后放了随艇携带的两只军鸽向泗安的据点求救。自卫队很快就全歼了汽艇上的日军，但打扫战场时，收到军鸽报信的泗安日军跑步赶到，有两名自卫队员未来得及撤离牺牲。

不仅在陆上、水上，日军航空队行动时亦会带上军鸽以备不时之需。如前所述，日军在济南事变期间已经使用此法，九一八事变后更是如此。《军鸽功劳调查书》中关东军推荐的"甲连1022号"军鸽就是在飞机迫降后及时报信使飞机解困而"立功"的。

还有，即使是日军的固定据点与设施等，军鸽有时也会成为唯一快捷的对外联络工具。日军因兵力有限，在侵占地的交通干道沿线、广大农村主要靠建立据点、碉堡来实现控制。例如，华北军1939年至1940年对抗日根据地进行"治安肃正"期间,第110师团有14个中队负责所指定的地区与铁路线的警备。为此,师团以司令部保定为中心,在各地设大据点,再以此为中心建小据点,各据点之间铺设放射状的应急道路以通汽车。"肃正期间"该军不断扩大占领地区,建立新据点,1939年10月建立的大小据点达455个,其中人数在小队(60人左右)以下的为153个。[75] 据点如此分散,各据点,尤其是人数少而偏远的随时都可能成为抗日武装的突袭目标。该师团1938年8月至翌年10月期间,发生战事约2 250次,日均5次,共有533人被打死。

图 2-33　军官阅读军鸽送达的信

这种据点在发生战事时,一旦电信设备因故无法使用,并且无法派出送信人,军鸽便成了唯一的通信工具(图2-33)。例如,1939年12月起我军发动大规模"冬季攻势"期间,信阳等地的日军驻军被围困,电话线被切断,各地"警备队"只能靠军鸽与总部联系,报告战况。[76]

再如百团大战期间,日军分散于各处的据点成为我军围攻、拔除的目标。因电话线、铁路线被切断,没有无线电通信设施的据点,有些因无军鸽,在弹尽粮绝的情况下突围时被我军围歼,有军鸽的据点则能据此及时传递军情而解围。《军鸽功劳调查书》中第110师团推荐的名为"黄"的军鸽便是在百团大战中表现突出受到推荐。该军鸽在半永久电话线被切断后,多次完成通信任务,特别是最早将井陉煤矿受创实情及时传递至50千米外的石门,日军有关部门"得以迅速采取措施使得井陉煤矿的被害复旧"[77]。华北军因为在百团大战期间"极其有力地使用了鸽子通信",1940年9月总结经验教训时,提出的10条教训之一就是"需要有力地利用鸽子通信"。[78]

新四军中的著名文学家阿英所写的《敌后日记》,1943年4月记载新四军围攻滨海八滩日军的战斗时也有类似描述。当时100多个日伪军在八滩建造3个碉堡,新四军趁着碉堡还未完全建成,立足未稳,于夜晚10时包围发动袭击,经过通宵激战,歼灭、俘虏了大部分敌人。剩下的18个日军半夜放出两只夜鸽给邻近的东坎镇据点送信,早上才得以解围获救。

不过,日军依赖的这一生命线毕竟很原始,十分脆弱,很容易断线。日军因断线而被抗日力量痛击之例也不少。例如,1938年秋,我独立45旅734团在浙江钟埭、嘉善大云寺毛家浜与日军发生遭遇战,日军遭打击后放鸽求援,军鸽因大雨无法高飞,被我军擒获,报信失败。经过3小时激战,日军被打死30余人[79];再如广东东江纵队围剿日军的百花洞之战,日军陷入抗日军民包围后,放出军鸽报信求援,被我军击落,报信失败。战斗断断续续持续了两天一夜,在东莞等地姗姗来迟的日军支援下,被围日军才得以逃脱。[80]这也从反面证明了日军军鸽的作用。

日军在侵华战争期间长期保持了一定的军事优势,这种优势是综合性的,相对发达通畅的通信系统应该是构成其优势的重要因素之一,而军鸽部队正是其通信系统的组成部分,华北军1943年初构建的500多个通信据点与日均100多次的通信便是例证。军鸽本是一种原始的通信工具,无任何先进性可言,并且伴随日军侵华的军鸽面临的还是"人生地不熟"的陌生环境,要发挥作用更是困难重重。但是,日军还是大量使用,并且依靠就地建立的驯养补给基地逐渐完善军鸽部队,构建了大致能覆盖占领地全域的发达而灵活的军鸽通信网,有效弥补了通信盲点,充分发挥了其作用。

第二章注：

1 [日]吉田和明：《戦争と伝書鳩》，社会評論社，2011年，第38、40页。
2 [日]参謀本部：《軍用鳩調査委員設置其他に関する件》，1922年，防陸軍省-大日記甲輯-T11-1-13。
3 [日]副官：《軍用鳩調査委員設置の件》，1919年，防陸軍省-大日記甲輯-T8-1-11。
4 [日]陸軍省：《第1聚第3類鳩通信の業務》，1920年，防陸軍省-シベリア出兵-T7-7-81。
5 [日]工兵課：《軍用鳩分置に関する件》，1921、1922年，防陸軍省-大日記甲輯-T11-1-12、13。
6 [日]軍用鳩調査委員長百武晴吉：《軍固定鳩隊設置に関する件》，1937年，防陸軍省-密大日記-S13-3-10。
7 [日]軍務局防備課：《軍用鳩増加配属に関する件》，1928年，防陸軍省-大日記乙輯-S3-5-27。
8 [日]軍務局防備課：《軍用鳩に関する情況調査の件》，1929年，防陸軍省-大日記乙輯-S4-5-28。
9 [日]東京日日新聞社編：《伝書鳩の話》，東京日日新聞発行所，1934年，第13页。
10 [日]軍用鳩調査委員：《軍用鳩払下の件》，1919年，防陸軍省-大日記乙輯-T8-8-26。
11 同注1，第198、199页。
12 同注9，第12页。
13 [日]資源局：《全国伝書鳩飼養状況調査》，1935年，防海軍省-公文備考-S11-162-5144。
14 同注1，第123页。
15 [日]中国駐屯軍司令部：《中国駐屯軍行動詳報》，1928年，防陸軍省-陸中密大日記-S3-6-39。
16 [日]第3師団：《軍用鳩補充に関する件》，1928年，防陸軍省-陸中普大日記-S3-6-46。
17 [日]第6師団参謀長黒田周一：《鳩班器材追送の件》，1928年，防陸軍省-陸中普大日記-S3-4-44。
18 [日]陸軍省副官：《軍用鳩補充に関する件》，1932年，防陸軍省-陸"満"普大日記-S7-4-13。

19　[日]関東軍司令部:《軍参謀長口演要旨》，1933年，防陸軍省-陸"満"密大日記-S8-11-22。

20　[日]関東軍参謀長東條英機:《関東軍軍用鳩規定ノ件》，1937年，防陸軍省-陸"満"普大日記-S12-6-77。

21　[日]中国駐屯軍:《軍用鳩補充に関する件》，1932年，防陸軍省-陸"満"普大日記-S7-5-14。

22　[日]丁集団司令部:《丁集団通信計画》，1937年，防中国-中国事変上海·南京-8。

23　[日]資源局:《伝書鳩調査に関する件》，1934、1936年，防陸軍省-大日記甲輯-S9-7-16、陸軍省-大日記乙輯-S11-5-26。

24　[日]中国派遣軍鳩育成所:《軍用鳩整備計画》，1939年，防陸軍省-陸中密大日記-S14-95-184。

25　[日]華北方面軍司令部:《戦時旬報》，1939年，防陸軍省-陸中密大日記-S14-47-136、S14-71-160。

26　[日]華中派遣軍鳩班:《鳩班月報》，1939年，防陸軍省-陸中密大日記-S14-85-174。

27　[日]華北方面軍:《戦時月報》，1941年，防中国-大東亜戦争華北-2。

28　[日]華北方面軍軍鳩育成所:《月報》，1943年，防中国-大東亜戦争全般-121。

29　[日]陸軍大臣:《軍鳩定数表制定ノ件》，1944年，防中央-軍事行政法令-259。

30　[日]軍用鳩調査委員長百武晴吉:《鳩の現地補充機関設置に関する件》，1938年，防陸軍省-密大日記-S13-3-10。

31　[日]華北方面軍司令部:《戦時旬報提出の件》，1938年，防陸軍省-陸中密大日記-S13-14-123。

32　[日]整備局交通課:《軍用鳩補充の件》，1939年，防陸軍省-陸中密大日記-S14-26-115。

33　同注24。

34　[日]華北方面軍鳩育成所:《月報》，1943年，防中国-中国事変全般-263。

35　[日]陸軍通信学校鳩部長:《軍鳩乃用法》，1940年，防中国-中国事変全般-263。

36　[日]華北方面軍鳩育成所:《移動鳩保能訓練実施報告》，1943年，防中国-中国事変全般-263。

37　[日]中国方面軍鳩育成所:《月報》，1940年，防陸軍省-陸中密大日記-S15-107-202。

38　[日]軍用鳩調査委員長百武晴吉:《軍鳩寄附に関する件》，1937年，防陸軍省-大日記乙輯-S14-6-34。

39 同注1，第192—198、210页。

40 ［日］関東軍司令官菱刈大将：《関東軍命令》，1933年，防陸軍省-陸"満"密大日記-S8-13-24。

41 同注1，第213页。

42 ［日］大本営陸軍参謀部：《甲集団軍用鳩補充に関する件》，1938年，防陸軍省-陸中密大日記-S13-5-114。

43 同注30。

44 ［日］華北方面軍司令部：《臨時華北方面軍鳩育成所編成に関する規定の件》，1939年，防陸軍省-陸中機密大日記-S14-3-72。

45 ［日］陸軍次官：《華中方面軍に対する軍用鳩の補給に関する件》，1938年，防陸軍省-陸中密大日記-S13-5-114。

46 ［日］華中派遣軍参謀長吉本貞一：《鳩班編成の件》，1939年，防陸軍省-陸中密大日記-S14-25-114。

47 ［日］中国派遣軍総司令官：《軍用鳩規定》，1939年，防陸軍省-陸中密大日記-S14-96-185。

48 ［日］参謀本部：《軍用鳩補充の件》，1939年，防陸軍省-陸中密大日記-S14-96-185。

49 同注34。

50 ［日］中国派遣軍鳩育成所：《月報》，1940年，防陸軍省-陸中密大日記-S15-52-147。

51 ［日］中国派遣軍鳩育成所：《月報》，1942年，防陸軍省-陸中密大日記-S17-25-62。

52 ［日］中国派遣軍鳩育成所：《昭和16年度中国派遣軍鳩育成所業務実施報告》，1941年，防陸軍省-陸中密大日記-S17-12-49。

53 ［日］中国派遣軍：《軍用鳩補充中止に関する件》，1940年，防陸軍省-陸中密大日記-S15-68-163。

54 同注36。

55 同注37。

56 同注36。

57 ［日］華北方面軍司令部：《戦時月報送付の件》，1939年，防陸軍省-陸中密大日記-S15-42-137。

58 ［日］華北方面軍：《戦時月報》，1940年，防中国-中国事変華北-15；華北方面軍：《戦時月報》，1940年，防中国-中国事変華北-16。

59 同注27。

60　同注26。

61　［日］主任教官赤松中尉：《昭和18年度第1次軍鳩取扱基幹要員下士官兵野外訓練実施計画》，1943年，防中国-中国事变全般-263。

62　［日］華北方面軍司令部：《戦時旬報》，1937年，防陸軍省-陸中密大日記-S13-21-130。

63　同注62。

64　同注6。

65　［日］次官：《軍用鳩補充に関する件》，1937年，防陸軍省-陸中密大日記-S13-1-110。

66　同注28。

67　［日］近藤部隊工藤隊：《軍用鳩通信に関する事項》，1941年，防中国-中国事变全般-263。

68　同注34。

69　同注24。

70　［日］中国派遣軍鳩育成所：《月報》，1941年，防陸軍省-陸中密大日記-S17-12-49。

71　［日］交通課：《軍用鳩補充の件》，1939年，防陸軍省-陸中密大日記-S14-97-186。

72　［日］陸軍省：《軍鳩功績調書》，1941年，防中国-中国事变全般-263。

73　［日］舞部隊本部：《高平作戦の教訓》，1940年，防中国-中国事变華北-823。

74　《刘伯承传》编写组：《刘伯承传》，当代中国出版社，2015年，第174页。

75　［日］防衛庁防衛研修所戦史室編：《華北の治安戦1》，朝雲新聞社，1968年，第182页。

76　［日］静岡聯隊史編集委員会：《歩兵第34聯隊史》，非卖品，1979年，第602页。

77　［日］第110師団通信隊：《軍鳩功績調書》，1941年，防中国-中国事变全般-263。

78　［日］飯沼部隊、多田部隊参謀部：《今次共産軍ノ襲撃ニ鑑ミ共産対策上将来ノ教訓又ハ参考トナルヘキ事項》，1940年，国国立公文書館，返赤82002000。

79　政协嘉兴市委员会文史资料工作委员会编：《嘉兴市文史资料》第1辑，1986年，第26页。

80　《东江纵队志》编委会编：《东江纵队志》，解放军出版社，2015年，第170页。

第三章
异化的"忠犬"——军犬

第一节 军犬出胎：日军军犬部队的建立与发展

犬对饲养者忠顺，听觉与嗅觉敏锐，警觉性高，精力旺盛，行动灵活敏捷，机动与持久能力强，使其在一些军事目的上具有特殊的应用价值。

犬用于战争，据说最早的记载是公元前500年波斯帝国君主冈比西斯携犬远征埃及。古希腊则在进攻特洛伊时将信件夹在犬项圈中传递消息，这也许是最早用于战争的传令犬。

军犬得到重视而被大规模用于战争始于第一次世界大战。大战中德国、英国、法国等国的军队专门建立了军犬部队参战，据说有10万只左右的军犬被投入战场。军犬被用于传令、侦察、搜索、巡逻、追踪、看守、运输、攻击、警戒等，被视为一种特殊的武装力量，用于执行特别的军事任务。

第一次世界大战后，日军上层十分重视研究战时出现的各种新式武器，对于军犬并不感兴趣。不过，当时还是有一些军校自行投入了十分有限的人力研究，最终仅陆军步兵学校坚持下来，取得了一定成果，为日后建设军犬部队打下了基础。

陆军步兵学校在1919年制定了军犬研究计划，从1919年12月至1922年底分三期实施，主要目的是收集相关资料，研究养殖、训练之方法，对不同种类之犬的传令、搜索、侦察、挽曳能力加以测试，获得今后日军决定采用的犬种及其军事用途之参考资料。因未得到上级部门认可，所以没有这方面预算，起初研究用犬6头，均来自民间捐赠。6犬中2头是德国牧羊犬（以下简称德牧）（图3-1）、4头为杂种犬。据说2头德牧是此间从青岛带到日本的，"由此掀开了日本军犬史的第一页"[1]。

据1922年步兵学校的最终报告看，研究获得了一些基本数据与驯养经验。虽然使用的犬数、犬种有限，未能深入广泛展开，但作为初步结论是外国优良犬种适合各种军事用途，德牧各方面能力突出，可作为首选军犬；良犬训练后，用于战场通信极为有效，通信能力可达3千米左右，通信速度每分钟平均达到300米；军犬在步兵通信困难的山地、湿地、森林内，即使是枪林弹雨，也能灵活迅速行动。

报告重点指出了军犬在以下场合对于辅助传令特别有效：1. 在枪林弹雨之下使用其他方法与外界联络困难时。2. 潜入敌方阵地侦察与后方联络。3. 在无法徒步通过的地带。4. 在夜间与烟雾中徒步传令，难以判断方向时。[2]

当时军内外对军犬认识有限，更无将军犬用于实战的经验，报告未能引起上层的关注，步兵学校只得继续自行研究，同时还对犬进行警戒、搜索、守卫等训练，以此为基础，1928年向陆军省提交《有关采用军犬之意见》，在说明第一次世界大战期间交战各国利用军犬传令所取得的显著实绩后，强调军犬在通信联络上具有特殊作用，即战场上通信联络，虽然有有线、无线电之类的通信设备，也能徒步传令等，但是，如果通信线路遭破坏，无线电设备无法使用，也不能徒步送信的话，就会贻误军机，而军犬在此状况下能胜任联络重任。[3]

日军当时正投入力量建设军鸽部队，"意见"还就军犬与军鸽做了比较，认为军鸽在通信上有很多优势，但步兵在运动战中移动频繁，不便使用。移动鸽在鸽车安顿好后，至少要经过两三天的训练，熟悉了环境才能承担任务。并且，将鸽车推进至前线步兵部队的位置，如果地形不是特别有利，就无法加以训练。军犬是与步兵共同行动的，随时随地都能承担任务。其通信距离就步兵使用而言已经足够，十分适合移动性强并且通信渠道容易遭到破坏的前线使用。此外，军犬还能执行警戒、搜索、守卫、运物等各种任务，可谓一犬多用。

鉴于以上理由，"意见"建议：1. 在步兵联队配置"常置犬"，平时就对部队进行饲养、训练、使用方法等教育，以备战时之需。2. 建立军犬训练所，负责研究、繁殖、训练、补充军犬，为部队培训使用军犬的干部。3. 日本土狗无法胜任，应选用德牧为军犬，迅速引进良种繁殖。因犬繁殖快，数年内即能大见成效。

军方上层依然未置可否，不过，关东军此时已经开始尝试性地使用军犬。关东军如此积极，是想借助军犬守护漫长的铁路线。中国东北冬季漫长且严寒，给守护铁路及其沿线电线等带来困难。"满铁"方面早已从德国等地购入了德牧用于看守铁路与仓库。负责守护铁路的关东军看到了养犬护路的好处，也希望为独立守备队等建立军犬队。

1931年3月陆军省将步兵学校驯养军犬的板仓教官调到关东军驯养军犬，培训军犬兵，为组建军犬队做准备。板仓主要在守备队第2大队所在地奉天展开训练。9月发生事变时，其训练的名为"那智""金刚"的军犬参加了行动，这是日军首次在实战中使用军犬。

"那智""金刚"等在事变中的表现则改变了军犬被冷落的"命运"。如后文所述，事变期间，军方利用大众媒体大肆制造战争"英雄"，鼓吹忠君爱国思想，极力刺激民众的战争热情，为侵华造势。

在其塑造的"英雄"中，就高频度出现了"金刚""那智"。两犬在进攻中国军队时的"英雄事迹"经过媒体夸张的宣传，成为"精忠报国"的"忠勇之士"的化身。军犬这一原先根本不受大众关心的军用动物一夜之间上升为全社会关注的热点，在军队中的地位骤然上升，连陆军大臣荒木都关心起军犬，1932年公开称赞说在事变中充分看到了军犬的真价，表示军方近来要组建军犬队。[4]

鉴于军犬在九一八事变实战中发挥的作用，以及占领东北后镇压抗日力量的需要，关东军在陆军省支持下于1932年初紧急组建军犬队。按照计划，先训练150头，以此组建独立守备队特设军犬队，一来配置于铁路沿线护路等，二来对付夏初高粱茂盛期出没于农村的抗日武装。陆军省在1932年2月派步兵学校训练军犬的教官贵志大尉到关东军接替已经战死的板仓。

建军犬队首先要解决军犬来源问题。军方至今没有驯养军犬的基地，现在一下子要150头，贵志教官上任后只能向民间求助。其前任从青岛日侨那里购买过，贵志仍向青岛购买（图3-2），同时又在日本购得若干。由于步兵学校一直力荐选用德牧为军犬，加上事变中"立功"的"金刚"等也属此类，身价倍增的德牧也就成了组建军犬队的首选。贵志又从独立守备队的6个大队中选拔官兵培训，教授养育与使用军犬的知识与技术（图3-3）。培训工作同年8月结束后，各守备队陆续建立起军犬队。[5]军犬队一建立就投入了作战。例如，图3-4是1932年军犬队随军侵占常山屯的场景。

据此可见，日军最早组建正规军犬部队，完全是出于侵华的需要。当然，这还不算正式组建，因为作为常设军种所需的开支需要国会审批通过才能获得，关东军的经费则来源于"满洲事变"的临时经费，故仍属于"临时"行为。关东军的军犬队后来不断发展，1933年初军犬增加到了200多头。1933年夏关东军建立军犬繁殖、训练基地后，军犬队得到了更快的发展。

图3-1　日本早期引进的德牧

图3-2　1932年青岛日侨给关东军的"献纳犬"乘船抵大连，在二层甲板等待下船。图右起第一条幅上的"T.S.C"是Tsingtao Shepherd Club，即"青岛德牧俱乐部"的英文缩写

图3-3 关东军军犬队在训练

图3-4 侵入常山屯的军犬队

日军正式建立军犬部队则是1933年。这一年国会通过了"军犬整备"的预算，日军获得了相关固定开支，军犬正式进入了编制。

为了解决军犬的来源问题，陆军省决定同年在陆军步兵学校建立"军犬育成所"，为军队繁殖、培育合格军犬，同时培训军犬兵。步兵学校长期呼吁建立的军犬驯养机关终于建成。

育成所起初有37人，其中主任兽医1人，负责繁殖、饲养、卫生、教育等，主任教官1人，负责训练、教育等。犬在此经过半年或1年的养育与训练，才提供给部队，正式成为军犬。日军陆军的军犬驯养基地自此建成。

育成所1935年的定额为种犬10头、驯养犬30头[6]，规模不大。1936年度的育成计划是，以种犬4头繁殖，预定繁殖30头，预计幼犬的损耗率是25%，完成训练后可以补充给部队的为22头。为了预防变故，另增1头种犬繁殖7头，以备补充。[7]如果以种公犬、种母犬各半、一年繁殖两次来计算，按照这样的繁殖数量与损耗率，育成所一年能提供给部队的仅40—50头。从日军在华建立的育成所来看，种犬中母犬居多，不过，即便多几头母犬，育成所的繁殖能力也十分有限。还有，育成所种犬的定额至少到1940年都是如此[8]，即繁殖能力无变化。

育成所建立后，依据既有的经验与战场需要，开设了传令、侦察、放哨、搜索、袭击、监视、运物、架设电话线等训练项目，图3-5即为一些训练情况。

根据陆军省指令，1934年起各师团组建军犬部队。同年1月陆军省发布《军犬管理规则》[9]，规定了选定军犬的条件：犬种为德牧、杜宾犬、奥特猎犬三种；体质优良，发育好，体高在50—70厘米；四肢强健，反应灵敏，敏捷勇悍，听从指令；毛色则为白色以外的各种。

《规则》还规定：各部队驯养的军犬数量可超过定额五分之一以

内，以便能随时补充缺额，超过的部分称"备用犬";各部队须设军犬兵,军犬兵在"军犬育成所"接受培训后才具备资格;用以补充的军犬,须来自"军犬育成所",不足时或特别紧急时可从民间购买。

以上规则有两点需要注意。一是犬种,陆军省指定的有三种,但实际上仅德牧得到偏爱,成了驯养的首选,因此在侵华战争中使用得最多。二是各部队军犬定额灵活性很大,可在五分之一以内超过定额,这就为弄清侵华日军实际使用的数量带来困难。

在组建军犬部队的起步阶段,各师团进度不一,1935年最多的师团有军犬20多头,少的只有1头,第8师团为零。1936年虽普遍增加,但依然相差悬殊,少的师团仅9头,多的超过60头,第8师团仍为零。有关军犬班的数量,至1936年6月17个师团、华北军、台湾军共有77个(包括准备设立的3个),各师团的班数大异,例如第8师团未设。出现这种情况,大概是因为"军犬班"刚刚组建,各部队既无经验,也无紧迫感,陆军省亦似未强制推动。就军犬总数而言,1936年17个师团共有408头[10],与1933年初就有200多头的关东军相比,明显"寒酸"。

在中国境内,不仅是关东军,华北军至晚1936年也建立了"军犬班",有军犬6头,均为德牧。如后文所述,它们在七七事变发生时就被投入了战场(图3-6)。

第二节 "军犬报国":"帝国军用犬协会"的活动

日军军犬部队的正式建立虽然起步晚,规模小,但因全面掌控民间养犬业及时得法,有效地弥补了自身的不足。

就日军特别器重的德牧而言,日本民间对养殖此类犬感兴趣是

图3-5 育成所进行听令、袭击、运物、架设电线训练

图3-6 1937年7月18日天津日军携军犬行动

在1920年前后，20世纪20年代中期则出现德牧热，日本船员等开始从海外大量带回倒卖赚钱，其犬种主要来自青岛与哈尔滨，即上述两地是日本民间德牧早期的主要源头。据说，青岛是远东最早引进德牧的，始于1897年德国人带入的警犬。20年代中期，以青岛的中国警署为主，当地的爱好者从德国连续引进了20多头优良种犬（雌雄均有）进行繁殖驯养。与此同时，青岛的日侨也从上海引进了数头优质德牧驯养。"警署系统"与"上海系统"便成了"青岛德牧"之源。哈尔滨的德牧则是十月革命后白俄贵族逃亡时带来的，不乏名贵血统。青岛、哈尔滨都是战前日本人在华主要侨居地，有些日侨归国时会带上德牧，日本民间出现德牧热后，日本船员与侨民见有利可图，纷纷从两地贩卖到日本。当然，从早期的血统来历而言，除了青岛、哈尔滨以外，有些日本人也从上海进口德牧，居住于日本的德国侨民养殖的德牧也是重要的存在。

1928年日本民间德牧驯养者成立"日本德牧俱乐部"。此时全国共有德牧约200头，其中属于军方（步兵学校）的仅12头[11]，民间犬在数量上占绝对优势。次年青岛日侨也成立了德牧俱乐部。民间自此开始注重德牧的培育与繁殖，直接从德国高价引进优质种犬，为日本国内的德牧开辟了全新的血统来源。各俱乐部还开始举办展览会，评选优等犬，促进了德牧的改良与提高。

俱乐部的活动吸引了军方的关注，其优质会员犬更是得到军方认可，包括关东军在内的日军急需军犬时，有些便是从会员犬中收购的。

如前所述，九一八事变后军犬被吹捧成精忠报国的"英雄"，国民的"军犬国防观念"空前提高，日本朝野都认为急需充实发展军犬国防事业，军方深知自身基础薄弱，于是打起了民间的主意。1932年陆军大臣荒木宣布要建立军犬队时就明确表示，"此事业只有军方与民间互相协力，才能取得改良与发展之结果"，为借助民间力量埋下了伏笔。

掌控"日本德牧俱乐部"的领导权是借助民力的捷径，但此组织是纯民间性质的，其中一些负责人个性甚强，并不乐于配合。军方于是另起炉灶建立自己能够操纵的社会团体。1932年9月"帝国军用犬协会"作为法人在获得陆军大臣批准后正式成立。使用"军用犬"一词，是为了区分民间犬与真正的军犬。

协会设定的"重大使命"是丰富与充实日本国内的军犬资源，对犬之繁殖统一管理，对民间犬普遍军训等，普及军犬知识，通过军用犬培养国防精神与爱国思想，为巩固国防而做贡献。协会要求会员必须以"军犬报国""养犬护国"为己任。皇族久迩宫朝融王担任协会总裁、名誉会员，真崎甚三郎等陆军大将、寺内寿一等陆军中将任协会顾问。陆军委派具有中将职衔者任会长，掌控协会大权，步兵学校"军犬育成所"建立后又派其兽医担任协会理事，负责以军方标准审查与选定良犬。因此，协会实际上深受军方控制，是军方的傀儡组织。

协会成立后以军方为后盾，合并了"日本德牧俱乐部"，将全国有关犬类的事务全部统一在协会之下，并且以德牧饲养者为主增加会员，在各地设支部。因为有俱乐部的基础，协会发展很快，成立3年就建立了20多个支部，会员从最初的407人增加到3 000人，注册登记的会员犬达6 000多头。1936年末会员又增至4 783人，会员犬更猛增至2万头以上。[12]此后仍不断增加，太平洋战争爆发后的1942年3月有会员8 500名、会员犬6万头。这也从侧面反映了日本民众对于战争的狂热程度一直在加深。

协会为了履行其"重大使命"，将如下工作作为自己的"事业"：（1）设"军用犬养成所"，对会员犬进行军用训练，购入优质种犬用于繁殖；（2）登记犬籍，发放血统证明；（3）就军犬向军方、政府提出建议，供其咨询；（4）对养犬者加以指导与统制；（5）召开有关军用犬的训练会、审查会、展览会、品评会等。

在军方等鼎力支持下，1933年"军用犬养成所"竣工，所长由陆军省指派的现役军官担任，9月正式启用时举行了"开所典礼"（图3-7），真崎大将与陆军马政课长等军方要员到场，真崎发表祝词说，军犬在军事上作用甚大，但日本军犬事业落后于欧美，养成所的建立正当其时，国家正进行总动员，在国防上具有重要作用的军用动物自然是总动员的对象之一，希望养成所在军犬报国上大有作为。

养成所建在东京郊区的赤羽车站附近，土地由军方免费提供，协会负责经营，当初建有40个犬舍，以及各种训练场，用于繁殖与训练。[13]

以军用标准对会员犬进行训练是养成所的基本工作。创办初期因知名度低，会员对其能力持怀疑态度。为鼓励会员送犬入所，养成所采取了以下措施：（1）利用皇室与政府高官将犬送入训练进行宣传，以名人示范；（2）借助媒体大量报道军方、政府要员以及社会名流视察养成所的消息；（3）组织学生与军人参观养成所；（4）在所内举办优胜犬展览会；（5）为民间培训养殖、训练人员。上述举措取得实效，养成所建立不到1年就训练了100多头会员犬。此后随着会员的增加，受训犬也同时大增。

养成所训练的会员犬犬龄在8个月与7岁之间，训练项目有脚侧行进、脚侧停坐、伏卧、匍匐、跳越障碍、前进、停止、监视、袭击（图3-8）、拒食等。各种训练中，"袭击"值得一提。图3-9是当年商家的"袭击"训练用防护服广告，特地开发此商品，说明这种训练十分普遍，需求量很大。如下文所述，九一八事变期间被鼓吹为"英雄"军犬的"金刚""那智"便是靠袭击与撕咬中国军人"立功"的，这大概是促发民间热衷于此训练的原因。而正是这种日常训练无限开发了犬之攻击本能，并且将其磨炼成了成熟的"技能"，使得它们在侵华战争中成为恐怖的杀人凶器。

图3-7 养成所举行"开所典礼"之日的正门

图3-8 军用犬的袭击训练

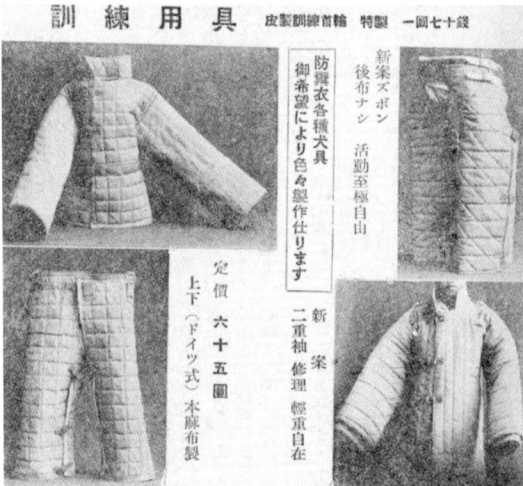

图3-9 商家的防护服广告

在繁殖方面，养成所建立第1年进口4头德牧作为种犬，繁殖的仔犬大多分给各地支部，并且为会员犬配种，1934年增建繁殖用犬舍，加大了繁殖规模。养成所有效弥补了步兵学校军犬育成所各方面的不足，是军方利用九一八事变后出现的"军犬报国"热潮借民间之力建立的后备军犬基地。

协会的工作还有主持"后备军用犬检查""警务训练考试""基本训练考试""防卫训练考试""传令训练考试"。上述工作都是以军犬为标准实施的，协会在军方指导下制定了《后备军用犬合格证明与规定》，1933年9月得到陆军大臣认可后实施。协会对通过检查、考试的会员犬发放《后备军用犬合格证》。证书的获得对于会员而言是一种荣誉与驯养技能的认可。政府还对取得此证的会员犬免税，以鼓励民间养犬者为获取证书而提高驯养热情与技能。这种后备犬是日军补充军犬的主要来源。

举办"展览会""对抗训练竞技会""耐力训练竞技会""水中训练竞技会"等，也是协会的重要工作。

1933年3月起协会每年举办一次全国性展览会，每次都有军方与皇室要员到现场指导。展览会不仅展出良犬，还将各支部选送的参展犬分组评审，由军人等评审员从中选出3头（后来数量有所增加）"帝国优胜犬"给予嘉奖。参展犬第一次仅57头，后来猛增至200多头，举办地也由首都东京转到地方，参观者越来越多，影响越来越大。各地支部还效仿总部在本地召开展览会，举行同样的活动。图3-10是第二次展览会的部分获奖犬。

太平洋战争期间这种展览会仍在继续。例如1942年5月在陆军省等后援下，协会在名古屋主办"第10次军用犬展览会"。出展犬分"参考犬""审查犬"。前者是军方拿出供展览、观赏的，起示范作用；后者是各支部从会员犬中挑选出来参评的，共有150头，其中德牧最多，有130头。主办者根据犬龄将其分为未满1岁的幼犬、1岁至

2岁的少壮犬，以及2岁以上的已经通过后备军用犬检查或受过训练的"合格犬"。由军方等代表组成的审查委员，按照优秀、特良、良、可、不可五等对"合格犬"进行评选，最终给获票最多的前四犬分别授予了"总裁宫殿下奖""陆军大臣奖""教育总监奖""农林大臣奖"。此外还设了"名古屋师团长奖""爱知新闻社奖"等，有数十头犬获得不同的奖项[14]，可谓皆大欢喜。

协会每年举行的竞技大会，则在督促会员平时加强训练、普及军训知识、统一训练的基本要求与标准方面具有指导性意义。

"第一次训练竞技大会"1933年11月在东京陆军户山学校召开，由会员申请参加，大会设通信、搜索、监视等比赛项目，设一等奖"总裁宫殿下奖"、二等奖"陆军大臣奖"、三等奖"会长奖"，奖励优胜犬。军方派员参加，展出军犬6头，现场示范表演。这种竞技大会一直举办到1944年（图3-11）。

上述展览、评选、竞技、表彰等活动，不仅在精神上刺激了民间养犬者，调动了驯养积极性，更是宣传了军犬报国思想，普及了军犬知识，推动了犬种之改良与良犬之增加，带动了民间犬体质与军用能力的全面提高，实现了民间犬的准军事化。

协会的又一工作是登记犬籍，制作与发行血统证明——《血统书》（图3-12）。协会十分重视犬之血统，要求会员在《血统书》上填写犬之四代内的血缘关系等，经审查后备案，同时发给会员本人，必要时（例如军方采购时）向有关方面出具，以作证明。除了血统以外，犬籍登记的内容还有是否属于后备军用犬、基本训练合格犬、防卫训练考试合格犬、搜索训练考试合格犬、传令训练考试合格犬、警察用训练考试合格犬等。协会每年根据登记内容造册，编印出《受过训练的犬名簿》与《帝国军用犬犬籍簿》。登记在册的犬可戴专用项圈。因获得军方承认，与其他犬相比，戴专用项圈犬的饲养者具有很高的荣誉感。通过此项工作，军方能够全盘掌握日本国内的军犬资源

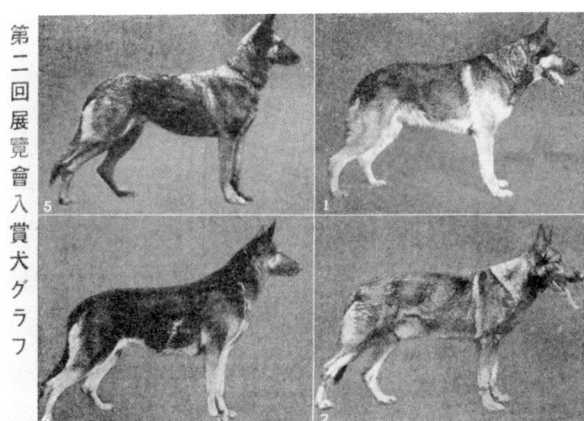

图3-10 第二次展览会的获奖犬

图3-11 大阪支部的"训练竞技大会",分别为静卧、搜索、袭击、游泳比赛

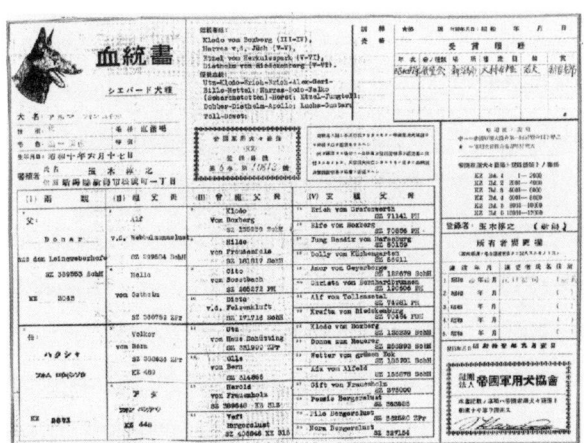

图3-12 民间犬的《血统书》

状况，做出相关决策。

在发展军马业方面，日本军政当局靠各种法律对马政全面统制，但在军犬方面则无类似法律可依。军方在自身建立"军犬育成所"、组建军犬部队前，就推出了这种半官半民的社团法人"帝国军用犬协会"，使之成为附庸，可谓深谋远虑。据此发动民间力量驯养准军犬，基本上能解决军犬业起步晚、规模小而无法大量驯养的棘手问题，为战争准备了丰富的军犬后备资源。

犬本无善恶，看由谁驯养，善者养善犬，恶人蓄恶犬。日本侵华后，这些民间犬被大量投入战场，在成为战争牺牲品的同时，受日军驱使充当了恶魔的刽子手。

第三节　为魔所驱：侵华日军的军犬部队

一、倾巢而出：军犬的定额

如前所述，日军自1933年将军犬正式纳入编制，不过，各师团的军犬数量各异，难以判断其定额。

七七事变后侵华日军各师团的军犬定额与实际使用数量更加复杂，加上史料严重缺乏，现已无法一一厘清，只能通过零散史料，粗略了解一些基本情况。

1937年起驻扎中国东北的第4师团，1938年1月的报告说其军犬定额为44头。[15]华中军1940年3月的报告则显示，各师团当时的定额约为50头，独立混成旅团约为70头。[16]据此可以推断，这几年师团的军犬定额一般在50头左右，独立混成旅团约70头。

就各地日军而言，据现有资料可知，华中军军犬定额1940年3月是1 269头（其中204头属于军犬育成所），1942年2月是1 173头，7

月为1 343头。[17]即上述时段，华中军的军犬定额在1 200头左右。

有关华北军的定额，只查得1941年的数据，同年11月为1 084头，12月为1 103头（其中有幼犬56头）。[18]据此可知该军1941年的定额在1 100头左右。

关于关东军的定额，1942年度为2 132头，军司令部仍希望给各部队增加，如果能如愿，总数为2 711头。[19]时至1944年1月，定额则为3 240头（其中育成所种犬60头、训练中的所谓育成犬180头）[20]，变化很大。

依据上述数据，如果将1941年底或1942年关东军、华中军、华北军的军犬数量相加，总数约为5 000头，但这未算入华南军。该军各年情况不详，都是侵华日军，编制肯定相同，例如侵占香港的日军1942年有军犬44头。[21]其师团数量少于华中军等，军犬数量估计不到1 000头。如果是这样，此时段整个侵华日军的军犬定额在6 000头左右。

侵华日军的师团数量，该时段为35—37个，在全面侵华期间大致处于中间数。如多次所强调的，日军的序列一直在变，军犬定额及其总数也随之改变，在根本无法弄清的前提下，不妨将6 000头视为侵华日军各年军犬定额的平均数。

二、军犬灰灭之地：军犬的损耗与补充

有关侵华日军历年军犬的损耗状况，史料同样匮乏，只能通过相关零散资料窥之一二。

关东军是最早正式建立军犬队的，由于当时各师团未配置军犬，因此，九一八事变后侵入中国东北的日军都需要配置军犬与军犬兵，加上军事行动中的损耗，关东军对军犬的需求很大，陆军省主要靠收购民间犬给予补充。如后文所述，1933年关东军建立了自己的"军犬育成所"，虽然就地解决了一些需求，但仍然依靠陆军省补充。例

如1937年9月获得补充87头（其中种犬7头）[22]，1938年对部队重新整编时，要求给育成所补充种犬10头，给部队补充200头，如愿获得。[23]如后表3-3所示，1939年度以后关东军仍大量申请补充。这说明即使是侵占东北后"环境"相对安定的关东军也因损耗等需要大量补充。

七七事变后，大量军犬随着日军进入战场（图3-13至3-18），事变初期军犬损耗的总体状况不详，第3师团步兵第6联队侵入上海后，9月起共有军犬8头投入战场，激战至12月死亡7头（6头被打死，1头病死），剩下的1头是属于联队总部的，大概远离前线才保住了命，但翌年5月也死于战场。联队的军犬仅9个月就全灭，应该是同时间侵华军犬的缩影。

随着战争的扩大，关内日军对军犬、军犬兵的需求越来越多，其原因除了损耗以外，在侵华初期还有一些其他原因。例如，七七事变前各师团虽然建立了军犬队，但有些并未足额配置，紧急投入战场后都需要补充；一些新建的师团一组建就被派到中国，配置的军犬可能不足，并且大多是刚从民间购买的，未受过真正的军事训练，军犬兵也有限。

华北军军犬的损耗情况，通过以下例子可见一斑。1939年3月，华北军有11个师团、9个旅团、1个骑兵集团，只有军犬309头，加上育成所的也仅338头。其中第10、14、108、109师团，第7、8等4个旅团的数量为零[24]，这些师团或是常备师团，或是七七事变初期扩建的，此时的军犬资源十分丰富，入侵时应该都配置了一定的军犬。不过，经过一年多鏖战，已经归零。

陆军省一直提供补充，据不完全统计，1937年11月补充25头[25]，1938年12月华北军申请补充150头，次年2月如数获得。[26]1939年度及其以后华北军因损耗而申请补充的数量非常多，详情如后表3-3所示。由于补充犬基本来自民间，需要进一步训练，1938年5月关东军

第三章 异化的"忠犬"——军犬 / 249

图3-13 入侵上海的日军与军犬

图3-14 侵占江苏昆山的日军早上喂军犬

图3-15 入侵山东峄县的日军与军犬

图3-16 入侵安徽广济的日军与军犬

第三章 异化的"忠犬"——军犬 / 251

图3-17 入侵湖北大洪山的日军与军犬

图3-18 入侵江南某地的日军与军犬

派军犬育成所长带领8名教员去北京一个月，帮助训练军犬，培训军犬兵。[27]

华中军的情况大同小异。表3-1是其下辖第11军有关部队1939年5月申请补充军犬的报告[28]，据此可知，除了同年2月刚刚组建侵入中国的第33师团有21头以外，其他师团相关部队的军犬数量基本为零或接近零，损耗率差不多是百分之百。当然，第11军是日军的野战主力部队，战事频繁，军犬损耗肯定尤其严重。陆军省8月仅如数补充给了第33师团、混成第14旅团、第3野炮兵厂。[29]

表3-1　第11军相关部队军犬数量（1939年5月）（数量：头）

部　队　名　称		希望补充数	现有数
第3师团	步兵第6、18、34联队，野炮兵第3联队，工兵第3联队	35	0
第6师团	步兵第47联队	2	不详
第9师团	山炮兵第9联队、第9师团卫生队	5	1
第13师团	步兵第58联队、辎重兵第13联队	6	2
第16师团	步兵第9、20、33、38联队	80	2
第33师团	步兵第23、215联队	7	21
第101师团	卫生队	4	0
第106师团	—	24	0
混成第14旅团	旅团司令部，独立步兵第61、62、63、64、65大队	90	0
第3野战炮兵队	第3野炮兵厂	4	0

表3-2则说明华中军军犬的损耗1940年以后仍很严重。据此可知，华中军1940年、1942年军犬缺额分别占定额64%、48%。如下表

3-3 所示，陆军省这几年基本是按照申请全额补充的，华中军仍出现如此多的缺额，说明损耗很大，损耗率一直在50%左右。华北军等日军所处的各种环境与华中军大同小异，不妨在此将50%视为日军军犬的年均损耗率。如此看来，中国战场成了日军军犬的夺命之地。

表 3-2　华中军军犬定额、现有数、请求补充数
（1940年3月、1942年2月）（数量：头）[30]

部队	定额		现有数		预定补充数	
	1940年	1942年	1940年	1942年	1940年	1942年
华中军直辖部队等	80	83	25	56	30	22
第11军	555	590	312	386	191	185
第13军	480	500	153	172	92	193
合计	1 115	1 173	490	614	313	400
华中军"军犬育成所"	204	170	64	43	140	100

关东军、华北军、华中军1939年以后至1942年申请补充与实际获得的数量，通过表3-3大致可知一斑。

表 3-3　日军申请与获得补充的军犬数量表（1939—1942年）（数量：头）[31]

部队	时间	申请数量	补充数量	备注
关东军	1939年	不详	400	
	1940年2月	883	883	申请全年度的，分多次补充
	1941年	不详	600	
	1942年	不详	713	分多次补充

（续　表）

部　队	时　间	申请数量	补充数量	备　注
华中军	1939年	899	621	分两次申请，分多次补充
	1940年3月	453	470	
	1941年2月	200	300	
	1942年2月	500	400	申请全年度的
华北军	1939年	600	550	分两次申请，分多次补充
	1940年3月	260	215	
	1941年1月	200	450	
	1942年	不详	210	

受史料所限，上表中的数据，不少年份的肯定不完整。但根据此表，再结合陆军省关于各军每年度应分上、下半年两次申请补充的规定，以及陆军省停止补充军犬的时间始于1944年度[32]，大致可以估算出各军每年度申请与实际获得补充的包括种犬在内的军犬数量。

就关东军来说，上表显示，1940年的883头是申请全年度的，陆军省如数补充了。其他各年度数据不齐全，但大多也在600头以上。其军犬定额都在2 000头以上，1944年1月更达到3 240头，按照50%的损耗，据此估计各年申请与获得的补充数量大概都在800头。这样，仅七七事变后到1943年底，关东军获得补充的数量就在5 000头以上。

就华中军而言，该军1937、1938年的具体损耗与补充数量不明，从表3-1等来看，损耗量非常大而未能得到充分补充。1939年该军申请了899头，半年就得到了大半补充，全年得到满额补充应无问题。1940年起每年该军申请的数量基本上稳定在500头左右，陆军省也是据此补充的，1943年的情况应该差不多相同。以此估算，华中军侵华期间获得的补充总数大概在4 000头。

最后看华北军，1937年与1938年的军犬损耗数量应该非常多，并且也未能得到充分补充。1939年该军分两次共申请600头，应该是全年度的，陆军省也基本如数补充。1940年后，其针对抗日根据地的扫荡等军事行动也从未停止过，所需犬数应该不亚于华中军。因此，1941年的450头可能接近实际补充的数量。如此，华北军获得的补充总数略低于华中军。

将上述各军相加的话，七七事变后侵华日军获得的来自日本的军犬补充数量超过12 000头。因相关具体情况不明，以上还未算入华南军与九一八事变前关东军的。如果算入，整个侵华日军获得的来自日本的军犬补充总数估计在16 000头以上。以此加上入侵时先后随军带入的，14年侵华战争期间陆军使用的日本军犬大概在17 000头。

不过，如表3-1、表3-2所示，各军申请的数量低于真正的缺额。还有，如前所述，日军军犬年损耗率在50%左右，按照整个侵华日军军犬的年均定额6 000头左右来计算，每年要补充3 000头左右，而表3-3所显示的各年补充数量多则近1 700多头，少则1 300多头，当然，此统计并不全面，但距离3 000头差距不小。对于这一部分，如下文所述，日军基本上通过"自给自足"加以弥补。如果算入"自给自足"的以及在华日侨等"献纳"的，整个侵华战争期间日军使用的军犬总数估计在2.5万头左右。

第四节 "忠犬"之源：日军军犬的补给

一、"军犬报国"：来自日本的补充

陆军省1934年的《军犬管理规则》规定，军队补充军犬须来自

陆军步兵学校的"军犬育成所",不足时或特别紧急时可以从民间购买。如前所述,育成所的规模实在有限,根本无法补足侵华战争期间的缺额,只能依靠民间。

其实,关东军在九一八事变前驯养军犬时,板仓驯养的3头德牧就购自青岛日侨,事变后所需的大量军犬也来自民间。例如,关东军1932年初建立独立守备队特设军犬队时,150头中63头来自青岛的日侨。

1932年9月"帝国军用犬协会"建立后,会员犬便成了主要补充来源。例如,军方在1933年收购30头,1934年收购80余头,送入步兵学校"军犬育成所"训练后提供给了部队。此时正是各师团正式建立"军犬班"之际,加上入侵中国东北的损耗,育成所靠自己繁殖远远满足不了需要,在"军犬报国""养犬护国"口号下大量驯养出来的民间犬此时发挥了重要作用。

军方获得民间犬的途径,开始是靠民间主动"献纳"(图3-19至3-21),1937年全面侵华后因需求大增,则强行通知民间献犬"出征",民间将这种犬称为"应召犬"。

民间是以"国防献品"的名义向军方"献纳"(后改称"捐赠")的,但军方实际上是作价收购,刚开始标价非常高,例如1934年每头300日元左右,但随着需求大增,价格下降,1935年至1937年初大多在100—120日元之间,低的50日元。即便如此也相当于民众几个月,甚至1年左右的工资。在"军犬报国""养犬护国"的热潮中,高价收购是对难舍爱犬者的物质奖励吧。

军方是按照军犬标准对获得《后备军用犬合格证》之犬进行选购,选中后对犬主人发放《军犬评价证明书》(图3-22)。证明书记载犬之名称、性别、出生时间、评估金额等。而陆军大臣则向"献纳"者发放《承认书》(图3-23)。犬主人与犬容易建立感情,让其"献纳"爱犬,虽说出于"忠君爱国",但毕竟还是难舍难分的。以陆军大臣的名义出具证明,对于犬主人来说是种莫大的荣誉,炫耀之资

图3-19　1937年第4师团司令部前的献犬仪式，松井师团长（拱门正下方者）出席

图3-20　同上，献犬后的场景，背景为大阪城，右侧为司令部

图3-21 长崎支部在神社前献犬

图3-22 军方出具的《军犬评价证明书》

图3-23 以陆军大臣的名义发放的《承认书》

本。军方的物质与精神奖励无疑能最大程度调动养犬者驯养与献纳的积极性。

七七事变后，军方的收购随着侵略扩大猛增。例如，关东军1937年9月申请87头军犬，陆军省补充时从民间采购72头，至同年12月军方获得"献纳"的犬数则达115头。[33]随着大量民间犬被送到战场，符合军用要求的民间资源出现紧张趋势。1939年5月第11军请求陆军省补充257头，希望都是受过训练的。陆军省对于该军一向是优先补充各种资源，但到8月底才凑齐101头，并且其中仅56头在步兵学校育成所受训过两个月，其他的都收购自民间。[34]同年8月，华北军请求补充军犬300头，12月获得补充民间犬200头。如果符合军用要求的民间犬资源充足，不会不如数及时补充。

"帝国军用犬协会"登记在册的会员犬1936年有2万多头，1938年获得后备军用犬资格的有近3万头。[35]不过，从以往的战争经验看确实能够承担军事任务的仅为其一成。因大量补充，德牧资源趋紧，1940年9月陆军省下令日本国内配属有军犬的部队免费为"帝国军用犬协会"的会员犬配种，试图增加繁殖数量，1941年日军甚至开始试用日本犬——秋田犬。1942年初会员犬号称有6万头，不过，诸如血统方面的要求大概已大打折扣，总体素质严重下降。

因此，尽管军犬的养殖、训练时间大大短于军马，训练也比军鸽容易，九一八事变后日本当局以"军犬报国"的口号动员民间力量，举国发展军犬后备资源，但仅靠日本国内已不能及时满足长期侵华的需要，以战养战成为日军补充军犬的又一重要手段。

二、以战养战：日军的在华军犬基地

（一）关东军的举措

九一八事变发生后，关东军正式建立军犬队，对军犬的需求大增。关东军认为有必要自行开发军犬资源，就地解决补充等问题。具体理由一是犬繁殖能力强，一年一般可以繁殖两次，并且每胎有数头，甚至10多头；二是饲养与训练也比较容易，幼犬经过训练，6个月后就能入伍；三是就地驯养不仅方便，而且能适应当地的风土气候。

在陆军省支持下，1933年8月关东军于辽阳建立"军犬育成所"（图3-24、3-25），主要工作是使用种犬繁殖，驯养后补充给部队；对从日本补充来的民间犬训练，然后提供给部队；为部队培训军犬兵。

育成所创办初期有专职军人60人，定额犬数基本上为256头，其中种犬大致为32头。[36] 从种犬数量看，育成所规模较大。后来关东军又选中适宜培育军犬之地新民，派员在新民病马厂"育成"军犬，进一步扩大了驯养规模。

育成所后来的种犬定额不详，该所建立后又从德国进口牧羊犬等良犬作种犬，从朝鲜等地引入种犬10头，至晚1944年达到60头。1934年6月育成所开始繁殖，同年度有母犬20头产仔约118头，平均每头产5.9头。在仔犬生下半年后，育成所以10头为1个班训练，虽受犬瘟影响，到1935年3月仍驯养成功86头，减耗率32.2%。[37]

因遭遇犬瘟，靠种犬产仔仍满足不了需求，育成所在下文所述的"满洲军用犬协会"的助力下从民间收购良犬驯养，尽量补足数量。例如，1934年10月补充给第2独立守备队的7头、1935年2月补充给第4独立守备队的10头，都来自"满洲军用犬协会"会员的"捐赠"。

在培训方面，育成所开班为各部队培养军犬兵。培训内容为基本应用训练、驭犬技能、饲养与卫生管理知识等（图3-26）。因陆军省要求建立"军犬班"，加上事变后的头几年战事频繁，各部队缺少军犬兵，育成所在成立初期的1934年8月至1935年3月，就分5批培训官兵近70人，这种培训一直持续到战败。

七七事变后育成所一直得到陆军省提供的种犬，维持良犬的繁殖能力。根据其种犬数量估算的话，每年能育成300头左右的军犬提供给部队。

图3-24 关东军"军犬育成所"正门

图3-25 关东军"军犬育成所"犬舍

图3-26 关东军育成所培训军犬兵

关东军在自建育成所的同月，还效仿日本国内的"帝国军用犬协会"，与伪满、"满铁"等共同策划成立了社团法人"满洲军用犬协会"。协会总部位于辽阳关东军"军犬育成所"内，育成所所长任协会理事，陆军中将高柳保太郎任会长。据此可知协会实际上是关东军的附庸。

协会旨在"基于国防上的视角，助力'满洲'军用犬之繁殖，谋求普及、提高养犬思想"，"基于其军事上的使命，为达到其目的而竭尽全力"。[38]

为了完成此"使命"，协会以总部为中心，在大连、新京、奉天、哈尔滨、热河等11地设支部，展开以下工作：联络、统一饲养军用犬之个人与团体，帮助其发展；饲养种犬，加以配种；为军方种犬与会员犬交配等提供斡旋；建立训练所，训练协会与会员等饲养之犬；开办或者协力举办军用犬能力审查会、训练审查会、展览会、鉴评会等，登记、发放犬籍，开具血统证明；举办讲座，实地指导，编印养犬图书；在军方指导下，对合格犬进行军事训练，对通过审查的发给证书。

协会一成立就致力于改良血统，普及优良品种，为此投入5万元于1934年5月购买德国种犬40头，自此常置种犬50头左右，为会员犬配种。为了便于就近行事，在各支部置种犬2头，至1937年底共置种犬164头，据此产犬达371头。[39]

协会主张一"省"一支部，一户一犬，主要是以居住于伪满的日本人为中心积极发展会员。会员数由1934年的537人，增至1937年的1 836人，符合条件的犬数由1934年的857头，增加到1937年2 420头，德牧占96%。

协会仿效"帝国军用犬协会"，先后在大连、奉天、安东、新京、哈尔滨等地召开了"共进会"即展评会。

"第一回'满洲'军用犬共进会"在成立当年利用大连召开"'满洲'大博览会"之机举办，伪满各地推荐的78头民间犬参加了展评。主要由日军军人组成的评委会将参评犬分为公、母两组，评选出了优质犬颁奖。关东军参谋长小矶国昭发祝词说,军犬在此次事变中"作为将兵之伙伴发挥了伟大作用",但良犬资源贫乏,急需改良,增加繁殖,需要官民共同努力。[40]对协会今后为关东军提供良犬寄予了厚望。

协会举办的这种"共进会"对于改良当地犬种,普及军犬知识,调动当地普通日本人养犬积极性,无疑能起到促进作用。

如前所述,关东军"军犬育成所"1934年就开始选购会员犬供军用,此后一直将其作为军犬后备资源库。例如,1936年11月关东军旅顺要塞司令部获得10头"献纳"。1938年关东军对部队重新整编时,要求陆军省补充200头军犬,但其中100头是自行在伪满与朝鲜采购,伪满的应该来自协会会员犬。

与在日本国内一样,关东军从会员那里购犬时也以陆军大臣的名义发放《承认书》,予以物质与精神上的鼓励。

协会依靠关东军的领导与支持,在伪满的日本人中不断扩大影响,发展会员,通过引进优良种犬改良了本地犬,培育适合当地气候风土的军用后备犬,是关东军军犬的又一来源。

(二)关内日军的"军犬育成所"

关内日军所需补充的军犬不仅量大,而且非常迫切,也希望能就地及时解决一些问题,缓解缺额的压力,于是效仿关东军自建"军犬育成所"(图3-27),试图在一定程度上"自给自足"。

华北军1939年1月在补充马厂(收容、保管军马的部门)的基础上另行组建"华北方面军临时军犬育成所",3月有犬29头,12月底正式成立于长辛店铁路工厂内,有50多

图3-27　某育成所一角

人，负责繁殖、训练军犬，培训军犬兵等。[41] 育成所开始主要是对来自日本的民间犬加以训练后补充给部队，设立当年也开始使用种犬繁殖。该军参谋部同年向陆军省申请提供种犬50头（公犬15头、母犬35头），据此看来规模接近关东军的育成所。按照种犬数量，育成所自身每年可育成军犬250头左右。据在此当过厨工的中国人回忆，育成所平时有犬三四百头，最多时超过千头，其中应该有很多从日本补充来的。因为有此规模，育成所在成立当年的11月中下旬就向相关部队补充了军犬124头，开始发挥作用。

1941年1月华北军参谋长笠原幸雄向陆军省申请补充军犬的报告说："目前正指导从本地获得军犬资源，但1941年度仍不得不期待从日本国内补充。"[42] 据表3-3可知，华北军至少到1942年度仍有此需要。

育成所建立后就开设培训班培训军犬兵，基本上一年两期。教官在空闲时间还去各部队检查与指导军犬兵工作。

华中军建立育成所晚于华北军。与华北军一样，华中军侵入中国后也急需补充军犬与军犬兵。例如，1939年5月华中军向陆军省申请补充220头军犬时，请求让军犬押运人员留在南京3周，进行有关训练、饲养、管理等方面的教育，陆军省为此派出了步兵学校的军犬兵6人押送。[43] 为了有稳定的军犬基地，华中军决定自建"军犬育成所"。

1939年6月华中军司令官下令在南京组建"华中派遣军军犬班"。"军犬班"由兽医、军犬兵等60人组成。根据司令部制定的《华中派遣军军犬班服务规定》，其"服务"的范围是：在军参谋长领导下，担任军犬的育成、训练、补充，同时负责有关军犬的调查、研究，以及培训军犬兵。如此看来实际上承担了育成所的职责，正式改称育成所应该是在1939年底或1940年初。

"军犬班"建立之初军犬的定额为155头，其中种犬35头（公犬5头、母犬30头）、受训犬120头。除了上述定额以外，可以比定额多驯养五分之一。[44] 按照种犬数量估计，育成所自身1年可育成军犬200

头左右。此数量无法补足缺额,如表3-3所示,华中军一直接收来自日本的补充。

华南军是否建立过"军犬育成所"有待查证,该军对配置军犬有时持消极态度。1940年4月华南军向陆军省申请补充95头,不过6月又请求取消,理由一是部队没有使役军犬的合适人员,即使有也无时间专心于此。因为最近前线战斗力减弱,一兵一卒都得节省;二是从下属部队以往的实绩看,无法确切有效使用,军用价值低,难以取得预期成果。陆军省于是将这批军犬补给了关东军。[45] 显然,华南军轻视军犬的实用价值,但也并非一直如此。例如,1941年6月接收了陆军省200头补充,1942年9月接收了30头。[46] 说明该军对军犬的态度因时而异。

与日军建立的军鸽育成所一样,各地的军犬育成所在军犬的繁殖、驯养、补给,以及军犬兵的培训方面发挥了很大作用,是日军补给军犬的重要来源。

第五节 异化的"忠犬":侵华日军军犬的作用

一、一犬多用:"立功"的军犬

日军步兵学校最早用来试验性驯养的军犬犬种有德牧,其价值得到肯定后,重点使用德牧繁殖、驯养。如前所述,步兵学校"军犬育成所"的训练项目是传令、侦察、放哨、搜索、袭击、监视、运物、架设电话线等。在日本"本土化"的德牧,性情凶狠,攻击性强,灵敏度、警觉性高,反应迅速,非常适用于此类任务,日军正式建立军犬部队时绝大部分使用了此犬种。根据《军犬管理规定》,军犬的体高需要在50—70厘米,体格强健。因此,日军军犬普遍高大,加上德牧双耳竖起，体貌似狼，中国人一般称之为"狼狗"或"狼犬"。

九一八事变后，日军将大量军犬投入战场。1933年5月陆军省制定《表彰军用动物内规》，对包括军犬在内的"立功"军用动物加以表彰，同年7月第1次评选。至1937年7月有军犬20头获表彰，11头甲等，5头乙等，4头丙等。就军犬的实际用途而言，除了第一次获奖的两头外，这些军犬大多是在传令、守护、巡逻、放哨、侦察、搜索、看护等方面"立功"而得到表彰的。

从各方面看，步兵学校最初是将传令作为主要技能对军犬加以开发训练的，1921年日军特别大演习时，步兵学校展示的军犬研究成果也正是使用德牧传令，并且大获成功，为步兵学校争光不少，只是未能引起军方上层的关注。此后，在重要的公开集会上，军方展示军犬"特异功能"时，一般都表演传令。日军编印的军犬训练与用途资料也是把"传令"放在用途的首位。

在传令通信方面，军犬确有其优势，特别是在千米左右的短距离方面，不仅速度快，几分钟就能送达，而且不受天气与地理环境影响，是缺乏或无法使用有线、无线通信工具时，最快捷便利的短距离通信工具，非常适合前线部队相互之间使用。

关东军最初驯养的"金刚"等在九一八事变之初便是用来传令的。关东军在侵占东北过程中使用军犬通信很普遍，有些还因"殊死立功"获得表彰。例如，陆军省1937年第六次表彰的"甲功勋章"军犬中，名为"哈塔号"的即为关东军军犬。据说，1936年11月某"讨伐"小队携此犬进入山区围剿抗日力量时，需要附近的日军配合作战，因为没有其他联络方法，于是派"哈塔号"送信至"讨伐队"总部。"哈塔号"送信途中头部中枪，仍翻越山岭，10分钟将信送到2千米之外的总部后就咽气了。由于为部队赢得了战机，"功绩拔群"而被表彰。

日军发动七七事变后，也将军犬视为特殊情况下的重要通信工具（图3-28）。事变之初，天津日军与我军交战期间，在用军鸽构成通信网的同时，在天津城内一些重要据点配置军犬，确保与司令部保持联系。日军扩大侵略后，继续用军犬弥补通信之软肋。例如，事变当月下旬日军与我军对峙，因电话线无法延长进入广袤的高粱地，于是使用军犬，名为"樱号"的军犬多次往返于前线与指挥部之间送信，表现"出色"，最后与军犬兵一起被打死。"帝国军用犬协会"副会长翌年5月以《关于事变与军犬》为题在东京的广播中介绍军犬的传令本领时，专门讲述了其"事迹"。[47]该犬的"故事"后来被作为军犬通信的典型写入《军用犬育成读本》（1942）等读物中。

八一三事变初期，"军用犬养成所"原主任阿部启炮兵少尉从上海发回的报告说，军犬在传令等方面的活跃给第一线士兵留下了非常好的印象，不少军犬在战场传令时被打死。

跟"哈塔号"一样，有些军犬也因送信"立功"受表彰。仅以1941年10月获得"甲功勋章"的4头为例，"英号"获得表彰的理由是：1937年11月参加入侵上海，架设于苏州河的50号桥被我军机关枪交叉封锁着，桥两边的日军需要联系，因无其他通信工具，只能依靠"英号"。此犬一直往返于两边送信，最后一次在桥上被打伤脚，仍瘸着完成任务。12月进攻南京某高地，该犬虽是某部队总部与下属部队之间的备用通信工具，仍多次发挥作用。战场为山地，地形错综复杂，"英号""总是迅速、准确地完成任务，为某部队进攻南京做出了大贡献"。再如"军人号"，1938年参加攻击潜山后，其所属部队及其下辖部队负责警备，两部队被山地隔开，有3千米距离，刚开始除了军犬以外毫无通信工具。"军人号"一直往返送信，电话线架设好后，又被用于山下的哨所与总部之间的通信。某日该部队的小分队在夜间被我军优势兵力包围，该犬越过泛滥的河流及时将求救信送到总部。总部立刻派援军去解了围。[48]

军犬还被日军普遍用来放哨、侦察、搜索、追踪，发现与跟踪抗日力量，防止抗日力量突袭或暗中破坏铁道、军用仓库、工厂、营地等设施。

关东军自军犬队正式建立后就大量使用军犬保护铁路及其沿线的电话线等，军犬队负责人贵志1932年在《"满洲"事变与军用犬》中介绍军犬的作用时，举了很多例子说明军犬在这方面发挥的特殊作用。如表3-3所示，在侵华日军中，关东军每年补充的军犬最多。其军犬用得最多的地方大概是边境。伪满与苏联的边境漫长，地理环境复杂，一到漫长的严冬更给行动增加重重困难，仅靠有限的兵力难以胜任，军犬在巡逻、放哨、搜索方面是得力的助手，因此关东军大量使用。例如在1942年，该军2 132头军犬中有512头，即四分之一属于国境守备队。军犬还被关东军用来看守军用设施等，1942年使用军犬的还有野战航空厂（190头）、野战货物厂（85头）、野战兵器厂（72头）、野战汽车厂（55头）等，这些军犬显然都是用来巡逻、放哨的（图3-29、3-30）。这一年，关东军希望将军犬总数增加到2 711头，增加得最多的是军用工厂与仓库。[49]

华北军参谋长山下奉文1939年8月向陆军省申请补充军犬时，提出的理由是，由于针对游击战的警戒、秘密侦察，以及看护军用物资的需要等，对军犬需求逐渐增多，军犬"正在发挥相当好的效果"[50]。军犬在放哨、侦察、搜索方面的作用得到了充分肯定。

在获得表彰的军犬中，便有主要靠放哨"立功"的（图3-31）。例如，1937年获得"甲功勋章"的关东军犬"义号"因两次放哨"有功"而得到官兵"感谢"。还有一次是某"讨伐队"外出讨伐，陷入抗日力量重围，时至夜里仍不得脱围，便选择有利地形扎营，利用"义号"等军犬彻夜放哨，避免了被夜袭。再有一次也是跟随部队讨伐，雨夜宿营时"义号"放哨，及时发现潜入的"危险分子"，而且将其追击扑倒，使得官兵免于攻击。

还有军犬因搜索、侦察"立功"的。关东军的不少军犬"立功"，就是或搜索与追踪到"越境"者及其藏匿的物品，或及时发现、制止

第三章 异化的"忠犬"——军犬 / 269

图3-28 使用军犬送信

图3-29 关东军军犬巡逻铁路

图3-30 铁道桥下的关东军岗哨与军犬

图3-31 放哨中的军犬

了对铁路等的威胁。再以1942年12月获得"甲功勋章"的3头为例，"敏号"，除了多次放哨及时发现"敌情"，"成功"挫败"敌人"袭击外，其他"功劳"还有，作为"搜索犬"在作战中多次冒着枪林弹雨搜索地雷，为部队开路。在部队执行任务时帮助追踪、抓捕到已经远离现场的"危险分子"；"马尔号"是配属于某铁路守卫队的军犬，受到过搜索爆炸物的专门训练，在一次巡逻中搜索到埋在铁路下的炸药，避免了"惨剧"发生；"广照号"则是日军进入某村落扫荡前，发现伏兵而吼叫报警，使得日军逃脱伏击，自己则被击毙。

据说，抗日军队在撤退中不乏因日军军犬的跟踪追击而遭致重大损失之例。而日军向我敌后战场发动扫荡战时，军犬的搜索、侦察、追踪技能也被充分发挥，即使我抗日力量埋伏隐蔽得非常巧妙，也可能被其凭借灵敏的嗅觉发现，这也是华北军大量使用军犬的原因。日军军犬的搜索、侦察给我抗日力量造成了很大威胁和巨大损失，严重破坏了我方的各种抗日活动（图3-32至3-37）。

日军当初训练军犬还有一个目的是运物，在侵华日军的记载等中也能看到少数实例。例如，关东军在伪满与苏联边境巡逻时，在比较平坦的地带使用军犬拖拉小型移动鸽车跟随行动（图2-30），以此缓解巡逻队员长途携带军鸽之累。

再如，前述1941年获得"甲功勋章"的"英号"，除了多次完成送信任务外，还往返于苏州河的50号桥，给桥对面的日军运去地图、航拍照片等，为断粮的日军运去盒饭，"鼓舞了前线官兵的士气"。运送物品也是"功劳"之一。

上述《关于事变与军犬》也提到，进攻上海的一小股日军激战后夺取了苏州河的某桥梁，但渡桥过河后，因后续部队被中国军队打得无法渡桥，弹药得不到补充，陷入困境。日军派军犬冒着枪林弹雨运载弹药过桥，解了燃眉之急。

272 / 军马、军鸽与军犬：日本侵华战争与军用动物

图3-32　搜索中的军犬

图3-33　在河北献县城搜索抗日力量的日军与军犬

第三章 异化的"忠犬"——军犬 / 273

图3-34 原图说明是去"搜剿"冀西的八路军

图3-35 侵入晋中扫荡的军犬队

二、助纣为虐：嗜血成性的军犬

与上述各种技能相比，日军更多的是肆意发挥了军犬凶狠之特性，将其用于袭击、撕咬、杀戮。

最早被鼓吹成"精忠报国"的榜样而获得"甲功勋章"的军犬"金刚""那智"，就是靠攻击、撕咬"立功"的。两犬成为日军军犬的"楷模"，在其灭绝人性的主子驱使下，军犬的攻击性被彻底激发，成为随意攻击、杀戮我抗日军民与普通平民、制造恐怖的惯用工具。

据在长辛店日军训犬基地"狼狗队"当过厨工的中国人回忆，1938年前后这里的日军就常用抓获的抗日军民训练军犬攻击、撕咬，直至咬死为止。回忆中所说的驯犬基地"狼狗队"如果时间上确为1938年，则是华北军"军犬育成所"创办前的补充马厂。"袭击"是日本国内"军犬育成所"与"帝国军用犬协会"的重点训练项目，训练时都穿特别护身服，虽能激起犬之野性，但不至于让其接触到血腥而疯狂。侵华日军的育成所在建立之初就驱使军犬撕咬失去抵抗能力的中国人，这种血腥训练的意图十分明确，即通过让军犬吃人彻底唤起其嗜血的兽性，充当杀戮机器。这类训练确实达到了目的，据上述厨工回忆，这些狗只要看到未穿日军军装的人，冲上去就撕咬。[51]

现在，位于丰台区长辛店二七纪念馆院内东南角的育成所遗址立有纪念碑，碑上写着"长辛店侵华日军吃人狼狗队遗址"，无声控诉着这段骇人的历史。

如前所述，侵华日军军犬的日常配额在6 000头左右，遍布前线与侵占区，日军是一有机会就肆意发挥其兽性。翻开我国各地控诉日军罪恶的种种"暴行录""屠杀案"，或记载有沦陷历史的县志等，有关日军在各种场合使用军犬撕咬、虐杀我国抗日军民、无辜民众的记录比比皆是，罄竹难书。

仅以山西省长子县的"刘家坟惨案"为例，1943年2月日军抓住该县抗日战士王占青等10人，严刑拷打后，13日上午将他们带到县城西门外的刘家坟捆绑于木桩上，放出5头军犬活活咬死。[52] 图3-36是日军准备使用军犬突袭，图3-37则是当年抗日根据地木刻家发表的作品，如实记录了日寇的此类暴行。

即便在统治相对"稳定"的占领区，日军为了维护"治安"，也动辄使用军犬攻击平民，滥施淫威，实施恐怖统治。据回忆，1940年夏日军在清华大学大礼堂前举行"军犬比赛大会"，比赛的项目竟然是让军犬撕咬中国人，数十人都被活活咬死。[53] 用军犬杀人比赛取乐，对此种灭绝人性的行为，如果不是早已习以为常、习以为乐之人，是绝对想不出来的。凶残的"狼狗"成为日军实施恐怖统治的象征（图3-38至3-40）。

日军在审讯我抗日军民时更是将军犬视为得力的施虐工具。例如其宪兵队专设军犬科，动辄用军犬撕咬"嫌疑人"逼供，或直接虐杀，血腥无比。仅以汉口为例，据战犯福山太乙郎1946年供称，遭汉口宪兵队抓捕，被军犬咬死在原中国银行院内者就达5 000多人。[54]

日军驯养军犬，最初主要是看中其传令技能，但在实际使用过程中，犬之原始嗜血的残虐性却被充分发掘，经过训练，成了杀戮工具。侵华日军本来充满了兽性，军犬助纣为虐则让中国军民饱受了双重劫难。

有种说法认为日军的狼犬是侵华前利用德牧与日本土犬等杂交，专门改良而成的"变种"，性格更凶悍、残忍，攻击力更强，更具杀伤性。从上述日军培育、驯养军犬的历史看，至九一八事变前，日军高层一向对军犬不屑一顾，屡屡否决建立军犬驯养基地及其部队的建议，陆军学校只是自力用几条狗做各种试验，1933年建立军犬育成所后所内数年间仅有兽医1人，此人不仅负责繁殖，还有饲养、卫生等工作。据笔者管见所及，未见军方进行杂交试验获得改良犬种的史料，育成所仅靠兽医一人也难在短期内取得显著而稳定的杂交成果，

图3-36 准备突袭的日军与军犬

图3-37 《仇》

*来源：邹雅、李平凡编《解放区木刻》，人民美术出版社，1962年。

图3-38 陆战队携军犬巡逻上海街头

图3-39 苏州城内的日军与军犬

图3-40 湖北长安驿日军的据点与军犬

因此这种说法有待考证。退一步来说，即使有这种杂交试验，靠如此规模杂交成了几头"变种"，也成不了大气候。还有，日军真正建立军犬育成所的1933年，此后一直忙于将军犬送到中国战场，因为自己来不及繁殖、训练，不得不长期收购大量的民间犬，这些犬更谈不上是系统地杂交培育出来的。据笔者来看，日军狼犬的源流比较复杂，并非说日军的改良就能一以概之。日军军犬之所以给人特别的印象，是无比凶残的缘故吧。而此兽性完全是其主子专门训练而彻底激发的结果，应该与"变种"无关。

第三章注：

1 ［日］白木正光：《軍用犬育成読本》，犬の研究社，1942年，第34页。

2 ［日］關谷昌四郎：《陸軍軍犬發達史》，帝國軍用犬協會：《軍用犬》3（11、12），1934年，第119—125页、第54—63页。

3 ［日］陸軍步兵學校：《軍用犬採用に関する意見送付の件》，1928年，防陸軍省-大日記甲輯-S3-8-20。

4 ［日］宮川覺：《軍用犬としてのシエパードと其將來》，狩猟と畜犬社：《狩猟と畜犬》8（4），1932年，第79页。

5 ［日］貴志重光：《"滿洲"事變と軍用犬》，狩猟と畜犬社：《狩猟と畜犬》8（7），1932年，第81—84页。

6 ［日］軍事課：《軍犬の定数に関する規程の件》，1935年，防陸軍省-密大日記-S10-1-3。

7 ［日］陸軍步兵學校長藤田進：《軍犬補充に関する件》，1936年，防陸軍省-大日記甲輯-S11-7-20。

8 ［日］陸軍大臣東条英機：《軍犬定数表中改正の件》，1940年，防陸軍省-陸密-S15-1-254。

9 ［日］陸軍省馬政課：《軍犬管理規則制定の件》，1934年，防陸軍省-大日記甲輯-S9-7-16。

10 ［日］《陸軍各隊軍犬班一覽表》，帝國軍用犬協會：《軍用犬》5（14），1936年，第13—15页。

11 ［日］佐佐木米次郎：《青岛シエパードの系統に就いて》，狩猟と畜犬社：

《狩猟と畜犬》8（1），1932年，第83—85页；犬の研究社编：《日本シエパードの發展小史》，犬の研究社：《犬の研究》17（3），1941年，第66—67页。

12 ［日］《創立以來の5年間を振り返つて》，帝國軍用犬協會：《軍用犬》5（14），1936年，第20—42页。

13 ［日］中村謙二：《第1軍用犬養成所の報告》，帝國軍用犬協會：《軍用犬》6（5），1937年，第70—76页。

14 ［日］《本部第10回展を報告する》《第10回展覽會授賞錄》，帝國軍用犬協會：《軍用犬》11（6），1942年。

15 ［日］松井部隊：《戰時月報》，1938年，防"滿洲"-中国事変-22。

16 ［日］中国派遣軍総司令官西尾寿造：《軍犬缺数補充の件申請》，1940年，防陸軍省-陸中密大日記-S15-49-144。

17 ［日］中国派遣軍総司令畑俊六：《軍犬補充の件申請》，1942年，防陸軍省-陸中密大日記-S17-26-63。

18 ［日］華北方面軍：《戰時月報》，1941年，防中国-大東亜戦争華北-2。

19 ［日］関東軍参謀長吉本貞一：《在"滿"部隊軍犬整備数並びに軍犬配属部隊増加に関する件》，1942年，防陸軍省-陸中密大日記-S17-26-63。

20 ［日］陸軍大臣：《軍犬定数表中改正ノ件》，1944年，防中央-軍事行政法令-259。

21 ［日］香港占領地総督磯谷廉介：《軍犬配属の件》，1942年，防陸軍省-陸亜密大日記-S17-154-266。

22 ［日］副官：《軍犬補充に関する件》，1937，防陸軍省-陸"満"普大日記-S12-12-83。

23 ［日］関東軍司令官植田謙吉：《軍犬整備に関する件》，1938年，防陸軍省-陸"満"密大日記-S13-28-88。

24 ［日］華北方面軍司令部：《戰時旬報》，1939年，防陸軍省-陸中密大日記-S14-47-136。

25 ［日］馬政課：《軍隊船舶（鉄道）輸送請求書送付の件》，1937年，防陸軍省-陸"満"密大日記-S12-23-70。

26 ［日］副官：《補充軍犬交付に関する件》，1938年，防陸軍省-陸中密大日記-S14-8-97。

27 ［日］関後命第1112号：《関東軍命令の件》，1938年，防陸軍省-陸"満"密大日記-S13-4-64。

28 ［日］副官：《軍犬補充に関する件》，1939年，防陸軍省-陸中密大日記-S14-68-157。

29　［日］華中派遣軍：《軍犬補充に関する件》，1939年，防陸軍省-陸中密大日記-S14-68-157。

30　同注17。

31　根据以下资料粗略统计。［日］副官：《軍犬補充に関する件》，1939—1942年，防陸軍省-陸中密大日記-S14-18-208、S14-20-109、S14-39-128、S14-68-157、S14-83-172、S14-92-181、S15-49-144、S16-2-4、S16-76-99、S17-26-63、S17-31-68、S17-42-79、S17-163-275；副官：《軍犬輸送請求表送付の件》，1939、1941年，防陸軍省-陸"満"密大日記-S14-12-66、S14-97-186、S16-2-4、S16-16-39；副官：《補充軍犬差出並交付に関する件》，1941年，防陸軍省-陸中密大日記-S16-15-38；華北方面軍：《戦時月報》，1940年，防中国-中国事変華北-15。

32　［日］厚生省援護局：《華北方面部隊略歴》，1961年，防中央-部隊歴史全般-48。

33　［日］森田敏彦：《犬たちも戦争にいった：戦時下大阪の軍用犬》，日本機関紙出版センター，2014年，第23—26页。

34　同注29。

35　［日］坂本健吉：《事變と軍用犬に就いて》，帝國軍用犬協會：《軍用犬》7（6），1938年，第12—17页。

36　［日］馬政課：《関東軍軍犬育成所設置の件》，1933年，防陸軍省-陸"満"密大日記-S9-7-36。

37　［日］関東軍軍犬育成所：《軍犬の補充生産育成、実施成績に関する件》，1935年，防陸軍省-陸"満"普大日記-S10-11-46。

38　［日］在奉天総領事宇佐美珍彦：《"満洲"軍用犬協会》，1936年，外I-0-0-0-1。

39　［日］《"滿洲"に於ける軍犬事情》，帝國軍用犬協會：《軍用犬》7（1），1938年，第76、77页。

40　［日］《"滿洲"軍用犬協會の設立》，帝國軍用犬協會：《軍用犬》2（10），1933年，第66—68页。

41　同注32。

42　［日］華北方面軍参謀長：《補充軍犬差出並交付に関する件》，1941年，防陸軍省-陸中密大日記-S16-15-38。

43　［日］華中派遣軍司令官山田乙三：《軍犬補充の件申請に関する件》，1939年，防陸軍省-陸中密大日記-S14-39-128。

44　［日］華中派遣軍司令部：《華中派遣軍軍犬班服務規定送付の件》，1939年，防陸軍省-陸中密大日記-S14-64-153。

45 ［日］波集団参謀長：《軍犬補充中止申請に関する件》，1940年，防陸軍省－陸中密大日記-S15-77-172。

46 ［日］副官：《軍犬補充に関する件》，1942年，防陸軍省-陸中密大日記-S17-42-79。

47 同注35。

48 ［日］《表彰4軍犬の功績》，犬の研究社：《犬の研究》17（6），1941年，第65、66頁。

49 同注19。

50 ［日］副官：《軍犬補充に関する件》，1939年，防陸軍省-陸中密大日記-S14-92-181。

51 马振山：《吃人的魔窟 长辛店日本侵略军的狗队》，中国人民政治协商会议北京市丰台区委员会文史资料委员会编：《丰台文史资料选编》第2辑，1987年。

52 长子县志编纂委员会编：《长子县志》，海潮出版社，1998年，第492页。

53 刘泪、马晓晴、程磊：《日军占领清华旧照曝光》，《法制晚报》2014年7月28日。

54 武汉市江岸区地方志编纂委员会编：《江岸区志》，武汉出版社，2009年，第1722页。

第四章
国民精神总动员——军用动物与"忠君爱国"

第一节 报刊报道与军用动物

一、九一八事变与军犬"那智""金刚"

九一八事变发生后,日本军政当局竭力将侵略战争正当化,并且进一步推行侵华政策。以报刊为主的媒体是日本民众获取战争信息的主要渠道之一,对舆论的影响迅速而深远,因而是其重点操纵用以进行战争动员、争取舆论支持的主要工具。

事变不久的9月25日,日军参谋本部向政府提出了《有关针对时局紧急措施的提议》,强调"现今国家面临决定安危之重大时机,成功可期今后我民族百年之安泰,失败则致使国家陷入无法恢复之悲惨命运",形势之迫切严峻"超过日俄战争当时",因此需要立刻实施八项"紧急事项"。八项中的第四项是在陆军省建立特殊机关,以便"进一步活跃内外宣传"。据此可知,军方极其重视"宣传",将其视为处理事变的紧急措施之一,企图以宣传操纵舆论,为侵华服务。

同年10月6日陆军三巨头（陆军大臣、参谋本部长、教育总监）会议决定的《"满洲事变"解决方策》提出了五条方策，核心内容是在东北建立伪政权、以武力迫使中国政府根绝"排日行为"，其第三条为"对国民加以指导与宣传"，以达到"举国一致的目的"。[1] 这是陆军中央围绕处理九一八事变正式决定的方策。

挑起事变的罪魁祸首关东军则在10月19日制作了绝密文件《有关"满洲事变"的宣传计划》，提出的方针是："高唱、宣传皇军的正义与人道主义，从酌情牵制或鞭挞政府的意义而言，努力唤起舆论，或者酿成气氛。"唤起舆论、酿成气氛的手段之一是"与报社通讯员、杂志记者或开会或个人接触，提供材料，得到所需的赞同。照片会成为对我有利的报道材料、杂志材料，军部也要努力拍摄，根据需要随时散发"。[2] 所谓宣传材料则包括"日军的实力及其人道主义，以及善行、美谈"。

于是，日本军政当局千方百计操纵媒体"唤起"舆论，推卸战争责任，宣传忠君爱国思想，鼓吹"大和魂"精神，动员民众"举国一致"支持侵略。媒体则积极配合，制造出了大量"忠君爱国"的"英雄事迹"加以报道，为侵略造势。包括"肉弹三勇士"（一·二八事变期间抱着自制超长爆破筒攻击中国军队阵地而炸死的三名日军）等"美谈"很快充斥了报刊等媒体，"美谈"中甚至出现了忠君爱国的动物"英雄"，其中最引人注目的是名为"那智""金刚"的两军犬。

据报道，九一八事变日军袭击中国东北军的北大营时，板仓少佐驯养的通信犬"那智""金刚"随军参加了进攻。遭到中国军队抵抗受阻后，两犬冒着弹雨最先冲进了北大营。日军说打扫战场时发现两犬都身中数弹毙命，但嘴里仍咬着中国军人的衣服碎片。不久，其主人板仓也战死。在记者的笔下，两犬被描述为奋不顾身冲进"敌营"拼死搏斗的"英雄"，至死也咬着中国军人的衣服不放。

两犬"精忠报国"的"壮烈事迹"被报道后刺激了广大读者，激起了民众的"爱国热情"及其对军犬等军用动物的关注。1932年12月16日的《读卖新闻》报道"帝国军用犬协会"成立之盛况时,使用了《军犬报国 网罗爱犬人士 帝国军用犬协会17日举行成立仪式》的标题。自此"军犬(马、鸽)报国""养犬(马、鸽)护国"之词充斥大众媒体,成为点燃民众积极驯养军用动物报效皇国热情的助燃剂,全国各地出现了饲养军用动物"护国""报国"的热潮。正如"帝国军用犬协会"负责人在回顾五年工作时所说,协会创办之"种子"就是"那智""金刚"两军犬及其"父"板仓少佐战死之"英雄事迹"报道时撒下的,从此"国民之国家意识愈发鲜明,国防思想以飓风之势席卷日本全国",国民从中找到了"国防"之意义。

如后文所述,1933年陆军省评选"功勋"军用动物时,"那智""金刚"作为军犬首次获得了最高的"甲功勋章",媒体又一次掀起报道热。两犬战时不仅被奉为军犬之楷模,而且一直被作为"精忠报国"的典型之例用于对民众的精神动员。

不过,媒体大肆吹捧的两犬"事迹"漏洞百出。据板仓的"知友"1932年8月在杂志《狩猎与畜犬》上发表的文章可知,事变时参加进攻北大营有三头军犬,名"那智""金刚""梅里",均购自青岛日侨。战斗结束后板仓带人在战地仔细寻找了三天,才发现了"那智""梅里"的尸体,未找到"金刚",便推测战死了。板仓将"那智""梅里"埋在了北大营(后被日军用作练兵场),在墓前插上了写有《忠犬那智、梅里之墓》的墓标。[3]据此文可知,"金刚"其实下落不明。战场上军犬失踪的原因很多,也有可能被激烈的枪炮声吓跑,做了逃兵。因此,媒体吹捧的两"英雄",至少"金刚"的"事迹"是杜撰的,因为连尸首都没看到,怎知嘴里咬着衣服碎片?还有,如果硬要制造"英雄",应该算上"梅里"。媒体冷落它而热捧"金刚",大概跟名字有关。"金刚"在信奉佛教的日本本来就象征着坚不可摧,日本海军1913年从英国购买的金刚级战列巡洋舰的1号舰即名"金刚号",而"梅里"名字来自英语merry,在日语中用表示外来语的"片假名"书写。在"爱国"热极端膨胀之时,作为"国民英雄"之名,与普通"洋名"相比,用能让人产生上述联想的"金刚"则显得名正言顺,情感上易得到公共普遍认同;再有,三犬购自青岛,出生地并非日本,如前所述,青岛德牧的血统并不源自日本,即无论是血统还是出生地,三犬都与媒体大肆鼓吹的"忠君爱国""精忠报国"的"国"——日本丝毫无关,这"报国"又从何谈起?只是在战争的狂热下,这些破绽完全被无视。

除了军犬外,军鸽的"英雄事迹"也不断出现在报刊上,内容大多是军鸽拼死报信,帮助日军解围或完成军事任务的"美谈"。例如,1932年12月25日各报都以《隈崎部队平安!可怜、濒死的军鸽顶着暴风雪报信》等标题报道说,隈崎部队23日起在岫岩城被我抗日力量包围,与外界失去联系,军鸽是唯一的报信工具,于是在当日下午放出1只报信。军鸽24日下午飞抵奉天军营,历时28小时。因为途经的山区有暴风雪,军鸽飞抵时"全身如冰块",几乎处于濒死状态。奉天日军获知后派出援军解围。如后文所述,军鸽的这类"事迹",在数年后还被编入小学生国语教材,用来"教育"学生。

二、七七事变后的舆论操纵与报刊上的军用动物

1937年七七事变爆发后,为了彻底操控舆论服务于战争,日本军政当局于7月13日制定了禁止报纸报道的7个具体事项,同月底又启动《报纸法》第27条。该条规定:"陆军大臣、海军大臣与外务大臣可以对报纸下达命令,禁止刊登与军事或外交有关的内容。"报刊因此完全失去自主报道的权利,听命于当局。同年9月政府设"内阁情报部"专门负责对国内外的宣传、报道活动,强化了对国内媒体的统制,同时以"举国一致""精忠报国""坚韧持久"等口号发起了"国民精神总动员"运动。

在当局操纵下，媒体积极充当战争的吹鼓手，在有关战争的报道中通过夸大或杜撰事实，神化笔下的人与军用动物，肯定、美化战争，鼓吹"忠君爱国""精忠报国"的"大和魂"精神，对民众进行精神总动员。

有关侵华战争的报道，媒体的新闻材料主要有两个来源。一是军方直接向媒体提供的包括"战争美谈"在内的报道材料。在对内外宣传上，陆军省"新闻班"与海军省"军事普及部"，以及后来成立的"大本营报道部"是军方的宣传主体。例如，海军省"军事普及部"1934年就开始连续编辑、发行《海军省宣传册》为侵略战争做宣传。七七事变后，海军省、海军协会利用此宣传册发行了名称相异而内容相同的《中国事变报国美谈》系列，以及《辉煌的忠诚：中国事变报国美谈》。《美谈》的"序言"在言及发行目的时称："围绕此次事变的各种报国美谈，每次都由我部在报纸等发表，作为振兴国民精神之资料。为了防止其佚散，收集于此刊行。""我忠勇武烈之海军官兵……正呈现出壮大伟绩。其辉煌的忠勇美谈，与炮火后燃烧般的报国美谈一起，毫无遗憾地发挥着日本精神。必须将其永世相传，以资振兴国民精神。"日军海军是一·二八事变与八一三事变祸害上海的罪魁祸首，报刊登载的上海战场的"战争美谈"，海军方面便是由"军事普及部"提供的。正如以上所见，其宣传的目的十分明确：振兴国民精神，发挥日本精神。

来源之二是日本各通讯社、报社派驻中国的随军记者，以及日军动员的作家等组成的"笔部队"（图4-1至4-4）。七七事变后日本国内媒体向中国派遣了大量随军记者，日军进攻武汉前后，仅长江沿线就有日本记者等千人左右从事报道工作。不过，记者都处于侵华日军负责宣传、报道的核心机关"报道部"全盘管控之下。记者等发回的报道、图片、纪录片要么是"报道部"提供的，要么是由"报道部"审核通过的。

第四章 国民精神总动员——军用动物与"忠君爱国" / 287

图 4-1　记者在前线拍摄

图 4-2　记者随军行动，用毛驴驮物

图4-3 记者等听战况介绍

图4-4 作家、记者抵武汉

*前者为作家菊池宽,次者为日本首位少女文学女作家吉屋信子。

报刊等媒体受政府与军方操纵，大肆发表鼓吹战争的报道、图片，不断制造出包括军用动物在内的"英雄"事迹，刊登于《大阪每日新闻》《东京日日新闻》之类的主流报纸与城镇小报，以及诸如《写真周报》（内阁情报部发行）、《中国事变画报》（大阪每日新闻社等发行）之类以照片为主的全国性杂志，广为流布。

侵华战场的军用动物几乎是一些报刊的重要报道材料之一。例如，《中国事变画报》每期都大量登载军用动物"奋战"于战地的图片，"帝国军用犬协会"主办的杂志《军用犬》每期都刊登军犬的消息。本书使用的图片就主要来自这类刊物。再如日本国内出版的杂志《动物文学》，据日本学者研究，从1937年至1938年该杂志以《中国事变与动物》为专题登载的来自中国战场的消息，以人与动物为主要内容的有130篇，其中是军犬、军鸽、军马的为63篇。[4] 可以说，"无声的忠勇战士"军用动物充斥了战时日本报刊。

在报道军用动物方面，报刊等主要着力于宣传两个方面，一是"精忠报国"的"英雄事迹"，二是军人与军用动物之间的"友情"。

三、"神马""胜山号"与动物"英雄"

有关"英雄事迹"的报道，军犬在七七事变后仍是报刊热衷的"主角"。例如日本主流报纸《大阪每日新闻》《大阪朝日新闻》在事变初期以军犬为标题的报道有《通知逆袭的军犬 令勇士流泪的带血传令盒 与官兵共同建立殊勋》（1937年9月4日）、《胜利背后有忠犬 守护战死的林一等兵之魂》（1937年9月23日）、《军犬之殊勋 被敌弹打伤仍咬着电线坚持越过前线堤坝》（同前）、《在荒凉战场悄然守护主人尸体的军犬 现获救担任警备》（1938年1月7日）、《血染之忠犬 拼死传令》（1938年2月3日）、《勇敢的军犬 指挥官负伤肩 负双倍任务的"军道号"》（1938年4月7日）等[5]，各标题都突出"殊勋""忠犬"之主题，充满硝烟与血腥，刺激着读者的感官。

继"那智""金刚"之后，日本的媒体又开始不遗余力制造新的军犬"英雄"。

与此同时，报刊等媒体开始关注军马，大量刊登其"功绩"，名为"胜山号"的军马（图4-33）便是在报刊大力报道下成了"享誉"战时全日本的"国民英雄"。

"胜山号"能成名是因为参加过入侵上海、徐州、庐山，三次受伤不死，作为三任联队长（大概相当于中国的团长）的坐骑一直活跃于战线，"战功显赫"。具体经历是，1937年9月步兵第101联队在上海吴淞登陆时，是联队副官的乘马，10月在大场镇附近的激战中，副官被打死，于是成了联队长加纳治雄的坐骑。只是才过了三天，加纳又被打死，继任联队长饭冢国五郎用其作坐骑。在强渡苏州河的激战中，此马被迫击炮弹片击中头部受伤。因战事紧急，又无坐骑替换，在兽医包扎伤口后，饭冢继续骑它指挥，数日后才治疗。如此重伤本来已进入废弃之列，但治愈后又回到了主人身边。接着"胜山号"在参加徐州会战时再次受枪伤，伤愈后随饭冢侵入庐山，不久因眼睛受枪伤再入病马厂治疗。饭冢数日后被我军击毙，失去主人的"胜山号"在伤愈后成为继任联队长布施安昌的坐骑。

因为上述"功绩"，"胜山号"获得了"甲功勋章"，被报刊捧为"神马""圣战第一殊勋马""军马中的军马"，反复报道，以至于战时日本人提到军马，必说"胜山号"。

除了制造个体"英雄"外，报刊还刻意树立军马"舍生忘死""奉公灭私"的群像。如前所述，日军侵华期间军马因战地环境艰苦与被过度使役而大量死伤。随军记者也关注到这一点，一直在报纸、杂志、画报上刊登军马在雨雪、泥泞中驮、挽武器、军需物资跋山涉水的报道及其图片。例如，《大阪朝日新闻》1937年11月19日以《军马亦有大和魂》报道说，日军占领上海后仅用五天就向前跃进了约500千米，负责运输的辎重队为了赶上前线部队，连续三日不眠不休地行军，随军记者看到挽马拉着沉重的运输车在泥泞中默默艰难前行时，感慨道："军马亦有大和魂。"[6]

《写真周报》1941年第1期则如此报道：某辎重部队的马连续艰难行军十数日，到了目的地，一卸下物品，30多匹中有18匹倒毙。解剖后发现胃中空无一物，能够坚持下来完全靠消耗原有的脂肪。据说，日军某大将听到这一感人事迹后泪流满面地对军马道歉。记者认为这些马是为了"奉公灭私"，是在军队最"困难"之时默默地"为皇国献身"的。图4-5至4-8，以及图1-20至1-26、图1-53至1-61等都是从这一视角报道的。

报刊等媒体在七七事变后，仍继续构建"弱小""可爱"的军鸽"舍生忘死""精忠报国"的"英雄"群像。

例如，《东京日日新闻》登载的有：《挥动血染翅膀50千米 以重伤之躯完成通信大使命 殊勋 惹人怜爱的信鸽》（1938年4月5日）、《惹人怜爱的羽翼战士 重伤而归 殊勋16405号》（1940年4月16日）、《死亡使者 惹人怜爱的"黄三线"生于南京完成通信 惹人怜爱的军鸽》（1941年1月8日）；《大阪朝日新闻》1940年7月16日登载了《受伤更勇敢 历经战火荣誉崇高的5只军鸽》；图4-9则是《中国事变画报》登载的带伤完成任务的军鸽照片，原图说明是："虽然负伤，仍完成重大任务的传书鸽。于德州。"诸如此类，故事大同小异，都是军鸽身负重伤，仍坚持完成重要的通信任务。

这些报道都写得十分有煽动性，如《惹人怜爱的羽翼战士 重伤而归 殊勋16405号》报道说，编号16405的军鸽送信途中遭到鹰袭击，胸部受重伤，胃部几乎露出，仍完成通信任务。如此重伤仍能飞翔，要么是记者夸大了伤势，要么是奇迹。而《死亡使者 惹人怜爱的"黄三线"生于南京完成通信 惹人怜爱的军鸽》更离奇，报道说，一股日军1月在进攻湖北通城时因无线电失灵，与总部失去联系数日，于是放出名为"黄三线"的军鸽报告战况。该鸽在飞越中国军队上方时

图 4-5　渡河的挽马

图 4-6　侧翻在河中的驮马，仅头被抱出水面

第四章　国民精神总动员——军用动物与"忠君爱国" / 293

图4-7　累倒在泥泞中的挽马

图4-8　陷入泥泞的挽马

图4-9　带伤传令的军鸽

翅膀被数发子弹击中，仍拼命飞向目的地，抵总部上方时掉下即亡。[7]既然是飞到目的地即死，此鸽受伤肯定严重。难以想象，翅膀不是被一发，而是被数发子弹击中而受重伤的鸽子是如何飞到目的地的。

上述报道中最值得关注的是将军用动物的行为解释为具有"奉公灭私"的献身精神，并且还说明这种精神来自"大和魂"。将动物的本能行为上升至精神高度，赋予其"大和魂"，借此激发民众的"奉公灭私""精忠报国"精神，才是这类报道的真实目的。

四、"圣战"中的人马（鸽、犬）情

战时日本的报刊还一直煽情地刊登有关军人与军用动物之间友情的报道。上述有关军犬报道的一些标题就明显带有这方面色彩。

就具体例子而言，1940年12月4日《大阪每日新闻》报道说，某日军黑夜带着名为"次郎号"的军犬单独外出侦察中国军队阵地，被伏击的中国士兵手榴弹炸伤腿脚无法动弹，于是写好侦察获得的情报让"次郎号"送回，但犬不舍主人，犹豫时又一手榴弹投来，人犬均亡。此报道是想渲染战场上军犬生死不弃主人之情，犬是"忠犬"。不过，这种描述漏洞很大，既然是黑夜单独外出侦察，别人又是如何目睹这种生死不弃的感人场面的？

《中国事变画报》等杂志则大量刊登了这类战地照片，以此刺激读者的感官。如前所述，日军在快速进攻过程中常缺少饮用水与食物，图4-10至4-12的原图说明，均为日军与受伤的军用动物分享宝贵的饮用水或食物；图4-13是日军在占领地民宅墙上写的标语"给它喝，给它吃，把马养壮"；图4-14则是日军在为病马输液；图4-15至4-17分别是日军在军马、军鸽、军犬墓前慰灵，原图片的说明是，它们是"光荣"战死的。

这些看上去大多有明显摆拍痕迹的战地照片，从战争精神动员的视角而言，无疑都在向读者传递这样的信息：军人与"大和魂"附体

第四章　国民精神总动员——军用动物与"忠君爱国" / 295

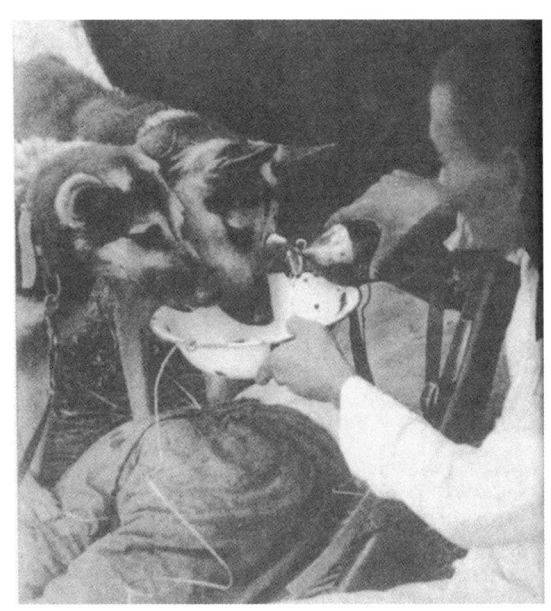

图4-10　日军将"珍贵"的水分给受伤的军犬

图4-11　日军为累倒的军马喂水

图 4-12　日军把自己的食物分给受伤的军犬

图 4-13　挑马草的日军与墙上的标语

第四章 国民精神总动员——军用动物与"忠君爱国" / 297

图4-14 日军为军马看病输液

图4-15 日军在军马墓前慰灵

图4-16 日军在军鸽墓前慰灵

图4-17 日军在军犬墓前慰灵

的"无声战友"同甘共苦,为了"圣战"的共同目标已经融为一体;凡是为"圣战"流血、流汗的,即便是动物也能得到关爱;"光荣"战死的军用动物得到了厚遇。

战时日本媒体利用军用动物宣传的终极目的,在于更广泛地对国民进行精神动员,煽动战争热情,使其无条件支持战争,更成为积极推动者,并且充分做好为"圣战"献身的心理准备。从实际结果看,这种宣传至少获得了以下效果:一是,动物本来就是"弱势群体",被置于战争这一极端环境下则进一步凸显了其弱势地位,更容易赢得民众同情,尤其是青少年的眼泪,刺激其敌忾之神经;二是,媒体将军用动物高度人格化,将其本能行为解释为来自"大和魂",称颂它们是"忠君爱国""忠勇"之化身。这足以向读者暗示,连弱小的动物都勇敢地为保护天皇、守护皇国默默奉献一切,作为皇国臣民岂能示弱?岂不更有义务以"大和魂"精神挺身而出、精忠报国?

在政府的操纵下,战时日本的报刊等完全沦落为推动侵略战争的宣传机器。它们不仅是军用动物"美谈"的始作俑者,也是不断将这种"美谈"继续加工、放大的推波助澜者。在其带动下,战时日本以军用动物为题材的电影、歌曲等风靡一时。这种以军用动物为主题的宣传与其他宣传相辅相成,共同推动了日本大众文化的军国主义化,使得支持战争的社会组织与个人激增,整个国家在战争狂热中越陷越深。

第二节 军人待遇的军用动物

一、"出征"与"壮行"

九一八事变后,日本军政当局抓住一切机会为侵略造势,进行战争动员,组织民众为"出征"的日军举行"声势浩大"的"壮行"活动便是最常见的做法。

这种做法也被用到了军用动物身上。军方向民间征用军用动物时，与召集老百姓入伍一样，用红色纸张印制"召集令"送达其主人。与马匹属于依法"征用"不同，鸽与犬名义上是民众自愿"献纳"给政府，但一旦被军方看中，也不得不"应召"。

动物的主人一旦收到"召集令"，就必须按时带其入伍，与自己应召入伍具有同样的荣誉。不仅动物的主人引以为傲，就像家中有人入伍一样，相关协会与同街道或同村也作为喜事祝贺。去军队报到的那天，相关机构的代表与左邻右舍会举着太阳旗、旗幡夹道欢送（图4-18至4-20），有关代表还给动物围、戴上"千人针"，动物的主人则为它们披上红色"襻"（斜戴于肩上的布条），手执写有"祝贺出征""忠勇报国""武运长久"等语的旗幡送行。"出征"犬有时还为欢送者现场表演一些"特技"助兴，人群则三呼万岁，祝其"武运长久"，气氛十分热烈。

"千人针"是块布片，上面有1 000个女性用红线各自缝的1个节结，往往形成文字或图案，在日本习俗中被视为护身符（图4-21），穿戴在身能刀枪不入，专门用以赠送给出征的军人。红色"襻"（图4-22）也是"出征"军人披挂的标配，用来写祝词或寄语。用这些披挂在军用动物身上，无疑是将其与军人等同视之。

战时的日本报刊常报道官民为军用动物"壮行"的消息。例如，《写真周报》1939年5月以《犬亦应召——东京》为题刊登了当月东京浅草街区欢送20多头应召犬"踊跃出征"的情景（图4-23）。报道重点提到了其中的"三郎君"。该犬先在浅草神社接受神主的祓除仪式，再在主人的牵引下与其他应召犬一起上街游行。如图4-24所示，浅草寺门前的街道挤满欢送的人群，乐队开道，犬主人牵犬走在路中间，送行者跟在后面举着太阳旗与彩旗，场面之热烈可以想象。

不仅东京这样的大城市，穷乡僻壤也举行同样的活动。《泥土与

图4-18 大阪的犬主人等送犬"出征"

图4-19 东京妇女为"出征"的军马送行

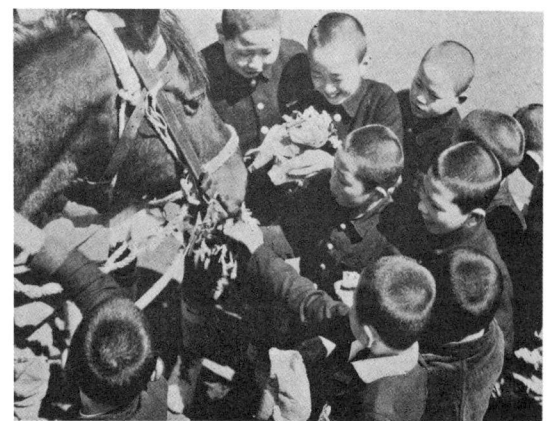

图4-20 日本学童喂食"出征"的军马

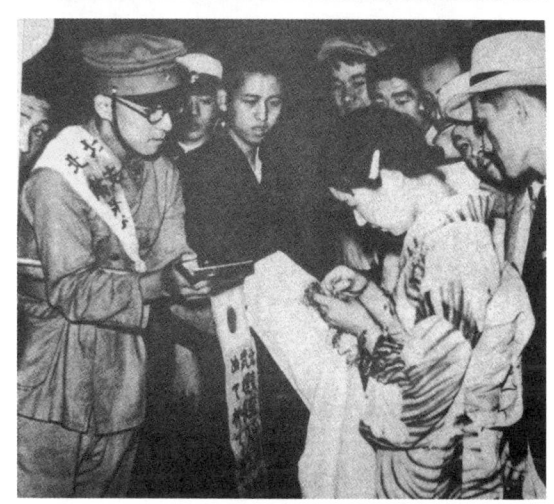

图4-21 战时日本街头妇女缝"千人针"

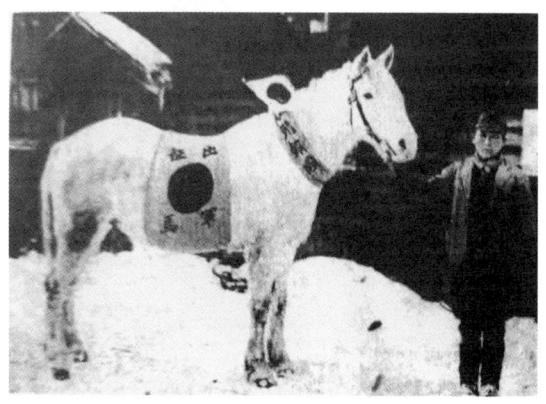

图4-22 脖子上围着"襷"的"出征"马,马腹围着"千人针"

*来源:同本章注6。

图4-23 浅草街区的"应召犬",脖子上围着"襻"

图4-24 浅草寺前欢送"应召犬"

士兵》是火野苇平美化侵华的小说《士兵三部曲》之一，其中有不少是描写军马的。有关军马"吉藏"的故事就描述了这种场景。

故事梗概是，火野在侵华日军中看到军马时想到了家乡若松市（位于北九州若松半岛的小村子）的邻居、马车夫卯平及其爱马"吉藏"。卯平无子，把"吉藏"视为爱子。一天，卯平收到军方征发"吉藏"的通知，于是马上定制旗帜，在上面书写"祝吉藏之出征"，竖立于家门口以示荣耀，同时示知四邻。其妻则拿出块大布每日在路边请路人缝"千人针"，还去神社求取"武运长久"的护身符，缝在"千人针"上。"出征"的前一天晚上，卯平宴请四邻庆祝，作者也带着酒去道贺。卯平流着泪说爱马出征是喜事，一定能立功，然后把马牵到宴席旁边，喂食佳肴作别（图4-25）。翌日在马腹裹戴好"千人针"后，与妻子高举旗帜牵引着去集中交付点（图4-26），流泪交给军方。自此卯平每天都去交付点看看，在家则独自发呆，遇到军人会说自己的马成了国家的，今后是为军队做贡献的出色良马。"吉藏"被送走后便杳无音信，作者应征入伍时，卯平流泪一再拜托到了战场打听"吉藏"的消息告诉自己，这也是火野在战地看到军马就想到"吉藏"的原因。

《士兵三部曲》出版后，在战时日本红极一时，除了有单行本出版外，一些出版社为方便儿童阅读理解，还将其加工成少儿版，例如1939年出版有《泥土与士兵（少年版）》。有些出版社则选出一些章节独立出来，加上醒目的标题编入文集，"吉藏"的故事也被选入，如1939年出版的《阵中文学：名作鉴赏》，1940年出版的《现代日本文学选》（新日本少年少女文库，第13篇），前者取名为《军马吉藏》，后者冠名为《爱马吉藏之出征》。

二、慰问袋与爱马糖

侵华战争期间，民众在政府的动员下不断给日军寄赠"千人针"、

图4-25　卯平为马饯行

*来源：[日]《土と兵隊（少年版）》。

图4-26　卯平送马"出征"

*来源：[日]《現代日本文學選》。

慰问袋，以激励士气。对于军用动物，民众不仅寄赠千人针（图4-27）、慰问袋，还特地寄上了"爱马糖"。

给军人的慰问袋一般装有慰问信、药品、食物等，给动物的慰问袋同样装有慰问信与食物。慰问信一般是军用动物的原主人写给随军侵入中国的动物的，其内容除了慰问战场的辛苦之外，主要是希望它们"灭私奉公""精忠报国"，建立功勋。

在赠送慰问品方面，作为"国民精神总动员"运动的团体之一，"帝国马匹协会"等马事团体根据马喜欢吃甜食的特点，专门开发了"爱马糖"。

"爱马糖"为黑方块糖，掺入了马爱吃的胡萝卜制成（图4-28），在九一八事变后就已经出现。1931年末"日本乘马协会"与全国马事相关团体协商，共同向关东军军马赠送了5 000合。1932年8月，"帝国竞马协会""帝国马匹协会""日本乘马协会""日本国际马术会""日本学生马术协会"五个中央马事团体一起向关东军赠送1万合，感谢军马冒着严寒活跃于战场，与"皇军"共同立下军功。1933年成立的"军马爱护协会"也加入对军马的慰恤工作，每年组织向军队赠送爱马糖。1937年1月以"帝国竞马协会""日本乘马协会"为首的马事团体再向关东军赠送了1.4万合。七七事变后，"日本骑道少年团""日本畜产组合"等组织也纷纷加入此活动，影响扩大，直到战争后期，因资源匮乏才停止赠送。

以上活动都是借机为侵略战争造势。为军用动物"壮行"，当然是对牛弹琴，但能充分刺激全社会支持战争的热情，进一步调动民间驯养军用动物的积极性。如前所述，日军全面侵华后一直需要大规模征用军用动物。战争的持久化需要让民众保持乃至提高支持战争的热情，努力驯养合格的军用动物。各种"壮行"活动自然能给动物的主人带来莫大的荣誉，调动驯养的积极性。

而赠送礼物、写慰问信给战地军用动物，希望其"武运长

306 / 军马、军鸽与军犬：日本侵华战争与军用动物

图 4-27　山西的日军给军马戴"千人针"

图 4-28　慰问袋的物品与"爱马糖"

久""精忠报国",也是对牛鼓簧,实际上是希望役使军用动物的军人不要辜负原主人的厚望,充分发挥军用动物的作用,并且在这方面做好表率。因此,跟送"千人针"、慰问袋给军人一样,最终还是为了提高士气,激励日军"忠勇"。

第三节 "论功行赏"的军用动物

一、《军用动物表彰规定》与功勋章

与为军用动物"壮行"等一样,向"功勋卓著"的军用动物颁发功勋章,也是日本在侵华战争中的奇特之举。虽然一些国家也有此举,但像战时日本那样形成制度而长期大范围实施的实属少见。

九一八事变发生后,日军在侵略东北过程中大量使用的军马、军犬、军鸽在实战中发挥了不小的作用,在军方的授意下,媒体对其"功劳"进行了大肆报道,借此进行战争动员,影响甚大,军用动物的地位也陡然上升。趁着这股军用动物热,1933年陆军省决定对"护国之至诚不亚于光辉之军人的军用动物"进行表彰,于同年6月实施《军用动物表彰规定》。其主要内容如下。

第1条:军马、军犬、军鸽符合以下各项之一者,陆军大臣应加以表彰。

(1)在战时、事变或有关演习等期间功绩特别显著者。

(2)平时长期服役,业绩特别显著,认为有表彰价值者。

第2条:若有符合第1条第(1)项者,可酌情随时申请,其他的每年12月由联队长、独立队长,或与此有同等或以上权力者通过所在部队向所管上级部门提交《功绩调查表》两份。

第3条：所管上级部门依据第2条的申请，斟酌后将《功绩调查表》排出名次填写在《军马、军犬、军鸽表彰排名簿》上，共两份。符合第1条第（1）项者由部队长官随时提交，其他的翌年1月末前提交给陆军大臣。

第4条：陆军大臣认为有表彰资格者，给该部队颁发奖状，给该动物颁发功勋章。[8]

据此可知，作为表彰对象的"军用动物"为军马、军犬、军鸽三种，表彰条件是在战时等"功绩特别显著"。自此，给"立功"的军用动物颁发"大臣勋章"成为制度，一直持续到日本战败。

陆军省最初负责此工作的是"人事局恩赏课"，这意味着在奖赏上军用动物与军人的地位等同。大概有关方面觉得这种人畜相混不妥，在1937年将此工作转给"兵务局马政课、防备课"主管，前者负责军马、军犬，后者负责军鸽。[9]

表彰的勋章分三种："甲功勋章"授予战时具有拔群功绩之动物，"乙功勋章"授予战时或特别演习时功绩优异的动物，"丙功勋章"授予长期服务于军中而始终保持显著能力的动物。它们分别相当于日军的最高军功勋章"金鵄章"，以及"旭日章""瑞宝章"。

为方便佩戴，设计师根据动物设计了不同形状的勋章，军马的附在皮革上（规定佩戴于马额中央）（图4-29、4-30），军犬的系于颈圈（图4-31），军鸽的为脚环（图4-32）。

二、"立功"的军用动物

陆军省对军马的表彰始于1934年，一些在九一八事变与一·二八事变中有"功"的军马最先获得了功勋章。

1938年10月陆军省选出71匹"功绩"显著的军马表彰，这是全面侵华后第一次表彰。七七事变之初十几万军马跟随日军侵入中国，

第四章 国民精神总动员——军用动物与"忠君爱国" / 309

图4-29 军马功勋章，从上至下为甲、乙、丙种

图4-30 广东日军与获表彰的军马，日军手持奖状，右马额可见功勋章

图4-31 军犬功勋章，从上至下为甲、乙、丙种

图4-32 军鸽功勋章,从左至右为甲、乙、丙种

图4-33 归国后被牵至饭冢国五郎墓前的"胜山号",头戴功勋章

这些军马可谓"历经苦难",仅仅1937、1938年华北军、华中军就损耗了8万多匹。受到表彰的军马大多是在日军的过度使役下轻伤未下火线、重伤坚持完成任务的,也有一些是被视为冒死或舍命救主的。

因为军马数量多,表现"英勇"的也很多,1938年后获表彰的大增。例如,1940年4月表彰了216匹,其中获"甲功勋章"的为65匹。至1943年4月共有1588匹军马获得表彰。这种表彰一直持续到1944年4月。

在获得功勋章的军马中,最著名的当然是"胜山号"(图4-33),其"功劳"前面已经说过。其实,侵华日军使用的日本马达40万匹左右,"功绩"类似或者超过"胜山号"的不在少数,此马被捧上神坛,应该是托主人的福。

在"胜山号"获得表彰前,加纳、饭冢联队长早就被日本媒体宣传为侵华"英雄",饭冢活着时还被拍进战地新闻报道影片在电影院上映,被捧为"军神饭冢联队长"。马因主荣,贵为多个"英雄"的坐骑,"胜山号"更被仰视,加上多次受伤依然活跃于战场,以至于成为日军军马的象征。其实,这种马因主荣而获奖的不乏其例。例如日本皇室的北白川宫永久王(1940年死于张家口,时任驻蒙军司令部参谋,是全面侵华后死在中国的首个皇亲国戚)与贺阳宫邦寿王的坐骑、"华中方面军"司令松井石根(南京大屠杀的元凶,1948年作为甲级战犯判处死刑)进入南京时的坐骑(图1-101)都得到过功勋章。

"胜山号"多次大难不死,确实"武运长久",但其前三任主人接连被打死,并且一为联队副官,两个更属于高级军官联队长。换个角度看,此"神马"倒是个扫帚星,谁骑谁倒霉。另外,此马的"神奇"之处还在于战后仍受关注,有多种以其为话题的书籍在日本出版。

对军犬的授勋,始于1933年7月的"金刚""那智"两犬。至

1934年，关东军有6头军犬获得"甲功勋章"。1939年10月是七七事变后首次表彰，有6头军犬获得功勋章。至1944年4月最后一次表彰，共计约有100头军犬在传令、攻击、守护、巡逻、放哨、侦察、搜索、看护等方面"立功"而获得表彰。

军方对于军鸽的表彰很晚，原因不详，1939年5月，陆军省要求前线各部队提交《军鸽功绩调查报告》，1941年8月陆军省首次对52只军鸽表彰，其中19只获得"甲功勋章"。获得表彰的基本上都是在危急情况下冒险或带伤或舍命送达重要消息的军鸽。

每当表彰军用动物时，军方都给媒体提供材料。媒体据此大量报道，宣传其"动人事迹"。大张旗鼓地表彰、宣传，至少能达到以下目的：一是使得军民深信，凡是精忠报国的，不管是人还是动物，都能获得无上的奖赏与荣誉；二是让军用动物与军人一样受到嘉奖，对动物而言是对牛弹琴，但是对军民有激励作用，因为连动物都能"精忠报国"，"立功"获得勋章，身为"皇军""皇民"当然不能输给动物；三是授勋活动能够调动民间驯养军用动物的积极性，以"军马（犬、鸽）报国"为荣。日军征用的马、犬有名称，信鸽有代号，获得表彰的能"追溯"到原主人。当地政府、相关民间组织得知消息后会进行庆祝，媒体会大肆报道，原主人由此可获得莫大荣誉，即使是原先不驯养的也可能心生羡慕而驯养起来。如前所述，日军需要补充大量的军用动物，必须尽可能动员民众驯养。

第四节　儿童教材与军用动物

一、《犬之功劳》与《军犬利根》

九一八事变后，文部省开始将侵华期间发生的"战争美谈"编入中、小学《国语》（相当于中国的《语文》）等教材。根据军用动物的故事编写的《犬之功劳》《军犬利根》《小小传令使》便是典型之例。

1935年《小学国语读本 卷5》出现了一篇名为《犬之功劳》的课文，这是文部省首次将军用动物编入教材。课文的内容是获得"甲功勋章"的"金刚""那智"的故事。

通过教育专家编写的教师教学参考用书，能够知晓文部省将两犬故事编入教材的目的。同年出版的这类书还有《生活学习 小学国语读本之指导》《新小学国语读本指导方案》。两书的编者与出版社不同，但在教学目的、指导要领等上基本一致。有关教学目的，前者是：1."使学生阅读'满洲事变'中军犬壮烈之死这一片段（插话）而感动，培养尚武精神，同时养成读书爱好与阅读能力"。2. 让学生了解"满洲事变"，同时知晓军犬在现代战争中之作用。后者是："使学生阅读'满洲事变'中军犬那智、金刚的壮烈行动，燃起忠勇义烈的精神。""使学生通过阅读达到感动之极点。"

有关需要向学生强调、让学生"自主研究"的重点，两书指出：一是通过此课让学生深知"满洲事变"对于日本的重大深远意义，了解事变的动因、状况、结果。以上虽然不是本课的直接内容，但要明确两犬的行动，就需要弄清事变本身；二是根据课文的描述使学生了解事变之初战斗之激烈；三是日本将军犬用于实战几乎是事变后的事情，借此课文让学生了解军犬的作用、种类；四是军犬的任务本来是搜索、传令、警戒、运输等，但金刚等所为不同。"与此相比，不如以金刚、那智的精神性活动为中心，这与学习我国忠臣义士为国尽忠的故事是相同的，是学习这种精神。""本课文就像修身科的'忠犬八公'一样，与具体行动相比，更要着眼于其精神方面，使得忠义勇烈之精神旺盛。"最后要求学生发表读后感。

显然，官方将两犬的故事编入教材是想一举多得，即利用此向学生谎称事变的责任完全在于中国，强调日军侵华的"正当合理性"，同时普及军犬知识,当然,最重要的目的在于培育学生为国献身之忠义勇烈精神。

还有,以上提到的"忠犬八公"并非军犬,是东京某教师家饲养的名为"八公"的普通秋田犬。该犬在主人死后仍每天去涩谷车站等候主人归来的故事于1934年登报后,有些读者为之感动,称之为"忠犬",懂得"忠于主人"和"报恩",同年在涩谷车站边为其建立了铜像。九一八事变后致力于鼓吹军国主义精神的日本当局看中了"八公"的"忠"与"报恩",将其"事迹"视为"忠君爱国"教育的好材料,文部省1935年以《忠犬八公》之篇名把它编入《寻常小学修身书》,用于"善导我国民思想",教育儿童懂得报"皇国"之恩。因为与课文《犬之功劳》的主旨相同,因此,教学参考用书要求两者结合,使得学生进一步领悟忠义勇烈之精神。"八公"的故事自此又被当局利用来进行忠君爱国教育。

顺带说一下,被视为忠犬象征的"八公"铜像,战时却因铜资源严重匮乏,1944年被"应召"熔化用作生产材料,彻底"献身"于侵略战争,现立于涩谷车站前的铜像是战后重建的(图4-34)。不仅铜像再建,"忠犬八公"战后还被多次搬上银幕,至今仍为一些人津津乐道,虽然视角不同,但其战时被赋予的特定意义与角色,难免不让知情者产生一些联想。

太平洋战争爆发后,文部省在《初等科国语》(初三)中又增加了《军犬利根》一课。课文讲述了一头名叫"利根"的犬,出生后在名叫文子的小学女生的驯养下如何成

图4-34 涉谷车站前的"忠犬八公"铜像

长,"应召"为军犬后如何受训,随着日军侵入中国东北后在战场上如何"勇敢"地完成各种任务,最后一次如何冒着枪林弹雨完成重要通信任务的故事。

与"金刚""那智"不同,《军犬利根》纯属虚构。故事重点渲染了文子与爱犬"利根"结下的深厚感情,然后又以军犬兵与文子的通信形式发展故事的情节,由此大大拉近了课文与同龄小学生的距离,营造了十足的"真实感"与"临场感",使得学生对于战争的理解更为真切。正如文部省编辑的教学指导用书所说,"特别是本课的可爱战士的成长与儿童的生活密切相关,教育上有着深刻意义"。其"深刻意义"即为"在对勇敢的军犬美谈充满感激的同时,感受到与自己的生活离得很近,通过爱犬,燃起爱国精神","对于正以实现'圣战'目的而奋斗的皇军将士,国民献上了相应的感谢,祈祷其武运长久,而对于可爱的无声战士,也应感激"。

二、"忠烈"的《小小传令使》

在《国语》教材中第二个登场的军用动物是军鸽。1936年文部省修订发行的《小学国语读本 卷8》新增了名为《小小传令使》的课文。

课文讲述了这样一个"真实"的故事:1931年12月11日,侵占中国东北的日军大石桥守备队鸽舍飞来一只浑身带血的鸽子,军鸽兵抓起一看脚圈编号,原来是四天前去锦州的日军带去的军鸽,当时已身负重伤,奄奄一息。原来是去锦州的日军遭遇中国军队,展开激战,想用有线、无线电设备通知大石桥守备队,但设备已经损坏,于是将报急信装入此鸽右脚的通信管,放飞报信。该鸽飞行途中遇到老鹰,于是低飞躲避,被中国军队发现枪击,左脚被打断,腹部又中一弹,仍坚持飞到傍晚,才停在树上休息。附近的日军发现了它,伸手去抓时已飞走,树枝上留下血迹。第二天此鸽飞到大石桥守备队后,身体在军鸽兵手上变冷,随后死去。日军得到情报

图 4-35 《小小传令使》的插图

后采取措施,很快占领了锦州。

据相关教师用书说明,"小小传令使"的原型是关东军的第229号军鸽。其死后被制成了标本,课文的插图(图4-35)即是此鸽。

此鸽的经历不得不说太离奇,且不说其飞翔途中发生的事情作者是如何获知的,单说鸽子失去一只脚,在树枝上是无法站立的,何况还是在寒冬站了一夜。再有,鸽子身体很小,腹部中弹,内脏必然严重受伤,大量失血后不死还能熬过寒夜,飞到目的地,堪称奇迹。

不过,这种"英雄事迹"在战时日本是不容怀疑的。各方面对此次教材的改订给予了高度评价。例如1936年9月7日《神户新闻》以《织入日本精神改订的小学读本》为标题评论说改订有利于"培养双肩担负非常时期日本而立的下一代中坚国民","在学童心中培植辉煌的日本精神"。作为"织入日本精神"之证据,该报重点列举了《小小传令使》,称此鸽"毫不亚于忠勇义烈的士兵,将生命奉献给军国"。[10] 上述评论道破了官方将军鸽"英雄事迹"编入教材的用心。

专门研究小学生阅读、朗读课程的"东京朗读研究会"1937年编辑出版的《读本指导与朗读法 寻常课使用 卷8》(成美堂出版)对《小小传令使》提出的教学要求是,教师课堂上须使用"满洲"地图等向学生说明发生地点,指导学生学习时,须结合卷5的《犬之功劳》一课,在知晓军犬忠勇的基础上,让学生知道军鸽之勇敢,使得学生通过阅读此"忠勇"的故事,涵养"忠君爱国"精神,同时知悉军用动物的"伟大功绩",培养爱护动物的精神。在朗读时,要求使学生的语调、语速、感情等符合军鸽的"忠烈"表现,"全篇须保持紧张气氛,表现得热血沸腾"。

毋庸置疑,当长期深受日本政府"膺惩暴虐中国"宣传教育的小学生看到可爱的弱小生命——鸽子被"敌军"无情攻击、身受重伤,羽毛被血染红,仍拼死完成任务时,幼小的心灵不知不觉中就会燃起对"野蛮敌军"的"敌忾心",滋生出仇恨、武勇乃至殉国精神。正因为如此,《神户新闻》称赞此次修订工作是编辑"活生生的军国美谈"教材,在"至纯的情操教育"方面倾注了关切。

上述教材一直用到战败。少年儿童时代是塑造其世界观、人生观、价值观的关键时期,对其而言,鸽、犬、马都是非常亲近的可爱动物,将侵华战争中军用动物的"英雄事迹"编入教材,在打动少年儿童心灵、美化侵华战争、灌输军国主义思想、培植"忠君爱国"精神、激发武勇乃至殉国精神方面,往往要比讲述一般的"英雄故事"留下的印象更深刻,取得的效果更好。

第五节　纸画剧与军用动物

一、宣传的利器纸画剧

日语的"纸芝居"[11],可以翻译成纸画剧或纸戏剧,与中国民间的"西洋镜""拉洋片"相似。中国的西洋镜一般是在木箱上开个小洞,洞口装凸镜,贴镜可看箱中图片。纸画剧也是用木箱作为道具,木箱一边完全开口,长宽一般是8开纸张左右,艺人将自己或画家所绘的画片按照故事情节的顺序插入开口处,图片正面是故事内容,背面是文字解说。艺人在向观众展示画面的同时,根据背面的文字讲述画面情节,讲完一张换下一张,直到把故事讲完。

据说，纸画剧是1930年前后在街头出现的。艺人把木箱装在自行车后座，在街头展示一张张图片，绘声绘色进行讲述，起初只是靠此吸引儿童买糖果，后来以此为生，向观众收费。在电视没有出现而看电影属于奢侈消费的时代，故事情节引人入胜的纸画剧深受孩童的欢迎，加上纸画剧的故事情节精彩动人，这种街头"流动剧场"很快走红（图4-36）。据东京市1935年调查，仅东京大约就有2 000个纸画剧商，每天吸引的儿童达60万至百万。[12]

日本官方很快盯上了这一新兴的大众娱乐工具，试图将此改造为社会教育的利器，用于宣传"国策"——国家政策。九一八事变后政府召集纸画剧从业者，在内务省、陆军省、文部省后援下于1932年9月设立"日本教育画剧协会"。协会成立后的第一个大型活动就是在陆军省后援下于东京浅草的公园举办《"满洲事变"一周年纪念纸画剧之夜》，以纸画剧为事变做宣传。

七七事变后日本政府开动一切宣传机器进行战争动员，与喋喋不休的听觉宣传相比，通过视觉，尤其是艺术形式对民众，特别是对乡镇的老幼妇孺宣传效果会更好。纸画剧的特点是制作简单价廉，能随时随地表演，并且一看就明白，容易产生共鸣，非常适用来对老幼、农民、工人等宣传，因而进一步受到官方重视。在官方授意下，1938年以全国青年教师为主，儿童文学家、宗教学者等与纸画剧相关者以"宣传国策，提高战意"为宗旨，成立"日本教育纸芝居协会"。商贩用来娱乐赚钱的街头表演艺术由此完全变成战争动员的工具。

在政府推动下，纸画剧被学校、工厂、居民组织等广泛使用于宣传工作，在学校由教师等表演，在城市的居民委员会、农村与渔村的"部落会"，则由当地的实权人物、知识分子表演（图4-37）。由于在宣传上具有上述特点，纸画剧甚至被日军带到中国（在沦陷区称画剧、画片剧、画戏），用于对中国民众宣传（图4-38至4-40）。

因政府等委托制作纸画剧的任务不断增加，由朝日新闻社出资，

第四章 国民精神总动员——军用动物与"忠君爱国" / 319

图 4-36　日本街头儿童等围观纸画剧

图 4-37　向学童、妇女宣传

图4-38　日军在广东街头表演

图4-39　日军在山西街头表演（台上左边表演纸戏剧）

第四章　国民精神总动员——军用动物与"忠君爱国" / 321

图4-40　日军在北平沙河站前广场表演

图4-41　左为纸画剧《军犬之功劳》封面，右为其画片之一

*来源：同本章注5。

图 4-42 《小小传令使》的画片

*来源：同本章注 11。

"日本教育纸芝居协会"于1940年设立专门出版纸画剧本的公司。与手工绘画相比，机器可以大批量印刷，出版界注意到纸画剧的商机，纷纷加入。于是，由出版社印制出版的纸画剧本发行量大增，流向全国各地。

二、纸画剧中的军用动物

在"国策纸画剧"中，有不少剧本是以军用动物为题材的，表4-1即为其中的一些例子。

表 4-1　战时日本以军用动物为题材的纸画剧举要[13]

纸画剧名称	制作时间	制作者或出版者	所属系列	备考
军犬之功劳	1938年8月	滨田广介监辑	《幼稚园纸画剧》第13辑	
小小传令使	不详	日本教育纸芝居协会编写	不详	
爱马出征	1939年3月	不详	《教材纸画剧》第3辑	
马与军队	1939年	不详	不详	
马与炮击	1941年	不详	不详	
作平爷爷与马	1941年	大正翼赞会出版	不详	
军队与马	1942年	天理教纸画剧协会	不详	
我的奋斗	1943年	神户军犬学校画剧部出版	《在战线吠叫的军犬：军犬教育纸画剧》，第2篇	文部省推奖，陆军省报道部与关东军报道部推荐
"菊水号"与部队的故事	1943年		同上，第3篇	
倒下仍吠叫："潮日号"	1943年		同上，第4篇	

根据制作者等来判断，表中的纸画剧基本上是为学生制作的。

表中《军犬之功劳》属于《幼稚园纸画剧》系列，显然是面向幼儿开发的。因未看到剧本，不知与上述《小学国语读本 卷5》的同名课文《犬之功劳》是否有关系，但估计仍是军犬"那智""金刚"的那套故事。图4-41是纸画剧剧本的两张画片，图中的两犬，一头背着通信袋，另一头项圈上有通信盒，显示了军犬的部分作用。两犬画得憨态可掬，温顺可爱。如此"可爱"的军犬也能为守护"皇国"立功，对于幼小心灵的煽动性之大是可以想象的。如果剧情中这种"可爱"的军犬在战场上被"凶恶"的"敌人""残忍"地打死，受到的刺激与震撼则会更大。

"日本教育纸芝居协会"制作的《小小传令使》剧本共有图16张。图4-42分别为封面与第3、14、15张图。封面的第一行字"小学国语读本 卷8"说明了剧本来源，也意味着是与教材配套开发用于教学的。其他三张画片，即使不听解说词，仅看图也能获得深刻印象。第3图是背着鸽笼的军鸽兵随军行进，据此可知日军开始行动，进攻锦州，还能了解军队携带军鸽移动的方法；第14图以特写形式画出了完成报信任务而死在日军手中的军鸽。原图是彩色的，军鸽白色的羽毛上沾着的鲜血尤为醒目；第15图是日军列队从路中央进入城门，一看就知道是标准的中国城门，说明日军已经占领了此次的进攻目标锦州。道路一侧有很多太阳旗，画面仅一戴着瓜皮帽的男性拿着太阳旗，因为瓜皮帽是当时中国男性的典型符号，说明进入锦州的日军"受到了中国人的欢迎"。显然，以上画面足以达到宣传忠勇报国精神、歪曲战争事实、美化侵略战争的效果。

不过，据日本陆军战时制定的《军鸽管理规定》可知，陆军选定军鸽的毛色要求是："毛色不可为容易引起注意之白色。"日本海军编写的军鸽教材也写道："白色信鸽用来玩赏至极美丽，但容易被害鸟、害兽发现，故而受袭击的可能性大，不宜作军鸽。"即军方不会选用白色羽毛的信鸽作军鸽。绘图者特地将"小小传令使"的羽毛画为白色，以此衬托鲜血，更能达到刺激儿童的视觉神经、使其热血沸腾的效果。

纸画剧的宣传对象也包括妇女与老人等广大群体，但能获得最佳效果的还是儿童群体。对于纸画剧与儿童教育的关系，战时日本就有人专门研究，如村田亨在《教育纸画剧：效果与指导》（中行馆书房，1938年）一书中指出，纸画剧对儿童具有极大的吸引力，而纸画剧的生命力也在于最能迎合儿童的心理。

确实，将图画等用于教育，十分切合儿童特有的情趣、心理状态和对事物的理解、思考方式，儿童的思维特点是具体形象性，图画、实物、表演等直观手段，能够使抽象的语言符号形象化、直观化，帮助儿童对语言的理解和记忆。鸽、犬、马本来就是儿童喜爱的动物，借助纸画剧，当然更便于灌输军国主义思想，培植"忠君爱国"精神。

第六节　歌曲与军用动物

一、国民的"兴奋剂"——军歌

发动与推动战争不仅需要军队、武器、物资等，还需要充分调动国民的参战热情，激励士气，让军民热血沸腾。演奏雄壮的军乐、军歌，歌唱战争题材的"国民歌谣"便是日本当局用来达到上述目的的常用手段之一。

在甲午战争前，日本已经有很多军歌以及与战争相关的歌曲出现，有些歌曲进入小学教材，迅速传开，有些歌则在民间流传，得到狂热追捧。甲午战争发生后，更多的以"军国美谈"为主题的歌曲出现，受到欢迎，得到普遍传唱，用日本历史学家的话来说，音乐对于推动战争发挥了很大作用。日俄战争期间，军歌在日本极为流行，游园会、运动会、庆祝会、开业典礼，甚至商店甩卖都播放军歌，军歌融入了日本大众之日常。[14]

九一八事变后，美化战争、歌唱"英雄"忠勇精神与事迹的歌曲与军歌再次被当局用作煽动战争热情的兴奋剂。因为传唱军歌等早有深厚的基础，加上20世纪30年代无线电广播在日本迅速普及，并且电台几乎是当时的普通民众通过公共渠道获取流行音乐的唯一途径，因此，这类歌曲借助广播的反复播放，迅速进入千家万户，流布至全国各地。

1936年，"日本广播协会"大阪中央广播局开办了一个新的无线电广播歌谣曲节目，不久，东京中央广播局也开始制作同样的节目，名为"国民歌谣"，很快风靡全国。一些军事主题的歌曲便以此节目为平台亮相，进入民众的视野，因契合了当时的社会心理与民众的精神需求，一跃成为流行歌曲。

1937年9月日本政府实施"国民精神总动员"运动，积极利用军歌等作为动员之手段。同月建立的负责领导国家宣传等工作的内阁情报部，一成立就发布消息说需要创作"国民永远爱唱的国民歌曲"，公开募集歌词并为其谱曲。媒体等心领神会，纷纷附和，也设大奖募集与侵华战争有关的军歌等歌曲，政府、军方对此以"推荐""后援""选定"等形式大力引导、参与。日本广播协会则专门设立"军歌播放"系列节目，大肆播放新创作的军歌，"国民歌谣"节目中美化战争的歌曲上升为主旋律。

军歌等成为鼓动民众支持战争的兴奋剂，民众高唱军歌为日军送行是战时日本城乡最常见的风景。1954年上映的经典反战电影《二十只眼睛》讲述的是战时日本一小乡村12名学生的遭遇，影片中就多次出现过这种画面，大概据此才能如实再现那个疯狂的时代吧。

在美化战争的歌曲中，有一些是以军用动物为主题的。1940年

10月24日起马政局资源部洼田武二郎部长在全国大报《报知新闻》上连续五日发表长文《战争背后的马》。文章说明了战争与马之密切关系，强调此次战争是有史以来征用民间马最多的，国民通过《爱马进军歌》与《祈祷在拂晓》得以深入了解到"跟随着士兵不懈流血奋斗的"军马。文中特地说到的《爱马进军歌》与《祈祷在拂晓》便是以军马为主题的。

二、风靡日本的军歌《爱马进军歌》《祈祷在拂晓》

《爱马进军歌》完全是军方主导下的产物。1938年10月陆军省马政课、农林省马政局在日军侵占武汉前夕，为了加深军民对侵华战争中"默默承受所有痛苦、忍饥挨饿的""无言战士"军马的感谢与爱护，普及马事思想，以《爱马进军歌》与俚谣（或童谣）《爱马》为歌名，共同公开悬赏募集歌词。《爱马进军歌》的赏金是一等奖1 000日元（1名）、二等奖500日元（2名）、三等奖150日元（3名）。[15]当时的日本正因中国战场频传的"捷报"举国陷入战争狂热之中，加上悬赏金额极高，一个月里就募集到歌词39 047篇，内阁情报部官员，陆军省马政课与情报局将校，东京中央广播局长，著名诗人北原白秋、土井晚翠等担任评委对歌词加以评选，最终久保井信夫的作品获得一等奖。接着，又募集作曲，收到3 000余曲，军歌旋律的谱曲获选。获得一等奖的歌词如下：

> 离开皇国已数月，马儿哟，决死之心与你同抱，不停攻占的山河，血与手执的缰绳相交。
> 昨日攻占的碉堡，今天响起假寐的鼾声。一场血战在明朝，马儿哟，你睡得可好？
> 多亏了你，我在枪林弹雨中越过了浊浪波涛。马儿哟，任务一完了，就流泪喂了你秣草。

挂着慰问袋中的护身符而战。为何亲昵地将脸贴近这灰蒙蒙满是胡须的面孔，这栗毛。

不是装饰，佩戴的这把战刀。一马当先冲锋陷阵，敌阵弱爆。马儿哟，快嘶叫，这是胜利的欢叫。

在你背上高举太阳旗，高唱凯歌入城，你的出色功勋可与士兵比超，永远忘不掉。

如上所见，歌词完全贯彻了陆军省的要求，通过渲染战场上的枪林弹雨与艰苦环境，凸显了军马之"忠勇"，歌颂了在战场上"同甘共苦""生死与共"的人马情。

该歌曲由陆军军乐队伴奏，当时的著名演员、歌手藤原义江演唱，1939年面世。陆军省十分看重此歌，指示全国广播电台不厌其烦反复播放，要求对学校（尤其是小学）、政府部门、企业、商店等宣传、普及，指示电影院、剧场等在观众等候时间与中场休息时播放。在军方的督促下，无线电广播台"国民歌谣"节目中反复播送此歌，日本六家一流的唱片公司还同时灌制了大量唱片发行，一个月就售出50万张。[16]

此歌立即在全国流行开来，成为"国民歌谣"的走红歌曲，一举进入最流行的军歌之列，甚至很快在侵华日军中传唱。日本国内活动遇有大群军马出场时，往往都能听到此歌，图4-43便是1939年2月"纪元节"（庆祝传说中首个天皇即位日的节日）东京街头军马大游行、众人高唱《爱马进军歌》的场面。"这样，《爱马进军歌》在军队中自不待言，在国民男女老幼中也得到广泛爱唱，战时的马事教育由此更加展开，对于提高国民士气亦有贡献"[17]。

受到成功推出《爱马进军歌》之鼓舞，陆军省又策动电影界拍摄以军马为主题的电影。1940年4月松竹电影公司在陆军省指导、内务省后援下拍摄出了电影《征战爱马谱：祈祷在拂晓》，由田中绢代（战后扮演过《望乡》中的阿崎婆等电影主角）等著名影星出演。电影上映后立即蹿红,同名主题曲在"国民歌谣"节目中播送,也迅速流行开来。

该曲在陆军省的要求下以歌颂"英勇"奋战于战场的军马为主调,由当时的著名作曲家古关裕而作曲。歌词同样忠实贯彻了军方要求,与马有关的歌词写道:"啊啊!军服与脸上沾满泥土,数百里与军马同甘苦,完成任务好几度。""遥拜皇宫,将此决意,向皇天起誓!与受伤爱马,不饮不食,连续三日,献上生命。……鲜红的忠义之血流淌着,献给皇国,拂晓高扬的兴亚凯歌。"

此歌具有军歌旋律,朗朗上口,简单明快,继《爱马进军歌》之后,通过电影、无线电广播、唱片迅速传播,军马再次成为流行军歌的主角。

军方还试图推出军鸽方面的流行歌。1941年8月23日陆军省公布了授勋军鸽名单,共52只获得授勋。同一天,"大日本军用鸽协会"在军方、东京府等支持下,于东京日比谷新音乐堂举办了《感谢军鸽之夜》,免费入场。

晚会发布了陆军省选出的歌曲《勇敢的军鸽》。此歌曲由著名的诗人、作词家西条八十作词,作曲家细川润一郎谱曲。歌词大意是负伤的军鸽拼死为陷入重围的日军送信解围,歌颂军鸽是日军的"救星"。晚会在齐放军鸽、唱国歌中开始,"大日本军用鸽协会"负责人、《读卖新闻》企划部长、陆军通信学校鸽部部长到场致辞,接着表彰了全国218名立功的会员,然后是著名歌手演唱《勇敢的军鸽》等军歌。不过,此歌未能走红。

三、儿童歌曲中的军用动物

在儿童教育中,寓教于乐,借助音乐之旋律与节奏在启迪心智、熏陶情感、滋养心灵等方面往往会有事半功倍之效果。战时日本的教育机关等还针对学生制作了一些以军用动物为主题的歌曲。

高知县教育会在1938年编辑出版了《中国事变爱国歌集》，内容都是歌唱事变中的所谓"英雄"，其中有一首名为《通州之犬》。1937年7月"冀东保安队"起义时打死日军驻通县特务机关长细木繁，据说陆军省次官事后视察现场，看到细木饲养的狗还在特务机关废墟前徘徊。此歌以"通州事件"为背景，歌词在渲染"事件"之"暴虐"的同时，歌唱此犬是在等待、守护无法归来的"英灵"，是"英勇的忠犬"，"是从主人那里继承了日本之血脉的勇敢忠犬"。作曲者要求学生"悲壮"地歌唱。

"大日本雄辩会讲谈社"自1938年底针对儿童不定期发行专刊《爱国唱歌》。如名称所示，此刊专载爱国歌曲，培育儿童的忠君爱国思想，为战争摇旗呐喊。自第2集至第4集，该刊每集都登载以军用动物为主题的歌曲，例如《军犬》《军鸽》《爱马行》《爱马"宫铃"》，作词、作曲者有民间的，也有陆军省的，歌词的内容均取材于最新的侵华消息。讲谈社是当时日本著名的出版社之一，上述歌曲不少被小学等用于教学。

军用动物之歌还进入了教材。文部省1941年主编、出版的《初等科音乐》（第一）中有《军犬利根》一课，从题目与内容看是与《国语》教材的同名课文配套的。文部省编印的教师教学参考用书"指导要旨"的说明是："让学生歌唱勇敢的军犬利根之歌，培养勇敢活泼精神，唤起爱护动物之心。"

歌词内容第一段是"利根"得令"快去"后，冒着枪击炮轰径直奔向目的地，第二段描述"利根"受到枪炮攻击，第三段描述"利根"到达目的地。如图4-44所示，歌曲节奏极快，充满紧张感，而每段最后都是模拟枪、炮声，则加强了歌唱者等的临场感。学生联想着《国语》课文的内容，从歌声中更能体会到"利根"的"忠勇"。

音乐是对民众宣传与动员的利器。对战时日本民众而言，军歌等是提升其"精忠报国"热情的兴奋剂，是令其"坚韧持久"支持战争

图4-43　1939年"纪元节"军马东京游行

图4-44　教材中的《军犬利根》乐谱

的精神鸦片，也是使其"举国一致"的凝聚剂。而对于儿童来说，音乐之旋律与节奏本来就容易渗润童心，而歌唱的又是亲近可爱的动物，则更易深入内心，培育忠勇义烈精神。

第七节　纪念活动与军用动物

一、"爱国强马"的"爱马日"

战时日本的军用动物不仅被"论功行赏"、被歌唱，还被设立节日来感谢和纪念，最有代表性的就是"爱马日"。

七七事变后，为了唤起全民对马匹在"国防与产业"上重要性之深刻认识，在"国民精神总动员"运动的团体"日本赛马会""帝国马匹协会"等提倡下，日本政府于1939年3月决定将4月7日定为"爱马日"。选中此日，据说是因为明治天皇在日俄战争的1904年4月7日就改良马匹向山县元帅、伊藤枢密院议长等下达过指示。

自此，在陆军省、农林省、文部省、国民精神总动员中央联盟的指导与后援下，每逢"爱马日"，军方就派人到全国中、小学就军马与战争发表演说，举行马术表演，动用大量军马在闹市游行，学校、神社、社会团体等也举行活动，媒体则跟风造势，协助官方普及"爱国强马"精神，宣传军马报国的思想。

"爱马日"举行的活动每年都有特色。以最初的三次为例，1939年4月7日首个"爱马日"，陆军组织1 500匹军马全副武装在东京主要大街游行，市民夹道欢呼，声势浩大。"帝国马匹协会"等还在代代木练兵场举办"军用候补马锻炼会"，关东地区有350匹马参加，陆军省马政课长首先带领马术团表演，接着在《爱马进军歌》合唱下举行大会。会后亦在东京主要街道游行，沿途高唱《爱马进军歌》。1 000多匹军马在东京街头游行大概是前所未闻的，引起轰动，"军马报国"思想在大都市进一步传播。

佛教界也不甘寂寞，全国寺庙被动员在此日正午12点共同撞钟18下感谢亡马，为之超度，为"爱马日"增色不少。

1940年"爱马日"的重点是在对青少年的思想启发上。节前，东京日日新闻社发行的小学生报纸《东日小学生新闻》向全国小学生募集爱马标语，收到2.5万条，报社从中选出10条，于4月7日发表，为节日增加了亮点。报社选中的标语有"爱马、爱国心是一样的""马无声地为国服务""不管哪匹马都是国家的力量"等，反映了"爱国强马"思想已经深入童心。

"爱马日"当天，陆军省表彰军用动物，发布入选动物的名单，共有军马216匹、军犬5头入选。官方等则在代代木练兵场举行"少男少女骑乘大会"，皇族参加，军方各兵科在会场举行骑术表演，会后骑乘在市内大游行，少年男女给军马喂胡萝卜，向普通与会者赠送与爱马有关的明信片，以此提高儿童与普通市民的"爱国强马"思想。

1941年的"爱马日"，陆军、农林两省连续两日在代代木练兵场主办"兴亚马事大会"，所有与马事相关的民间团体协办，规模空前，展出"功劳马"、优秀赛马、优良种牝马、模范军马等共千匹。大会首日军马、农马进行表演，天皇亲自到场，观览"功劳马"与表演（图4-45），以示重视。第二天则进行了各种比赛。

"马事大会"展出的"功劳马"中，有特地从中国召回供展出的"胜山号"。天皇特地前往观看，使得该马声誉更盛。

不仅在日本国内，日军在中国占领地区的一些城市也举办"爱马节"。此日，日军在主要街道骑马游行，炫耀武力，还会组织学生、日侨等给军马喂食胡萝卜（图4-46），至1944年伪满仍有此节。

334 / 军马、军鸽与军犬：日本侵华战争与军用动物

图 4-45　昭和天皇在观览台观看农用马

图 4-46　北平的日侨慰劳军马

二、"军马祭"等慰灵活动

"慰灵"即慰藉亡灵活动,是日本民间早已存在的传统习俗。侵华战争期间日军的军用动物大量死于战场,为了鼓舞士气,激发敌忾心,聚拢人心,鼓励民众更积极地驯养军用动物,日本军政当局及其民间御用组织等为死去的军用动物举行了各种形式的慰灵活动。

如前所述,1937年至1938年《动物文学》以《中国事变与动物》为专题的报道,有63篇是关于军犬、军鸽、军马的,基本都说到这些动物死后在战地被以对待人的方法埋葬、慰灵,有些使用这些动物的军人家属也在家举行了同样活动。这说明侵华日军与日本国内为军用动物举行的慰灵活动非常普遍。

在各种活动中,定时举办的"军马祭"最隆重。此祭日是七七事变后在农林省马政局主倡下设立的,时间定为靖国神社大祭结束后之翌日,即10月24日,目的是感谢、悼念战争中的亡马,主办者为"日本竞马会""帝国马匹协会""日本乘马协会",实际指导者为陆军省、农林省。

首届"中国事变军马祭"于1938年举办。东京的主办者在农林省、陆军省、文部省、大正翼赞会、东京市等支持下,于日比谷公园设祭坛举行了盛大的纪念仪式,陆军大臣、农林大臣等都亲自参加。各地也举行同样活动,有些地方还建立了慰灵碑、表忠塔,感谢"护国之柱"军马。"军马祭"自此连年举行,与"爱马日"同样成为盛大的国民性纪念活动(图4-47、4-48)。

例如,1940年举办的"第三次中国事变军马祭",声势异常浩大。陆军省在23日公布获得表彰的军用动物名单,为之造势。而节日的主办者与大阪每日新闻社则策划了更大规模的预热活动。

据《大阪每日新闻》报道,在马政局指导下,主办者"帝国马匹协会"、"日本乘马协会"、大阪每日新闻社等从北海道、本州、九州动员了民间6万匹"军用保护马",组成北上、南下两队,前者目标东京

图4-47　东京日比谷公园的"军马祭"

图4-48　1942年大阪"军马祭"会场

供奉明治天皇的明治神宫，后者目标供奉传说中的第一个天皇神武天皇的橿原神宫（位于奈良县中部），提前18日出发，沿途宣传"强马爱国"思想，高唱《爱马进军歌》。据报道，两队所到之处，"《爱马进军歌》在街上、山中、稻穗成熟的农村高声回荡着"，影响很大。24日两队各自抵达目的地后，举行了"大骑乘到达仪式"等，令"军马祭"大为增色。

战时日本军政当局及其御用团体等还会随时随地举行"慰灵祭"——慰藉亡灵的典礼，慰藉战争中的死者，甚至军用动物。

全面侵华后，因军用动物大量死亡，1938年1月陆军省恩赏课设立"军用动物慰灵会"负责慰灵活动，在东京代代木练兵场建"军用动物慰灵碑"，进行了"军用动物慰灵祭"。在军方带动下，对军用动物的"慰灵祭"在各地普遍展开。

以军犬为例，负责举行公共"慰灵祭"的基本上是军方与"帝国军用犬协会"。战争初期，各师团使用的军犬基本上来自驻地，例如第4师团编组地为大阪，大阪民间的"应召犬"基本上都是提供给它的（参考图3-19、3-20）。当这些军犬死于战场时，军犬出生地的留守部队往往举行"慰灵祭"，当地的相关组织与学校一般会派人参加。

例如，第3师团，即名古屋师团的藤原部队入侵江南等地时有7头军犬送信时被打死，1938年8月留守在名古屋的军犬班负责人充当祭主，在驻地举行"慰灵祭"，部队领导、"帝国军用犬协会"名古屋支部负责人、军犬出生地代表、附近小学师生200人参加。祭式上祭主先朗读祭文，赞颂军犬"功绩"，接着各方代表手捧玉串（神道仪式用的祭祀品）向神明拜揖，最后是部队长官讲话，照例是借助军犬为战争进行精神动员的一番演说。

如前所述，日本的报刊一直对战地军犬进行报道。死亡军犬的"英雄事迹"经登报宣传后，如果是民间"应召"来的，在全面侵华战争初期，原主人往往会收到来自各方面的吊唁、慰问信，当地的军用犬协会支部则与原主人一起举行"慰灵祭"。

例如，从大阪征用的军犬"幸福号"送信时被打死后，报纸以《血染之忠犬 拼死之传令》为题报道，影响很大，其原主人与当地军用犬协会支部决定举行"慰灵祭"。祭日当天，设祭坛放置"幸福号"照片，祭坛前供奉了各方面的献花、供物、吊唁旗帜、典仪等。本地一些民间组织参加活动，协会会员还带犬参加（图4-49），和尚诵经后，丧主（原犬主人）等焚香，本地军用犬支部代表、地方要人等朗读祭文，最后众人行礼，"祈祷忠犬之冥福"。祭礼结束之后协会会员对犬进行了竞技训练，"出色完成各种项目，以慰问僚友"。

日本各级军政当局及御用民间团体还会选择一些重要节点，举行"慰灵祭"，祭奠军用动物。

例如，1941年7月7日"帝国军事协会"在日比谷公园举行"中国事变四周年纪念军用动物大慰灵祭"，会后，由儿童开道，军马、军犬、军鸽随后沿着大街向皇宫行进，在皇宫前的二重桥边列队面对皇宫三呼万岁后，又去参拜了靖国神社。

这种"慰灵祭"在日军的侵占地也很普遍。如前所述，日军在全面侵华初期就死了大量军马，仅进攻南京的两个月就死了1.4万多匹，可以说进攻南京的路途也是由马尸铺成的。1938年2月陆军省致电"华中方面军司令"松井石根，要求当月在南京等地举行"军马慰灵祭"，吊慰"战死的无声战士之魂灵"。[18]

据此命令，上海的日军在光华大学大西路（今延安西路）校舍激战后留下的残垣断壁前举行了大规模的"慰灵祭"（图4-50）。自此侵华日军根据情况随时随地举行这种"慰灵祭"。

三、被树碑、立像、建墓的军用动物

作为慰灵活动的一部分，日本军政当局与御用民间组织等还会兴师动众为军用动物树碑、立像、建墓。

这种活动在甲午、日俄战争结束后就有不少。两次战争，日军死

第四章 国民精神总动员——军用动物与"忠君爱国" / 339

图4-49 "幸福号""慰灵祭"现场

图4-50 日军在光华大学举行"军马慰灵祭"

亡了大量军马，军方与民间为此建纪念碑等进行慰灵。

现位于靖国神社的"鸽魂塔"是日本军方早期建立的军用动物塑像之一。该塔由军鸽委员会会长等发起，从民间募款300日元，1929年3月在军鸽委员会所在地中野的前院一角建立。"鸽魂塔"塔头为军鸽金属像，塔下开穴，用来埋每年死亡的军鸽脚环，1934年初脚环达到14 030个。1939年军鸽委员会搬走后，"鸽魂塔"的管理工作移交给东京市，东京市在同年3月将塔搬迁至上野公园内。时值战争狂热之际，搬迁之日举行了盛大的"迁址揭幕式"与"慰灵祭"，东京市长到场读祭文，日本传书鸽协会会长致辞，学生戴着鸽子装饰的帽子参加。会场还展示了陆军的移动鸽舍、军鸽功勋章、空投用特制鸽笼、海军的夜鸽、赛鸽奖杯等。

战后，"鸽魂塔"一段时间无人问津，连鸽头都失踪了。1982年9月才被修复搬迁至靖国神社，与"战没马慰灵像"（1958年建）、"军犬慰灵像"（1992年建）共立于院内。

九一八事变发生后，日军的军马等大量伤亡，为死亡军用动物所建的纪念物随之出现。据日本学者战后调查，九一八事变至1945年战败日本国内所建的军用动物之碑至少有180多座，其名称多样，有慰灵碑（招魂碑）、马魂碑、马头观音、马神碑、忠魂碑、军马之碑等。[19]

九一八事变后军方最早建立的高规格慰灵碑，应该是1933年12月第2师团所建的《"满洲事变"军马战殒之碑》。

第2师团是九一八事变入侵中国的主力之一，事变期间有87匹军马死亡。师团返回驻地仙台后，1933年1月借用某小学会堂举行了"军马慰灵祭"。祭日进奉玉串的有陆军三巨头（派代表）、海军大臣（派代表）、原关东军司令本庄繁（发动九一八事变的罪魁祸首）、日本东北三县知事（即省长）、仙台市长、各马事组织代表等。祭典上师团长多门二郎致辞，仙台产马畜产组合长等分别朗读了祭文。

因为是师团主办，规格又高，参加者众多，会场容纳不下，很多人只能站在会堂外参加。第2师团兽医部就此发文说:"自日俄战争以来,军马慰灵祭屡屡举行,但以陆军三长官为首,如此朝野名流参加,恐怕可以说是前所未闻的。"[20]据此可见事变后军政高层对慰灵活动之重视。

祭奠活动一结束,军方即着手建立纪念碑,同年底建成(图4-51)。该处成为当地军政当局祭奠军马之地。1940年该师团又在碑右边建立了《军马、军用动物彰忠塔》,显彰军用动物之"武勋"。

位于神奈川逗子的《忠犬之碑》也是九一八事变后各方最早建立的与侵华有关的军用动物纪念碑之一。

图4-51 第2师团建的战死军马纪念碑(现存于仙台市博物馆北侧)

1933年7月军方在授予军犬"金刚""那智"功勋章的当月,又与民间组织在两犬驯养者板仓少佐的老家神奈川县逗子建立了纪念铜像,铜像座基上刻有《忠犬之碑》。当地军政人员、民间组织代表、学生等参加了揭碑仪式,陆军省恩赏课派专员到场参加,给铜像佩戴功勋章(图4-52),表彰其"功绩"。

"那智"等犬死后的埋葬地日军练兵场,后来改为奉天贺茂国民学校操场。1936年9月当地军政部门在操场旁边建立"金刚""那智"墓碑(图4-57中间竖立的柱状物),9月18日,即事变发生五周年之日,全校师生在墓碑前举行"金刚、那智五周年忌祭奠"(图4-53),军政部门等派代表参加,颂扬为国尽忠的"英雄",送花圈等以示悼念。

此墓地实际上成了当地进行"忠君爱国"教育的基地,每逢相关

图4-52　陆军省官员给军犬铜像戴功勋章

图4-53　"金刚、那智五周年忌祭奠"场景

节点，就会有纪念活动。例如，1943年9月18日当地军政部门在同地翻建《忠犬金刚、那智之碑》，举行慰灵活动，组织学生参加，还特地从日本邀请了板仓之遗孀及其子到场。

七七事变爆发后，参与侵华的第9师团山炮兵第9联队1937年11月在日本国内建立的《马魂碑》是事变后军方首批建立的军用动物纪念碑之一。其碑名由刚刚卸任的师团长莲沼蕃（1936年12月至1937年8月在任）题写。随着战争的扩大与军用动物的大量死亡，不仅日本国内，日军在侵占地（如图4-15至4-17）建立的慰灵碑等也越来越多。

以军犬为例，现存于日本国内的属于侵华期间建立的墓、碑至少有15处。它们中有与其他军用动物共立的，例如1934年高松市佛教会等在高松市建的《军马、军犬、军鸽慰灵碑》、1939年爱知县畜产组合联合会等在名古屋市区建的《第3师团军马、军犬、军鸽慰灵碑》等；有专为军犬而立的，例如1943年近卫步兵第5联队第2机关枪队在千叶县佐仓市建的《军犬北盘之墓》。[21]它们遍及城乡各地，十分便于随时随地进行参拜、慰灵活动。

时至战争后期，日本物资匮乏，不少金属塑像甚至被熔化再利用，因此，为军用动物树碑立像活动才逐渐停止。

正常情况下悼念亡者，慰藉动物亡灵本是人之常情，出于宗教或祭奠目的而建碑立像等自然无可非议，都值得尊重。但是，在实施侵略战争的特殊时期，这些由军政部门及其民间御用团体主导或参与的旨在为被赋予了"大和魂"的死亡动物招魂、显彰的公共活动就另当别论了。因为举行这种活动的现场实质上就是日本军政当局进行战争精神动员的"道场"，各种建筑所在地就是进行"忠君爱国""举国一致""同仇敌忾"教育的基地。每一次的参拜、慰灵活动，对参加者，尤其是少年儿童都是一次精神上的洗礼。

美国学者本尼迪克特在《菊与刀》中指出日本民族性格具有鲜

明的矛盾性。在此也能看到，这种人之常情在显示出其温情一面之同时，也恰恰与日军战争中的种种兽行形成了强烈对比。在战争特异环境下暴露出来的这种对动物的温情和对人性的无情践踏，是对本尼迪克特上述观点所作的有力注脚。

第四章注：

1　［日］参謀本部：《对時局緊急処置ニ関スル意見具申》，1931年；陸軍省：《"満洲"事変解決方策》，1931年，防中央-战争指导重要国策文书-546。

2　［日］藤原彰、功刀俊洋编：《資料 日本現代史（8）》，大月書店，1983年，第211—213页。

3　［日］中根榮：《板倉大尉の英靈と其忠犬の墓前に此一文を捧ぐ》，狩猟と畜犬社：《狩猟と畜犬》8（1），1932年，第76—79页。

4　［日］佐藤千尋：《軍用動物の死と慰霊》，日本宗教学会：《宗教研究》80（4），2007年。

5　［日］森田敏彦：《犬たちも戦争にいった：戦時下大阪の軍用犬》，日本機関紙出版センター，2014年，第78、79页。

6　［日］加藤康男：《靖国の軍馬》，祥伝社新書，2017年，第243页。

7　［日］吉田和明：《戦争と伝書鳩》，社会評論社，2011年，第121页。

8　［日］陸軍省：《軍用動物表彰内規》，1933年，防中国-中国事变全般-263。

9　［日］人事局恩賞課：《軍用動物表彰事務に関する件》，1937年，防陸軍省-大日記甲輯-S12-3-25。

10　［日］《日本精神を織込む 改訂の小学読本》，《神戸新聞》1936年9月7日。

11　有关日本"纸芝居"的历史与在战争中发挥的作用，详见［日］安田常雄编著：《国策紙芝居からみる日本の戦争》，勉誠出版社，2018年。

12　［日］東京市社会局编：《紙芝居に関する調查》，1935年，第1页。

13　根据同注11相关表格整理。

14　［日］池井優：《戦争と音楽：明治維新から"大東亜戦争"まで》，慶應義塾大学法学研究会：《法學研究》84（5），2011，第4、7页。

15　［日］馬政課長栗林忠道：《愛馬歌詞懸賞募集に関する件》，1938年，防陸軍省-大日記甲輯-S13-10-33。

16　［日］神翁顕彰会编辑兼发行：《日本馬政史 統 第1》，1963年，第733页。

17 ［日］武市銀治郎：《富国強馬：ウマからみた近代日本》，講談社，1999年，第213页。

18 ［日］陸軍大臣：《軍馬慰霊祭の件》，1938年，防陸軍省-陸中密大日記-S13-4-113。

19 据［日］森田敏彦《戦没軍馬・軍犬・軍鳩と民衆——軍用動物碑にみる慰霊と顕彰》表（1）［鷹陵史学会編《鷹陵史学》（33），2007年］统计。

20 ［日］陸軍獣医団：《陸軍獣医団報》（286），1933年，第79页。

21 同注5，第100、101页。

结　语

有关近代日本的侵华战争与军用动物，有几点值得特别强调一下。

一是关于战争的物资准备。明治维新后，日本政府出于对外侵略扩张的目的，在富国强兵的口号下，一直厉兵秣马，悉心备战，其军用动物的发展历史便是最好的证明。

正是长期以来依靠民间的通力合作，不懈举国家之力发展马业等，近代日本才得以建立比较丰富、高质量的军马、军鸽、军犬后备资源库。依靠此资源，日军得以在九一八事变后的14年间将约40万匹的日本军马、2.5万头左右的军犬、13万只以上的军鸽用于侵华战场。当然，这还仅仅是陆军的情况，计入海军的话则会更多。

这些资源，尤其是属于战略物资的军马对于日本侵华来说至关重要，可以说"无马难成军"的日军一旦离开了马匹，就成了十足的跛脚"武士"，就无法组织与实施有效的运动战，无法在战场上横行霸道。而电信设备并不发达的日军，离开了用军鸽等构成的通信网，在时空上则会出现大量通信盲区，无法保障紧要信息的及时传递。

其实，我国原本是产马大国，历史上马匹资源要比日本丰富得多，品质也要好得多。至于信鸽，驯养的历史之悠久与经验之丰富也远超日本。在抗击侵略时，至少在这些方面能够轻松战胜对手。可是，实情却恰恰相反，与日本马匹20世纪20年代起在保证数量的前提下实现"质"的飞跃发展形成鲜明对比的是，我国抗战前的马政因政局长期动荡而遭懈怠，马业一直处于放任自流状态，在繁殖、放牧、训练、防疫等方面听之任之，更无科学指导，结果是马匹产量减少，体格等全面退化、劣化。据关东军1930年对东北四省等地百万马匹的调查，东北马匹的体高，1.2米至1.25米的占38%，1.26米至1.29米的占35%，即绝大多数马匹体高不足1.3米。体高有限，体重亦然，仅为250—270千克；另据1932年国民政府军政部调查统计，中国产马从民国初年的500万匹锐减至不到100万匹，蒙古马在1935年前后平均体高由10年前的1.46米左右退化到1.4米左右，驮挽能力都十分低下，在军事上难堪重任。[1]

同样，我国在驯养与利用信鸽方面也大大早于日本，积累有丰富的技术与经验，并且我国军队是在本土作战，各方面更得天时地利之优势。只是在日本大力引进、训练军鸽，建立军鸽部队时，我国军政部门对此也长期处于漠视状态。

这并非由于我国军队近代化程度高而不需要良马等"原始"工具。以炮兵为例，1939年我国共有8个炮兵单位（7个炮兵旅与1个战车炮教导总队），其中7个只有靠军马才能机动行动，并且各炮兵部队尚缺马7000匹。[2]显而易见，我国炮兵也迫切需要大量军马，尤其是良马。但事实是，由于马匹体格弱小的障碍始终未能克服，炮兵几乎无合格马可用，机动能力受到了严重制约。在通信方面，受制于中国近代电信业发展的滞后，我国军队的电信化程度亦低于日军，需要辅以其他通信手段。

当时的中国政府并非没有意识到军马、军鸽、军犬在军事上的重要性及其存在的严重问题，从20世纪30年代初开始，政府也采取过一些举措，试图奋起直追，可惜为时已晚。马力即战力，还未开战，我国在原本具有相当优势的军马等方面已远输于日军，此等教训不可谓不深刻。

二是关于战争的"精神动员"。近代以来的战争是总力战，必须从物资与精神方面进行总动员。日本政府对此有深刻认识，在全面发动侵华战争之初就进行"国民精神总动员"，号召"举国一致"进行"坚韧持久"的"圣战"。本书最后一章充分说明，日本军政当局在"精神总动员"上，连"可爱""弱小"的动物都充分利用，可谓无所不用其极。

通过将动物的本能行为人格化，让动物"大和魂"附体，将动物塑造为有"忠君爱国"思想、"奉公灭私"精神的勇烈之"士"，这种别出心裁的精神动员，与其他动员手段合力，确实取得了预期效果，使得民众普遍狂热支持战争，军人成为杀戮机器。

三是关于民众的战争责任。日本的侵略战争给中国、给世界造成了巨大灾难，在追究战争责任时，有一种观点是将其归咎于日本少数统治者，即所谓"指导者战争责任论"，对于一般民众应负的责任，则予以淡化，甚至回避或漠视。

在对战争的态度方面，以与本书主题有关的而言，姑且不论日本民众对于政府实施的种种军用动物政策的积极支持，仅仅在利用军用动物进行精神动员上，通过本书就能看到，是记者们制造了一个个军用动物"英雄"，是诗人、歌手与音乐工作者共同创作了以军用动物为主题的流行歌，是美术工作者将军用动物的"英雄事迹"编绘成纸画剧，是他们全力以赴不断制造出一剂剂高纯度的精神鸦片洒向社会的各个角落。凡此种种都说明一般民众作为政府政策的执行者，对于政府的侵略政策不仅仅是被动地追随、支持，而且是推波助澜、主动迎合，乃至使尽浑身解数。发动战争机器的确实是少数军政领导人，但正是这些人与民众之间长期形成了稳定合力，才使得这台机器得以持续疯狂运转。尽管普通民众支持、参与战争的原因很复杂，但无论有何理由，也是责任的主体之一，对侵略战争同样负有政治、道德等方面的重大责任。

如果一定要说可以免责的，倒是本书的主角——那些被迫充当侵略战争工具而成为牺牲品的军用动物，因动物本身并不具有承担种种责任的能力，即便是军犬，罪也应在其主子。

当然，弄清历史原貌，厘清战争责任，绝不是，也绝不应该是为了延续仇恨。所谓"以史为镜"，只有尽可能擦亮镜子上的尘埃，才能看清真相，吸取教训，珍爱和平。

时值抗日战争胜利80周年，谨以此书纪念艰苦卓绝的伟大抗战。

结语注：

1　毛光远：《抗战前国防危机加深与国民政府整顿军备——以马政建设为中心进行考察》，《民国档案》2016年第1期。
2　杨善尧：《动物与抗战：论中国军马与军鸽之整备（1931—1945）》，中国人民抗日战争纪念馆：《抗战史料研究》（01），团结出版社，2012年。

主要参考书目

一、图书

1. ［日］渡辺保美编:《陸軍省御許可全兵科写眞帖》，1928年。
2. ［日］久納部隊:《昭和12年中国事変出征記念写真帖 第2輯：久納部隊特輯》，1939年。
3. ［日］東京朝日新聞発行所:《中国事変写真帖》《中国事変写眞全輯》，東京朝日新聞社，1937、1938年。
4. ［日］高橋久编:《華北戦線写真帖》，水谷商店，1938年。
5. ［日］玉井清五郎编:《中国事変聖戦写真史》，忠勇社，1938年。
6. ［日］結城部隊本部:《中国事変：出征記念写真帖》，1940年。
7. ［日］大本営陸軍報道部監修:《大東亜写真戦記》第1輯，1943年。
8. ［日］木俣滋郎:《帝国陸軍兵器考》，雄山閣出版，1974年。
9. ［日］武市銀治郎:《富国強馬：ウマからみた近代日本》，講談社，1999年。
10. ［日］歴史教育者協議会编:《石碑と銅像で読む近代日本の戦争》，高文研，2007年。
11. ［日］吉田和明:《戦争と伝書鳩》，社会評論社，2011年。
12. ［日］森田敏彦:《犬たちも戦争にいった：戦時下大阪の軍用犬》，日本機関紙出版センター，2014年。
13. ［日］加藤康男:《靖国の軍馬：戦場に散った100万頭》，祥伝社，2017年。

14. ［日］安田常雄編著:《国策紙芝居からみる日本の戦争》,勉誠出版,2018年。

二、杂志

1. ［日］帝國軍用犬協會:《軍用犬》,1933—1943年。
2. ［日］大阪毎日新聞社、東京日日新聞社:《華北事変画報》《中国事変画報》,1937—1941年。
3. ［日］週刊朝日臨時増刊:《華北事変画報》,1937—1940年。
4. ［日］朝日新聞社:《中国事変写真全輯》,1937—1939年。
5. ［日］情報局:《写真週報》,1938—1942年。
6. ［日］中央普鳩会本部:《普鳩》,1940—1943年。

图书在版编目(CIP)数据

军马、军鸽与军犬:日本侵华战争与军用动物/许金生著.--上海:复旦大学出版社,2025.7.--ISBN 978-7-309-18085-5
Ⅰ.K265.06-64
中国国家版本馆CIP数据核字第202551Y192号

军马、军鸽与军犬:日本侵华战争与军用动物
许金生　著
责任编辑/赵楚月

复旦大学出版社有限公司出版发行
上海市国权路579号　邮编:200433
网址:fupnet@fudanpress.com　http://www.fudanpress.com
门市零售:86-21-65102580　团体订购:86-21-65104505
出版部电话:86-21-65642845
上海盛通时代印刷有限公司

开本787毫米×960毫米　1/16　印张22.5　字数291千字
2025年7月第1版
2025年7月第1版第1次印刷

ISBN 978-7-309-18085-5/K·873
定价:98.00元

如有印装质量问题,请向复旦大学出版社有限公司出版部调换。
版权所有　侵权必究